Les Expressions françaises POUR LES NULS

Les Expressions françaises POUR LES NULS

Marie-Dominique Porée

FIRST Editions

Les Expressions françaises pour les Nuls

« Pour les Nuls » est une marque déposée de John Wiley & Sons, Inc.
« For Dummies » est une marque déposée de John Wiley & Sons, Inc.

© Éditions First, un département d'Édi8, Paris, 2015. Publié en accord avec John Wiley & Sons, Inc.

Éditions First, un département d'Édi8
12, avenue d'Italie
75013 Paris – France
Tél. : 01 44 16 09 00
Fax : 01 44 16 09 01
Courriel : firstinfo@editionsfirst.fr
Site Internet : www.pourlesnuls.fr

ISBN : 978-2-7540-7457-5
Dépôt légal : mai 2015
Imprimé en Italie par La Tipografica Varese Srl, Varese

Direction éditoriale : Marie-Anne Jost-Kotik
Édition : Émeline Bénéteau-Guibert et Raphaël Dupuy
Indexation : Muriel Mékiès
Couverture et mise en page : KN Conception
Illustrations : Marty et Fotolia (p. 12)
Production : Emmanuelle Clément

Tous droits réservés. Toute reproduction, même partielle, du contenu, de la couverture ou des icônes, par quelque procédé que ce soit (électronique, photocopie, bande magnétique ou autre) est interdit sans autorisation par écrit d'Édi8.

Limites de responsabilité et de garantie. L'auteur et l'éditeur de cet ouvrage ont consacré tous leurs efforts à préparer ce livre. Édi8 et les auteurs déclinent toute responsabilité concernant la fiabilité ou l'exhaustivité du contenu de cet ouvrage. Ils n'assument pas de responsabilité pour ses qualités d'adaptation à quelque objectif que ce soit, et ne pourront être en aucun cas tenus responsables pour quelque perte, profit ou autre dommage commercial que ce soit, notamment mais pas exclusivement particulier, accessoire, conséquent, ou autre.

Marques déposées. Toutes les informations connues ont été communiquées sur les marques déposées pour les produits, services et sociétés mentionnés dans cet ouvrage. Édi8 décline toute responsabilité quant à l'exhaustivité et à l'interprétation des informations. Tous les autres noms de marques et de produits utilisés dans cet ouvrage sont des marques déposées ou des appellations commerciales de leur propriétaire respectif. Édi8 n'est lié à aucun produit ou vendeur mentionné dans ce livre.

Sommaire

Introduction **1**
   À propos de ce livre 2
   Comment ce livre est organisé 3
   Dans quel sens faut-il lire ce livre ? 4
   Les icônes utilisées dans ce livre 4
   Par où commencer votre lecture ? 5

Première partie : L'expression dans tous ses états **7**

Chapitre 1 : Les expressions écrites et orales **9**
   Expression, qui es-tu ? 10
   Quand l'expression est spontanée 11
      Jean qui pleure et Jean qui rit 11
      La ronde des interjections 12
   L'expression orale ou comment le dire bien 14
   L'expression ou comment écrire ? 16
   L'expression écrite, comme femme, varie ! 17
      99 exercices de style, sinon rien 18
   L'effet boule de neige ou la plastique d'une expression 19
   Quand l'expression est défectueuse… 20
   Les expressions « *ad hoc* » 22
   Tu joues ou tu joues pas ? 22
   Juridiquement parlant 24
   Médicalement parlant 25
      Les classiques « C'est grave docteur ? » ou « Dites 33 » ... 26
   Militairement parlant 27
   Théâtralement… vôtre 27
   S'exprimer pour ne rien dire ou « pratiquer la langue
   de bois » 30

Chapitre 2 : Et pour faire style (staïle !), on fait comment ? **33**
   Les expressions atténuées ou euphémismes (du moins…) 34
   Au plus : les expressions exagérées ou hyperboles 36
   Les expressions « contrariées » ou antithèses 37

Les expressions renforcées ou pléonasmes 38
Les expressions contournées ou périphrases
(mises à la place de) 41
Les expressions détournées ou les « à-peu-près » 44

Chapitre 3 : Les expressions qui font… genre(s) ! 47

Les expressions proverbiales que l'on doit à nos anciens .. 49
… et *tutti quanti* (tant d'autres) 53

Deuxième partie : Les expressions idiomatiques 69

Chapitre 4 : Des expressions pas piquées des hannetons ! 71

Un miroir aux alouettes 71
Être un âne bâté 72
Il y a anguille sous roche 72
Avoir une araignée au plafond 72
Chercher la petite bête 73
Mettre la charrue avant les bœufs 73
Ne pas se trouver sous les sabots d'un cheval 73
Monter sur ses grands chevaux 74
Être à cheval sur les règles / ses principes 74
Ménager la chèvre et le chou 75
Être reçu comme un chien dans un jeu de quilles 75
Les chiens ne font pas des chats 75
C'est chouette ! 76
Sauter du coq à l'âne 77
Être comme un coq en pâte 77
Avoir des fourmis dans les jambes 77
Faire le pied de grue 78
Poser un lapin à quelqu'un 78
Être un chaud lapin 78
Mettre le loup dans la bergerie 79
Prendre la mouche 79
Finir en queue de poisson 79
Quand les poules auront des dents 80
Mettre (avoir) la puce à l'oreille 80
Payer quelqu'un en monnaie de singe 81
La montagne qui accouche d'une souris 81
Pleuvoir comme vache qui pisse 81
Avoir une langue de vipère 82

Chapitre 5 : Des expressions à croquer… 83

Avoir un cœur d'artichaut 83
C'est le bouquet 83
Mettre la cerise sur le gâteau 84
Faire chou blanc 84
Finir / s'en aller en eau de boudin 84
Mi-figue mi-raisin 85
Ramener sa fraise 85
Avoir la frite 85
En faire tout un fromage 85
C'est du gâteau 86
Ce n'est pas ma tasse de thé 86
Ça me court sur le haricot 87
Se fendre la poire ou la pêche 87
Raconter des salades 87
Casser du sucre sur le dos de quelqu'un 87
C'est fort de café 88
Filer un mauvais coton 88
Mettre de l'eau dans son vin 88
On ne fait pas d'omelettes sans casser des œufs 89
Être soupe au lait 89
Ça ne mange pas de pain 89
Entre la poire et le fromage 90
Manger les pissenlits par la racine 90

Chapitre 6 : Des expressions chevillées au corps ! 91

Avoir le bras long 91
Les bras m'en tombent 91
Se croire sorti de la cuisse de Jupiter 92
Croisons les doigts 92
Se mettre le doigt dans l'œil 93
Avoir l'estomac dans les talons 93
Avoir la gueule de bois 94
Donner sa langue au chat 94
Avoir quelqu'un dans le nez 94
Œil pour œil, dent pour dent 95
Tomber sur un os 96
Avoir les yeux plus gros que le ventre 96
Mettre un emplâtre sur une jambe de bois 96
Tirer le diable par la queue 97
Ça me fait une belle jambe 97

Mettre les pieds dans le plat 97
Dormir sur ses deux oreilles 98
Prendre ses jambes à son cou 99
Faire la peau à quelqu'un 99
Se mettre la rate au court-bouillon 100
Prendre des vessies pour des lanternes 100
Ne pas y aller de main morte 100
Gagner les doigts dans le nez 101
Pendre au nez, à l'œil, à l'oreille de quelqu'un 101
Coûter les yeux de la tête 101
Faire des pieds et des mains 102
Ne pas avoir les yeux en face des trous 102
Prendre son pied 103

Chapitre 7 : Des expressions avec lesquelles il va (vous) falloir compter ! 105

Remettre les compteurs à zéro 105
Faire d'une pierre deux coups 106
Faire deux poids deux mesures 106
Jamais deux sans trois 106
Trois pelés et un tondu 106
Tomber dans le troisième dessous 107
Manger comme quatre 107
Couper les cheveux en quatre 107
Ne pas y aller par quatre chemins 108
La quadrature du cercle 108
Être la cinquième roue du carrosse 108
Monter au septième ciel (avant d'y être pour de bon !) 109
Treize à la douzaine 109
Chercher midi à quatorze heures 109
Voir trente-six chandelles 110
Mettre dans le mille 110
Je te le donne en mille 110
Attendre pendant cent sept ans 111
Faire les 400 coups 111
Des mille et des cents… 111

Chapitre 8 : Des expressions à bâtons rompus… 113

Avoir l'esprit d'escalier 113
Ça ne vaut pas un clou 114
Casser sa pipe 114

C'est une autre paire de manches 115
Construire des châteaux en Espagne 115
En boucher un coin à quelqu'un 115
Essuyer les plâtres 116
Être à couteaux tirés 116
Être au four et au moulin 116
Être dans de beaux draps 117
Être / rester dans les clous 117
Être entre le marteau et l'enclume 117
Être au bout du rouleau 118
Être au four et au moulin 118
Être de mèche avec quelqu'un 118
Il y a de l'eau dans le gaz 119
Marcher à voile ou à vapeur 119
Mener quelqu'un en bateau 119
Mettre quelqu'un en boîte (même si elle n'est pas noire !) .. 120
Ne pas avoir inventé la poudre 120
Passer de la pommade à quelqu'un 120
Passer un savon à quelqu'un 121
Remuer ciel et terre 121
Rendre à quelqu'un la monnaie de sa pièce 121
Rouler quelqu'un dans la farine 122
(Se) casser - Casse-toi 122
S'en faire toute une montagne 122
Tomber de Charybde en Scylla 123
Tourner autour du pot 123
Travailler pour le roi de Prusse 123
Vendre la mèche 124

Chapitre 9 : Des expressions pour en voir de toutes les couleurs… 125

Les couleurs nous donnent à voir le monde 125
    C'est blanc bonnet et bonnet blanc 126
    Montrer patte blanche 126
    N'y voir que du bleu 126
    Être un cordon bleu 127
    Se faire avoir comme un bleu 127
    Être fleur bleue 127
    Rire jaune 128
    Être dans le rouge 128
    Avoir des idées noires 129

Être une éminence grise 129
Voir la vie en rose 129
En être tout chocolat ! 129
C'est ma bête noire 130
Avoir la main verte 130
Un festival de couleurs 130
Les non-couleurs 132

Troisième partie : Les expressions bien de chez nous, d'hier et d'aujourd'hui... 135

Chapitre 10 : Les expressions d'hier 137

Celles qui ont vraiment pris « un petit coup de vieux » ! ... 137
Avoir le béguin pour quelqu'un(e) 138
C'est Byzance 138
Sans ambages 138
Peu me chaut 138
Faire florès 139
Sans coup férir 139
Aller (habiter) au diable vauvert / au diable vert 139
Aller cahin-caha 139
Aller son petit trantran / aller son traintrain /
aller son train 140
À la bonne flanquette 140
À brûle-pourpoint 140
Avoir maille à partir 141
Attacher le grelot 141
(Boire) à tire-larigot 141
À tors et à travers / à tort et à travers 142
(Aller) à vau-l'eau 142
Avoir ses Anglais 142
Courir l'aiguillette 142
Courir le guilledou 143
Croquer le marmot 143
Chanter le los de quelqu'un 143
De but en blanc 144
En son for intérieur 144
Entrer en lice 144
Être sous la houlette de quelqu'un 144

Sommaire XIII

Être réduit à quia 145
Faire le mariole (mariolle) 145
Faire la nique 146
Ferrer la mule 146
(Tout) de guingois 146
Il y a belle lurette (heurette) 146
Jeter sa gourme 147
Jeter son bonnet (par-dessus les moulins) 147
Loger le diable dans sa bourse 148
Mesurer les autres à son aune 148
Noir comme jais / comme geai 148
Peu ou prou… 148
Rompre la paille avec quelqu'un 149
Sens dessus dessous / sans dessus dessous /
cen dessus dessous 149
Sortir de ses gonds 149
Tirer à hue et à dia 150
Un « fort en thème » 150
Valoir son pesant d'or / son besant d'or 150
Plus près de nous… les expressions de mamie Yvette ! 150
C'est la fin des haricots ! 151
Tu vas te casser la margoulette ! 151
Encore un ou une… que les boches (les Prussiens)
n'auront pas ! 151
Mange, tu (ne) sais pas qui te mangera 151
Être en carmagnole 151
Tu ne trouverais pas de l'eau à une rivière 152
J'ai mangé à m'en faire péter la sous-ventrière 152
Ça te passera, avant que ça me reprenne ! 152
Restez donc dîner à la fortune du pot 152
Je suis tout(e) flagada 153
Il y a des coups de pied au c.. qui se perdent ! 153
C'est du pipi de chat 153
Il y a les jours avec et les jours sans 154
Tu as la danse de saint Guy ou quoi ? 154
Ça coûte la peau des fesses ! 155
C'est grand comme un mouchoir de poche 155
Je suis du bois dont on fait des flûtes 155
Chaque pot a son couvercle 156
Si ma tante en avait, on l'appellerait mon oncle ... 156

Chapitre 11 : Les expressions d'aujourd'hui 157

Mode d'emploi des expressions « branchées » et non branchues ! 157
    L'utilisation de l'anglais 158
    L'utilisation du verlan 158
    Des jeux de reprises sonores 160
Des formules familières et impersonnelles à la fois 160
    Celles qui révèlent un pessimisme déconcertant 161
    Celles qui révèlent un optimisme béat et insouciant .. 161
    Celles qui disent l'inverse de ce qu'on pense 162
    Des exagérations propres à la jeunesse 163
    Des expressions fourre-tout 163
    L'affirmation de soi avec l'emploi systématique du je ... 164
Quelques classiques du genre (moderne) 166
    Bonjour… 166
    Bonjour l'ambiance ! 166
    Je te le fais « en mode » ! 166
    Ça ne passera pas par moi 167
    Ferme ton Camembert… 167
    Je te raconte pas… 167
    N'importe quoi ! 168
    OK, ça marche ! 168
    Ça roule, ma poule 168
    On y va 168
    Oublie et surtout sa variante « *forget* »… 169
    T'es où ? Ou en langage SMS : T où ? 169
    Tout à fait 169
    Voilà ! 170
    Vous voyez ce que je veux dire 170
    Faire le buzz 170

Chapitre 12 : Les expressions de nos régions 171

Notre cocorico national ! 171
Les expressions pittoresques du terroir 172
Écoutons chanter nos provinces… 173
    Au Nord, c'était les corons… 174
    Au Sud, c'était… non pas le charbon ! 175
Via le Centre 178
Honneur aux Corses ! 179

Sommaire **XV**

Chapitre 13 : Attention, détournement d'expressions ! 181

Avoir la guigne ou porter la guigne 181
Bis repetita placent 182
Cent fois sur le métier… 182
C'est bête comme chou 182
Couper les cheveux en quatre 183
Courir la prétentaine 183
Élémentaire, mon cher Watson ! 184
Être au bout du rouleau 184
Être comme mars en Carême 184
Être comme deux ronds de flan 185
Être copains comme cochons 185
Être tiré à quatre épingles 186
Faire des coupes sombres 186
Faire bonne chère 186
Faire feu de tout bois 187
Faire un bœuf 187
Fier comme un pou, qu'il soit sur son fumier, une gale, une rogne, qu'importe ! 187
Il n'y a pas péril en la demeure 188
Mariage plus vieux, mariage heureux 188
Mou comme une chique 188
Mettre la puce à l'oreille 189
Se mettre sur son trente et un 189
S'en moquer comme de l'an quarante 189
Se mettre en rangs d'oignons 190
Tirer les marrons du feu 190
Tomber en quenouille 190
Tomber dans les pommes 191
Trois francs six sous 191
Un remède de bonne femme 191
Vox clamantis in deserto 192

Chapitre 14 : Les expressions familières, populaires, argotiques même ! 193

Accrochez vos ceintures ! 193
   À d'autres… mais pas à moi 195
   À fond la caisse / les manettes 195
   À perpète les oies… 195
   Appuyer sur le champignon 195
   Avoir la flemme 196

Avoir le feu au derrière	196
Avoir les foies	196
Avoir x balais…	196
Avoir plusieurs fers au feu	197
Ça va barder !	197
Ça va loin, très loin !	197
Cause toujours, tu m'intéresses…	197
C'est à prendre ou à laisser	198
C'est dans la poche	198
C'est la fête du slip !	198
C'est parti, mon kiki	198
C'est où tu veux, quand tu veux, comme tu veux…	199
C'est pas de refus	199
C'est la totale	199
C'est l'hôpital qui se fout de la charité	199
Ce n'est pas de la petite bière	200
C'est simple comme bonjour	200
C'est la zone !	200
C'est son truc	200
Déconner à plein(s) tube(s)	201
En avoir gros sur la patate	201
Elle est bien bonne !	201
Envoyer quelqu'un aux pelotes / sur les roses	201
Être à l'ouest	202
Être paf	202
Être raide (comme un passe-lacet)	202
Et mon cul, c'est du poulet !	203
Et patati et patata	203
Et que ça saute !	203
Être mal barré	204
Faire des chichis	204
Faire la nouba	204
Faire marcher quelqu'un	204
Faut pas rêver !	205
Grimper aux rideaux	205
Il/elle s'appelle « reviens »	205
J'en parlerai à mon cheval	205
Lâche-moi les baskets !	206
La quille bordel !	206
Laisser pisser le mérinos	206
L'avoir dans l'os / dans le c..	207

Le jeu n'en vaut pas la chandelle 207
Le monde est petit ! 208
Mettre la pédale douce 208
Mettre les petits plats dans les grands 209
Mettre quelqu'un au parfum 209
Minute papillon ! 209
N'en avoir rien à secouer 209
Ne pas être sorti de l'auberge 210
Ne pas faire dans la dentelle 210
Ne pas faire de vagues 210
Ne pas lâcher le morceau 211
Nettoyer au Kärcher 211
Parle à mon cul, ma tête est malade 211
Passer quelqu'un à tabac 211
Pédaler dans la semoule 212
Perdre le nord ou la boussole 212
Pisser dans un violon 213
Prendre un TGV dans le buffet 213
Refiler la patate chaude 213
Roulez jeunesse ! 214
Sans souci la violette 214
Secouer les puces à quelqu'un 214
Se cailler (geler) la nénette 215
Tremper son biscuit 215
Tu m'en diras tant ! 215
Un ange passe 216
Va donc voir là-bas si j'y suis 216
Vous habitez chez vos parents ? 216
Vider son sac 216
Y a qu'à (yaka faut qu'on). 217

Quatrième partie : Les expressions cultissimes 219

Chapitre 15 : Le patrimoine gréco-latin 221

Tous les chemins mènent à Rome… 221
Avoir une épée de Damoclès sur la tête 222
Jouer les Cassandre 222
(Ouvrir) la boîte de Pandore 222
Une pomme de discorde 223
Le talon d'Achille 223
Le supplice de Tantale 223

Passer sous les Fourches Caudines 224
Remporter une victoire à la Pyrrhus 224
Renvoyer quelque chose aux calendes grecques 225
Tomber dans les bras de Morphée 225
Toucher le Pactole 225
Un cheval de Troie 226
Une macédoine 226
Vulgum pecus 227

Chapitre 16 : Les expressions littéraires 229

Carpe diem : cueille le jour 229
Gnôthi seauton : connais-toi toi-même 230
Eurêka, eurêka : j'ai trouvé, j'ai trouvé 230
In medias res : au beau milieu (au cœur) de l'action 230
Ira brevis furor est : la colère est une courte folie 231
Memento mori : souviens-toi que tu es mortel 231
Nunc est bibendum : et maintenant à boire ! 231
Panem et circenses : du pain et des jeux de cirque 232
Panta rei : tout coule 232
Tout est rempli de dieux 232
Si vis pacem, para bellum : si tu veux la paix,
prépare la guerre 233
Ex nihilo nihil : rien ne vient de rien 233
Exegi monumentum aere perennius : j'ai achevé
un monument plus durable que l'airain 233
Fama volat 234
Fugit irreparabile tempus : le temps s'enfuit sans retour 234
Errare humanum est : l'erreur est humaine 235
Festina lente : hâte-toi lentement 235
Fluctuat nec mergitur : Il est battu par les flots,
mais il ne coule pas 236
Homo homini lupus : l'homme est un loup pour l'homme . 236
Ad augusta per angusta : vers des résultats augustes
par des voies étroites 236
Sésame, ouvre-toi ! 237
Tout ce que je sais, c'est que je ne sais rien 237
Mais, où sont les neiges d'antan ? 237
Revenons à nos moutons 238
Fais ce que voudras 238
Être ou ne pas être, telle est la question 239
Un cheval ! Un cheval ! Mon royaume pour un cheval ! 239

Cogito ergo sum : je pense donc je suis 239
Faire la mouche du coche 239
Crier « Haro » sur le baudet 240
Tuer la poule aux œufs d'or 240
Ce que l'on conçoit bien s'énonce clairement 241
Il était une fois… 241
Tire la bobinette et la bobinette cherra 241
Anna, ma sœur Anne, ne vois-tu rien venir ? 242
Rodrigue, as-tu du cœur ! 242
Que diable allait-il (donc) faire dans cette galère ? 242
Le petit chat est mort 243
Tout est pour le mieux dans le meilleur des mondes 243
Il faut cultiver notre jardin 244
À nous deux, Paris ! 244
C'est la faute à Rousseau 244
Un seul être vous manque et tout est dépeuplé 245
L'Arlésienne… 246
À la fin, je touche 246
Est-ce que ça vous gratouille ou est-ce que
ça vous chatouille ? 246
S'il vous plaît, dessine-moi un mouton 246
Tu me fends le cœur 247
Ciel mon mari ! 247
Si tu ne viens pas à Lagardère, Lagardère ira à toi 248

Chapitre 17 : Les expressions qui font notre histoire 249

Acta est fabula : La pièce a été jouée 249
Alea jacta est : Le sort en est jeté 250
Ave Caesar morituri te salutant : Salut à toi César,
ceux qui vont mourir te saluent 250
Aut Caesar aut nihil : Ou César ou rien 251
Cedant arma togae : Que les armes le cèdent à la toge 251
Non olet : L'argent n'a pas d'odeur 252
Oderint dum metuant : Qu'ils me haïssent, pourvu
qu'ils me craignent 252
O tempora ! O mores ! : Quelle époque ! Quelles mœurs ! .. 252
Ôte-toi de mon soleil 253
Delenda est Carthago : Carthage est à détruire 253
Qualis artifex pereo : Quel grand artiste périt avec moi 254
Vae victis : Malheur aux vaincus 254
Ralliez-vous à mon panache blanc ! 254

Aller à Canossa	255
Après vous, messieurs les Anglais !	255
Après moi le déluge !	256
C'est la Bérézina !	256
C'est reparti comme en quatorze / comme en quarante	256
Et pourtant elle tourne !	257
Paris vaut bien une messe	258
Qui m'aime me suive	258
S'ils n'ont pas de pain, qu'ils mangent de la brioche	258
L'État, c'est moi	259
C'est de la merde dans un bas de soie	259
J'y suis, j'y reste	259
Le mot de Cambronne	260
Métro boulot dodo	260
Tomber comme à Gravelotte	261
Partir pour Pitchipoï	261
La guerre froide	261
Sous les pavés, la plage…	262
Touche pas à mon pote	262
Travailleurs, travailleuses	263
Ni Dieu, ni maître	263
À Pâques ou à la Trinité	263
Tous pour un et un pour tous	264
La force tranquille	265

Chapitre 18 : Les expressions religieuses 267

Aime ton prochain comme toi-même ; Aimez-vous les uns les autres	267
Oui, tu es poussière et à la poussière tu retourneras	267
Les premiers seront les derniers	268
Ecce homo	268
Fiat lux	268
Il faut rendre à César ce qui revient à César	269
Noli me tangere : ne me touche pas	269
Que celui qui n'a jamais péché lui jette la première pierre	269
Vade retro, Satana : arrière, Satan !	270
Vanitas vanitatum et omnia vanitas : Vanité des vanités et tout est vanité	270
Urbi et orbi : à la ville (Rome) et à l'univers	270
Nul n'est prophète en son pays	270
L'alpha et l'oméga	271
Adorer le veau d'or	271

Au pied de la lettre 271
Un baiser de Judas 272
La pomme d'Adam 272
Une traversée du désert 273
Treize à table 273
S'endormir dans les vignes du Seigneur 273
Laid comme les sept péchés capitaux 274
Être attendu comme le Messie 274
Pleurer comme une madeleine 274
Une année sabbatique 275
Battre sa coulpe 275
Jeter la pierre à quelqu'un 275
Mettre (quelqu'un) à l'index 276
Se faire l'avocat du diable 276
Vendre son âme au diable 277
In saecula saeculorum 277
Dire amen à tout 278
C'est la croix et la bannière 278
Porter quelqu'un au pinacle 278
Le massacre des Innocents 278
Être comme saint Thomas 279
Porter sa croix 279
Entrer dans le saint des saints 279
Par l'opération du Saint-Esprit 280
Séparer le bon grain de l'ivraie 280
Un travail de bénédictin 281
On lui donnerait le bon dieu sans confession 281
Crier sur les toits 281
Voir la paille dans l'œil de son voisin et ne pas voir
la poutre dans le sien 282
Faire son chemin de Damas 282
Le retour du fils prodigue 282
Être un Bon Samaritain 282
Se laver les mains 283
Le démon de midi... ou de minuit ! 283
Un jugement de Salomon 284
Une arche de Noé 284

Chapitre 19 : Les expressions « cultes » 287

Sur les écrans (grands et petits) 287
    Alors, heureuse ! 287

Arrête ton char (Ben Hur) ! 288
Autant en emporte le vent ! 288
Y a pas que de la pomme ! 289
T'as de beaux yeux, tu sais ! 289
Elle boit pas, elle fume pas, elle drague pas mais
elle cause… 289
La vie est un long fleuve tranquille…
ou pas d'ailleurs… 290
C'est Lenôtre. Mais si vous préférez prendre
le vôtre… 290
L'Auberge espagnole 290
C'est juste pour faire avancer le schmilblick ! 291
Mais voyons, mais c'est bien sûr ! 291
Et à demain, si vous le voulez bien ! 291
Bonne nuit, les petits ! 291
Quand je dirai ça à ma femme ! 292
Salut les terriens ! 292
Salut les petits clous ! 292
Vous êtes le maillon faible, au revoir ! 292
Faites du bruit ! 293
C'est mon dernier mot, Jean-Pierre… 293
Sur les ondes 293
Amis de la poésie, bonsoir 293
Tout va très bien, madame la Marquise 293
Elle a les yeux revolver 294
T'as le look Coco… 294
Le travail, c'est la santé, rien faire c'est la conserver 294
Salade de fruits, jolie jolie jolie… 295
J'ai la rate qui se dilate 295
Tu veux ou tu veux pas ? 295
Non, je ne regrette rien… 295
Elle court, elle court, la maladie d'amour dans
le cœur des enfants de sept à soixante-dix-sept ans… 296
La ballade des gens heureux 296
Quelque chose en nous de Tennessee 296
Sur les planches 297
C'est l'histoire d'un mec… 297
Cela ne nous regarde pas ! 297
Le Monsieur te demande… 297
On ne nous / vous dit pas tout… 297
La publicité et ses slogans 298

Le soleil vient de se lever, encore une belle
journée… 298
What else ! 298
Parce que vous le valez bien 299
C'est ça, la *french touch*… 299
On se lève tous pour… Danette ! 299
Un coup de barre, (Mars) et ça repart ! 300
Just do it ! 300
Tu t'es vu(e) quand t'as bu ! 300

Cinquième partie : La partie des Dix *301*

Chapitre 20 : Dix expressions toutes faites avec « comme » 303

Beau comme un Apollon 304
Bête comme une oie 304
Beurré comme un petit LU 304
Être serrés comme des sardines 304
Fort comme Hercule 305
Riche comme Crésus 305
Sage comme une image 306
Sec comme un coup de trique 306
Sourd comme un pot 306
Têtu comme une mule 306

Chapitre 21 : Dix expressions « homériques » 309

(Quand parut) Aurore aux doigts de rose 310
Les Achéens aux belles jambières 310
Les Troyens dompteurs de chevaux 310
Athéna aux yeux pers 310
Ulysse aux mille tours 311
Achille aux pieds agiles 311
Hector au casque étincelant 312
Zeus, l'assembleur de nuées 312
Poséidon, l'ébranleur de la terre 312
Nausicaa aux bras blancs 313

Chapitre 22 : 10^2 jeux 315

Connaissez-vous le sens des dix expressions suivantes ? 315
Retrouverez-vous les équivalents des expressions
en verlan suivantes ? 316

Retrouvez-vous les équivalents entre ces expressions régionales et leurs équivalences nationales ? 317
    Je vous propose une deuxième série pour les plus fans d'entre vous. 318
Saurez-vous retrouver la suite ? 318
Voulez-vous vous rafraîchir encore la mémoire avec ces quelques expressions antiques, qui manquaient au tableau ? 320
Retrouverez-vous ce qui se cache derrière les périphrases qui suivent ? 322
Saurez-vous retrouver l'équivalent français de ces expressions étrangères ? 323
Quid de ces expressions à compléter « pour le fun »? 324
Connaissez-vous le sens de ces expressions populaires bien « dans leur jus » ? 324
…et de ces expressions argotiques, la crème de la crème ? 325
Il est temps de passer au tiroir-caisse, comme on dit 326

Index 329

Pour tout l'or du monde ! All the tea in China, disent les Anglais.
À chacun ses références en matière d'expressions !

Dédicace

À Michel Strub

Remerciements

À Marc, mon correcteur sévère mais préféré

Introduction

Je ne sais pas si vous êtes comme moi : j'aime la langue, et tout ce qui va avec, ses mots, ses phrases et surtout ses expressions qu'on entend et utilise si souvent. Mais d'où viennent-elles ? Quel est leur sens ? Il en est d'imagées, riches en saveur et bonne humeur. D'autres moins ludiques et moins goûteuses mais pourtant utiles. On les a toutes *sur le bout de la langue*… au figuré bien sûr ! Sinon on nous dirait qu'on a un petit cheveu sur la langue qui déforme nos propos.

Toutes ces expressions plus ou moins charmantes et amusantes, donnent vie et couleurs à nos paroles quotidiennes, permettant d'établir une connivence entre tous les interlocuteurs que nous sommes, relevant de ce que Malinowski appelle du terme savant de « communion phatique » sur la racine du verbe grec *phèmi* : parler.

Chaque jour d'ailleurs on les emploie, sans même y réfléchir, tant elles nous viennent spontanément. Quel navigateur en détresse, déclenchant sa balise Argos, a encore conscience de la fière chandelle qu'il doit aux cent yeux (dont cinquante restaient toujours ouverts !) d'Argus, ce bon géant de la mythologie grecque ?

Toutes ces expressions sont pour nous comme un livre ouvert dans lequel nous puisons sans cesse, mieux qu'un simple dictionnaire, notre dictionnaire à nous. La revanche peut-être du quidam sur l'homme érudit en tout cas.

Tous les jours paraissent des ouvrages sur les expressions. Une collection a même fait le choix d'en présenter 365 par volume, pour permettre à ses lecteurs d'en découvrir une par jour, à la manière d'un éphéméride, où expressions historiques, bibliques, littéraires, argotiques, paillardes, etc. se trouvent recensées. J'ai préféré construire autrement ce florilège, autour des sphères plurielles d'emploi de ces dites expressions : celles d'hier comme d'aujourd'hui ; les classiques, tombées en désuétude, parfois ; les modernes, les branchées. En matière d'expressions, il ne saurait y avoir de querelle entre les Anciens et les Modernes.

En effet, les expressions sont avant tout un jeu permanent sur la langue, une philosophie, voire une morale de chaque époque et, toujours, un reflet de notre vie. Aussi trouverez-vous ici un joli *pêle-mêle* d'expressions. Certains même n'hésiteront pas à parler de carmagnole, de danse en ronde autour des mots.

La fonction expressive du langage se distingue d'autres fonctions, à savoir référentielle, descriptive, informative et impérative, en ce qu'elle renvoie surtout à un rapport émotionnel ou affectif au sujet parlant. Cela fait écho au jugement de Rousseau pour qui le langage est « né non des besoins mais des passions » (*Essai sur l'origine des langues*, 1761).

Bien que le format de ce nouvel ouvrage de la collection « pour les Nuls » soit limité, j'ai tenté de répertorier le plus grand nombre d'expressions et de jouer sur les différents sens du mot « expression ».

À propos de ce livre

Dans sa pièce de théâtre, *Pygmalion*, revisitée au cinéma en *My Fair Lady*, le dramaturge George Bernard Shaw raconte le défi qu'entreprend de relever un professeur émérite de linguistique, le Professeur Higgins, pour transformer une jeune fleuriste issue des faubourgs londoniens les plus populaires, Elisa Doolittle, en grande dame de la société, par le seul apprentissage de la langue et des bonnes expressions à employer pour donner le change dans la bonne société.

L'expression qui est la nôtre, à l'écrit comme à l'oral, serait-elle donc notre passeport pour l'avenir – un ascenseur social en quelque sorte – notre carte d'identité, une fiche ADN pour savoir qui nous sommes et d'où nous venons, l'accent aidant ?

Tout finira bien pour la jeune pupille. Certes, elle laissera échapper, lors d'une course à Ascot, un terrible « *Magne-toi le cul* », comme quoi le naturel revient toujours au galop, c'est bien le cas de le dire.

Notre expression orale comme écrite parfois nous trahit toujours. Marquant les bases de notre éducation et de notre culture, elle donne à chacun l'occasion de s'exprimer et de se faire entendre – que dis-je comprendre – de ses interlocuteurs.

Comment ce livre est organisé

Pour dire le début et la fin de chaque chose, on emploie l'expression « *l'alpha et l'oméga* ». Ce sont en effet les deux voyelles, liminaire pour l'une et finale pour l'autre, de l'alphabet grec. Nous leur devons d'ailleurs le mot même « alphabet », forme contractée des deux premières lettres : *alpha bet(a)*. Selon le même modèle d'ailleurs, l'abécédaire reprend les quatre premières lettres de notre propre alphabet.

Je suis partie de l'idée que l'expression est en soi un mode de pensée, et que, pour ce faire, elle gagne à être soignée, protégée, à être la plus juste possible aussi. Les expressions se diversifient en expressions canoniques, souvent sérieuses, issues d'un patrimoine antique mais aussi en expressions plus familières et donc pittoresques : il convient dans les deux cas d'assurer leur survie. J'ai également voulu m'intéresser à ces expressions qui nous sont propres et ne se retrouvent dans aucune autre langue ou alors sous une autre forme. Je veux parler des expressions « idiomatiques » qui donnent à chaque langue sa saveur personnelle.

Et puis pourquoi aller chercher si loin le soleil qu'on a parfois chez soi, comme si l'herbe devait nécessairement être plus verte ailleurs ? Je me suis tournée vers les expressions de chez nous, d'hier à aujourd'hui pour dresser un panorama, bien sûr non exhaustif, des façons de parler de nos ancêtres les plus lointains ou les plus proches, dans l'espace comme dans le temps.

Comme dans mes autres ouvrages dans cette collection, j'ai voulu terminer par des jeux divers. Vous prendrez, je l'espère, autant de plaisir à les résoudre que j'ai eu de joie à les concocter, « **en mode** » révision des rubriques de l'ouvrage.

Dans quel sens faut-il lire ce livre ?

Il n'y a pas vraiment de sens imposé. **Tous les chemins mènent bien à Rome**, non ? Il faut juste savoir qu'il existe deux modes d'expression distincts, l'écrit et l'oral, et que chacun respecte des codes différents. Nous verrons que l'expression écrite peut être simple, directe et se comprendre au sens propre, ou parfois plus complexe, plus élaborée, plus *stylisée*, dirons-nous.

Si vous aimez à comparer le français à d'autres langues, vous choisirez de regarder de près en deuxième partie ces expressions qui n'ont de sens que chez nous et qu'on serait bien en peine de traduire, *stricto sensu*, dans d'autres langues que la nôtre.

Si vous voulez vous replonger dans les expressions d'hier ou, au contraire, essayer de comprendre comment se forgent les expressions de demain, allez en troisième partie où vous attend également un panorama des expressions régionales.

Bien sûr, toutes les expressions de notre patrimoine, historique, biblique, littéraire, ou autre, se retrouvent dans la quatrième partie, sans oublier les exemples cultes qui passent par nos médias modernes – Et Dieu sait s'ils sont expressifs ! Nous n'oublierons pas de regarder du côté de la publicité, jamais avare de trouvailles langagières.

Enfin, si vous aimez jouer, vous retrouverez dans la partie des Dix des jeux qui portent sur bien des types d'expressions à réviser ou à redécouvrir.

Les icônes utilisées dans ce livre

Vous trouverez de temps à autre quelques anecdotes qui se veulent divertissantes.

Je n'ai pas résisté à vous donner *hic et nunc* des exercices de vérification, histoire de vous motiver.

Il m'arrivera à l'occasion de vous glisser (à l'oreille) des détails ou précisions plus techniques, mais si peu…

Par où commencer votre lecture ?

Par le commencement, bien sûr, vous dirait Monsieur de la Palice qui a donné le nom de « *lapalissade* », à toute vérité d'une évidence niaise et consternante. Vous pourrez toujours aller butiner ensuite, de-ci de-là, ce qui vous intérese le plus au vu du sommaire. Et si, par hasard, vous vous dites après la lecture de ce livre « *Ce n'est pas folichon, nom d'une pipe* », je peux au moins vous assurer qu'après avoir parcouru ce manuel vous serez *dans le coup*. Sur un mode récréatif, vous y aurez découvert un choix multiple d'expressions qui auront rafraîchi vos souvenirs et vous auront permis de *rendre à César ce qui lui appartient*. Car, vous le verrez, même les expressions les plus désuètes font de la résistance, comme Papy ! Normal ! N'est-il pas vrai que *c'est* toujours *dans les vieux pots qu'on fait les meilleures confitures* comme *les meilleures soupes* ? Sans compter que vous vous serez aussi frotté à ce nouveau langage qui court un peu partout – comme le furet de la chanson – sur le net et dans les conversations, *lol…* (palindrome assuré !) *Smiley* !

L'intro de mes rêves… ou intro bis

Si j'avais pu déroger au protocole normatif des ouvrages de cette collection, j'aurais choisi de commencer par le commentaire de l'expression *J'ai du pain sur la planche*. Au sens propre, le travail m'attend. Tant il est vrai que *je suis*, comme vous le dirait un Anglais, *ensevelie sous la neige*, *j'ai beaucoup de tissu à couper*, selon un Espagnol, *j'ai beaucoup de viande au feu*, pour un Italien, *j'ai une liste de blanchisserie à terminer*, à en croire un Belge, et surtout *j'ai besoin d'une* (que dis-je ! plusieurs) *journée de 26 heures* ! comme le pense un Argentin.

Car, du pain, denrée impérissable pour *tenir un siège*, je n'en manque pas. Je ne saurais donc être en reste. Mais le saviez-vous, cette expression a un autre sens que Claude Duneton met en rapport avec une expression argotique qui assimilait les pains que distribuaient les tribunaux à des punitions, voire à des corvées de condamnés.

Je vous rassure : la tâche, pour vous, n'aura rien d'une punition, espérons-le !

Première partie

L'expression dans tous ses états

Dans cette partie...

C'est par une expression dont on use et abuse, *être dans tous ses états*, qu'il me paraît opportun d'ouvrir cet ouvrage. Au sens propre, elle veut dire « être agité, énervé ». *Se mettre la rate au court bouillon* en serait le plus fidèle synonyme ! Rien de tel, ici, pourtant. Dans quelle éta... gère ? Je plaisante. La liste est longue des situations dans lesquelles on s'est tous un jour retrouvé : être dans les clous, les choux, en nage, en état de grâce, dans un état second, sur la brèche, dans le cirage, le coaltar, au taquet, à la bourre, dans la limonade...

L'expression est devenue à la mode depuis le fameux film *Harry dans tous ses états*, et on l'emploie partout, dans tous les domaines. Elle met en effet l'accent sur la diversité et la pluralité des éléments qui vont être traités, quel qu'en soit le sujet. C'est une promesse de synthèse et d'analyse à la fois. Qui chercherait donc à s'en priver ?

Du reste, ce livre a bien failli s'appeler : *Les Expressions dans tous leurs états*. N'y fait-on pas en effet le tour de leurs origines, emplois, sens, etc., sous différents angles d'approche ? On gagne toujours à faire le tour de la question sous toutes ses coutures...

Chapitre 1

Les expressions écrites et orales

Dans ce chapitre :
- L'écrit et l'oral
- L'expression caméléon
- Parler pour ne rien dire…
- Les expressions spécialisées

Il est deux manières de s'exprimer : par les gestes (les mimiques mêmes) et par les mots. D'aucuns diront même que les yeux savent aussi parler et se faire comprendre parfois tout simplement… *Du bout des lèvres* donc, à l'oral, ou *au fil de la plume* à l'écrit, l'espèce humaine n'a de cesse de communiquer.

Les expressions sont toujours choisies pour leur caractère idoine : elles savent s'adapter aux circonstances, changer et épouser les contours du moment. Elles se transmettent aussi de génération en génération. Elles sont comme des bébés qu'on se prête sans qu'on ait même parfois à *changer l'eau du bain.*

Le monde se divise en trois catégories de personnes : celles qui ont la chance de savoir s'exprimer parfaitement et avec aisance à l'écrit, celles qui, au contraire, ont plus d'atouts pour séduire à l'oral leurs auditeurs, conformément au principe antique de la « *captatio benevolentiae* », et enfin, les plus privilégiés d'entre nous, dont vous faites sûrement partie, ceux qui ont ce double don, non de voyance, mais d'exprimer correctement leur pensée en toutes circonstances.

« *Entre toutes les différentes expressions qui peuvent rendre une seule de nos pensées, il n'y en a qu'une qui soit la bonne* », prétendait La Bruyère ; car des expressions, il en est pour tout et pour tous. Des techniques aux plus littéraires, elles font sentir toutes les nuances de la pensée.

Expression, qui es-tu ?

Le mot « expression » qui vient d'un verbe latin *ex-premere* veut dire « prendre à partir de » : il désigne en effet la manifestation extérieure de la pensée et du sentiment par la parole, le geste ou même la physionomie. Mon propos portera sur la seule parole, qu'elle soit écrite ou orale, la gestuelle étant plus difficile à rendre sur le papier.

Qu'est-ce qu'une expression ? Une façon de parler et de dire les choses, une locution qui se compose de plusieurs termes ou d'un seul parfois : ainsi, *saperlipopette !* qui est devenu populaire et s'est imposé dans l'usage courant. Une expression, après avoir eu parfois une valeur individuelle ou personnelle, au moment où elle a vu le jour, a ceci de particulier qu'elle finit presque toujours par prendre une valeur commune et générale. Elle entre alors dans le parler de tous.

Le terme « expression » s'emploie donc au singulier pour désigner la manière de rendre une idée, à l'écrit comme à l'oral d'ailleurs, un tour de phrase. Au pluriel, le même terme désigne les différentes formes que nous donnons à notre pensée par les mots ou groupes de mots que nous employons, et ce à différents niveaux de langue.

Elles nous viennent d'un passé lointain comme plus proche. Ce sont souvent aussi des expressions qu'on ne peut pas toujours prendre « *au pied de la lettre* » (quel pied ? quelle lettre ?) et c'est tant mieux, car elles sont imagées. Tel sera le cas des expressions idiomatiques, propres à chaque langue. En effet, il conviendra de *ne pas mélanger torchons et serviettes*. Il faudra *appeler un chat un chat*… et pas autrement. Ce livre ludique est fait pour retrouver, derrière toutes les expressions que nous passerons en revue, ce qui constitue la substantifique moelle de notre pensée commune.

Certaines d'entre elles ont fait fortune, car elles ont eu l'heur de plaire de par leur caractère original : un tour de phrase en quelque sorte, une image, une comparaison ont fait leur succès. D'autres nous viennent d'auteurs qui les ont mises à la mode quand ils n'ont pas repris eux-mêmes certaines autres qui existaient déjà dans la langue et dont ils ont contribué pour une très grande part à multiplier l'usage. D'autres encore sont dites toutes faites. Je pense aux dictons, adages, bref à ces expressions proverbiales qui sont entrées dans notre langue courante et forment le socle de notre patrimoine culturel.

Je vous en parlerai avec une entière liberté d'expression !

Quand l'expression est spontanée

Elle peut passer par des jeux de physionomie, appelées mimiques, à la manière de celles-ci.

Jean qui pleure et Jean qui rit

Ce proverbe illustre comment une personne peut passer du rire aux larmes, de la joie à la tristesse, presque en un clin d'œil. La source remonte à un poème de Voltaire, écrit en 1772, intitulé *Jean qui pleure et rit* au gré des événements de sa vie. Tour à tour, il pleure, il rit. Tel un *Janus bifrons*, il offre un double visage de lui-même.

Certains voulant à tout prix mettre un nom sur ces deux Jean ont cru voir dans celui qui pleure l'image de saint Jean-Baptiste réclamant la miséricorde de Dieu, et dans celui qui rit celle de saint Jean l'Évangéliste adressant des louanges de joie à son Dieu. Tout cela reste à mettre au conditionnel.

Figure 1-1 : Jean qui rit, Jean qui pleure.

« *Il le faut avouer, telle est la vie humaine*
Chacun a son lutin qui toujours le promène
des chagrins aux amusements… »

Ailleurs, ce sera par des manifestations orales réduites à leur plus simple expression, qu'on appelle des « interjections ».

La ronde des interjections

On appelle « interjection » le ou les mots invariables qui servent à exprimer une émotion : admiration, joie, douleur, surprise, etc. On les repère le plus souvent au fait qu'ils sont autonomes et n'ont pas de relation précise avec les autres mots de la phrase. Ils sont comme jetés en pâture au milieu des autres « inter ».

Certaines d'entre elles se réduisent à de simples bruits imitatifs : on les appelle alors « onomatopées » : le son qu'elles produisent fait toujours écho au sens recherché : *Ah ! Aïe ! Bah ! Bravo ! Chut ! Clic ! Clac ! Eh ! Fi ! Gare ! Ha ! Hé ! Hein ! Hélas ! Heu ! Ho ! Holà ! Hop ! Hum ! Oh ! Ouf ! Parbleu ! Pif ! Paf ! Pouah ! Pouf ! Sus !…*

Le poète comique Aristophane a ouvert la voie – voix conviendrait mieux ici en l'occurrence –, dès l'Antiquité avec le concert que donnent ses *Grenouilles* : brekekekex koax koa, suivi du chant des *Oiseaux* : epopopoi popoi popoi popoi kikkabau kikkabau torotorotolililix…

Elles expriment toute la palette des sentiments humains.

L'*atchoum* de l'enrhumé, l'*areu areu* du bébé, le *boum*, *bing*, *crac* de l'objet qui se casse, le *drelin drelin* ou *dring* de la sonnette de téléphone, le *frou frou* des robes ou des étoiles dans le ciel rimbaldien, le *oups* cri de soulagement, le *ouaa* admiratif, le *pin pon* de la voiture de pompiers, le *vroum vroum* de la voiture qui démarre, le *zzzz* du ronflement nocturne, le *tut tut* du klaxon, le *tic-tac* de l'horloge, le *glouglou* de la bouteille, le cliquetis des boucliers, le *tric-trac* du nom du jeu où pions et dés s'entrechoquent…

LE SAVIEZ-VOUS ? Le mot « murmure » s'est considérablement affadi, par rapport à son sens originel : *mur mur* en latin est la simple duplication des sonorités mugissantes et grondantes, que produit le tonnerre de… Jupiter !

Toutes ces onomatopées témoignent d'une rare expressivité. Jacques Brel, dans sa chanson *Ces gens-là*, nous donne à entendre leur déglutition mieux que par des phrases avec *Et ça fait des grands flchss…* Pour être le *degré zéro* de l'expression, ces onomatopées forment bien *le chaos syncopé d'un antique message aux confins du langage*, pour reprendre le titre d'une des chansons du groupe Drôle de Sire en 2005. Il en fut de même quand les deux Jacques, Dutronc et Lanzmann, choisirent de nous amuser avec leur *piège à filles* de la chanson *Les Play boys*, « un piège tabou, un joujou extra, qui fait [toujours] crac boum hu(e) ».

Serge Gainsbourg nous fait son comic strip !

La plus belle création en la matière reste sans conteste cette chanson du grand Serge en 1968, *Bonnie and Clyde* : je vous en rappelle le refrain à l'écrit, à vous de le prononcer à haute voix :

« *Viens petite fille dans mon comic strip*

Viens faire des bulles, viens faire des WIP !

Des CLIC ! CRAP, des BANG ! Des VLOP ! et des ZIP !

SHEBAW ! POW ! BLOP ! WIZZ ! »

Il arrive aussi que certains mots deviennent à l'occasion des interjections : nom, verbe, adverbe, pronom, nul n'y échappe : *Alerte ! Allons ! Bon ! Çà ! Ciel ! Comment ! Courage ! Diable ! Halte ! Malheur ! Miséricorde ! Paix ! Peste ! Silence ! Tiens !*

Plusieurs mots réunis forment aussi des locutions interjectives encore plus explicites : *Ah bah ! Dieu du ciel ! Grand Dieu ! Dieu me pardonne ! En avant ! Hé quoi ! Ma foi ! Mon Dieu ! Oui da ! Qui vive ! Tout beau ! Eh bien !*

À quoi vous pouvez rajouter tous les *Mince alors ! Bonté divine ! Ça alors ! Bigre ! Bougre ! Bonté divine ! Fichtre ! Zut ! Mazette ! Diantre du monde* et l'incontournable « **Merde**… », cette interjection triviale par excellence, devenue un outil courant de la langue sur laquelle je reviendrai.

Même si elles sont réduites à leurs plus simples attributs, ce sont bien encore des expressions au sens où elles expriment quelque chose. Elles marquent toutes autant la surprise que l'étonnement, la déception que l'admiration, la colère que la douleur, etc. Je pense encore à un *bon sang de bon soir, c'est râpé !* C'est fichu comme un gruyère qui serait passé sous les scies de la râpe avant de gagner l'assiette !

Seigneur Marie Joseph, quel bric à brac !

L'expression orale ou comment le dire bien

S'exprimer, c'est d'abord utiliser l'organe de sa voix, parler. Et cela aussi s'apprend. Le nom de cette discipline, qui est loin d'être enseignée partout, est la **diction**.

Certaines professions exigent de leurs « acteurs » des talents d'expression orale. En effet, on peut toujours faire relire et reprendre un texte par un secrétaire si on a des doutes sur son orthographe. Mais, à l'oral, on se confronte soi-même à son interlocuteur. On est souvent malgré soi immergé dans le bain. Je pense ici aux métiers d'avocats, de commerciaux, de professeurs, et bien évidemment d'acteurs qui vont tous à la rencontre de leur public.

Dans l'Antiquité existaient des écoles d'éloquence où on formait les futurs orateurs. Les Grecs avaient l'amour de la parole, du bavardage aussi d'ailleurs. Platon lui-même, pourtant adversaire de ces professeurs appelés « rhéteurs » dresse de l'un d'entre eux, Protagoras d'Abdère, un portrait laudatif en le représentant comme un nouvel Orphée « *tenant sous le charme de sa voix* » tous ceux qui l'escortent. C'est que la parole est à la fois un outil d'expression et aussi de compréhension. Vous le savez bien ! « *Ce qui se conçoit bien s'énonce clairement* », dira notre Boileau national, si on veut se faire entendre d'autrui.

Autrefois les lieux de parole avaient pour noms la Pnyx, colline où on prononçait des discours politiques, l'Aréopage chez les Grecs, le forum chez les Romains. De nos jours, ils ont été remplacés par les tribunes de l'Assemblée nationale, du Sénat, les salles d'audience du monde de la justice, les salles de conférences, de cours, les amphis de nos facultés où les professeurs tiennent chaire, ou les planches d'une scène de théâtre.

On apprenait à faire de sa parole une arme de persuasion. Le poids des mots seuls ici, sans le choc des photos. Les maîtres antiques ont laissé des consignes pour décomposer un discours, ou comment faire mieux passer son message à l'oral en utilisant des effets de manche : parallélismes, jeux d'opposition, etc. On raconte même que Démosthène, le plus grand orateur politique de tous les temps, qui fut l'adversaire notoire de Philippe de Macédoine, n'hésitait pas, pour compenser ses défauts d'élocution – bégaiement et souffle court –, à s'introduire dans la bouche des galets et s'imposait de longues et douloureuses séances d'articulation face aux flots pour couvrir le grondement de la mer. Reste que les quatre Philippiques qu'il décocha à son adversaire n'évitèrent pas à la Grèce d'être défaite par l'envahisseur de Macédoine.

Les grandes écoles forment toujours leurs élèves à semblables pratiques : il est de bon ton de trouver, si possible, un plan en trois parties avec thèse, antithèse et synthèse, modèle dans le genre, pour exploiter au mieux le sujet dont on a à débattre et sur lequel il faut emporter l'adhésion du jury.

On se prépare donc ici et là à ce *grand O(ral),* comme on l'appelle. À l'ENA, par exemple ou encore aux entretiens des écoles préparatoires commerciales, aux leçons des concours de recrutement de la fonction publique, etc.

L'expression ou comment écrire ?

S'exprimer, c'est agencer, à l'aide de mots, des phrases qui ont du sens. Nombreux seront aussi les tournures ou ajustements que la langue met à notre portée. Par les mots, les tonalités, les registres, l'expression écrite se construit et structure notre communication.

À l'acte II scène 4 de la pièce de Molière, *Le Bourgeois gentilhomme* (1670), Monsieur Jourdain, s'initie au contact de son maître de philosophie, à une leçon de mots. Découvrant qu'il fait sans le vouloir ni le savoir de la prose – ce dont il s'extasie – il cherche à placer un billet doux à l'élue de son cœur et à trouver la meilleure formulation ou expression qui soit, à seule fin de la séduire. Comme vous allez le voir, nombreuses sont les possibilités qu'apporte la langue française, comme si la phrase était une matière à modeler.

> « *Monsieur Jourdain : Belle Marquise, vos beaux yeux me font mourir d'amour ; mais je voudrais que cela fût mis d'une manière galante, que cela fût tourné gentiment.*
>
> *Maître de philosophie : Mettre que les feux de ses yeux réduisent votre cœur en cendres ; que vous souffrez nuit et jour pour elle les violences d'un...*
>
> *Monsieur Jourdain : Non, non, non, je ne veux point tout cela ; je ne veux que ce que je vous ai dit : Belle Marquise, vos beaux yeux me font mourir d'amour.*
>
> *Maître de philosophie : Il faut bien étendre un peu la chose.*
>
> *Monsieur Jourdain : Non, vous dis-je, je ne veux que ces seules paroles-là dans le billet ; mais tournées à la mode ; bien arrangées comme il faut. Je vous prie de me dire un peu, pour voir, les diverses manières dont on les peut mettre.*
>
> *Maître de philosophie : On les peut mettre premièrement comme vous avez dit : Belle Marquise, vos beaux yeux me font mourir d'amour.*
>
> *Ou bien : D'amour mourir me font, belle Marquise, vos beaux yeux.*

> *Ou bien : Vos yeux beaux d'amour me font, belle Marquise, mourir.*
>
> *Ou bien : Mourir vos beaux yeux, belle Marquise, d'amour me font.*
>
> *Ou bien : Me font vos yeux beaux mourir, belle Marquise, d'amour.*
>
> *Monsieur Jourdain : Mais de toutes ces façons-là, laquelle est la meilleure ?*
>
> *Maître de philosophie : Celle que vous avez dite : Belle Marquise, vos beaux yeux me font mourir d'amour.*
>
> *Monsieur Jourdain : Cependant je n'ai point étudié, et j'ai fait cela tout du premier coup ! Je vous remercie de tout mon cœur, et vous prie de venir demain de bonne heure. »*

Comme quoi, à quoi bon s'escrimer à trouver des tournures alambiquées, les mots les plus simples, agencés en toute simplicité, iront droit au cœur sans prendre un chemin détourné. ***Dixit magister !*** Car quand le maître l'a dit, on ne revient pas dessus : on se soumet aveuglément à son autorité.

L'expression écrite, comme femme, varie !

Outre les mots qui composent une expression, il y a aussi l'art et la manière de leur donner en quelque sorte un registre, une **tonalité**. En ce domaine aussi l'expression peut être changeante, ondoyante et diverse comme l'homme d'après Montaigne et plus encore la femme, cette créature plurielle…

Selon que le niveau de langue sera châtié, familier, technique, on ne racontera pas la même histoire, car on fera appel à des registres différents.

Dans les *Exercices de style* (1947) de Raymond Queneau, le pitch de départ est unique : un narrateur monte dans un bus, où il rencontre une jeune homme au long cou coiffé d'un chapeau mou. Il échange avec un autre voyageur puis change de place. Un peu plus tard, il retrouve le même jeune homme devant la gare Saint-Lazare. Et cela va donner lieu à toute une série de variations, toutes plus expressives les unes que les autres. Des modes d'expressions différents vont faire une sacrée différence à l'arrivée.

99 exercices de style, sinon rien

J'ai choisi trois illustrations de genre distinct : tout d'abord le **style « gastronomique »**.

> *« Après une attente gratinée sous un soleil au beurre noir, je finis par monter dans un autobus pistache où grouillaient les clients comme asticots dans un fromage trop fait. Parmi ce tas de nouilles, je remarquai une grande allumette avec un cou long comme un jour sans pain et une galette sur la tête qu'entourait une sorte de fil à couper le beurre. Ce veau se mit à bouillir parce qu'une sorte de croquant (qui en fut baba) lui assaisonnait les pieds poulette. Mais il cessa rapidement de discuter le bout de gras pour se couler dans un moule devenu libre. J'étais en train de digérer dans l'autobus de retour lorsque devant le buffet de la gare Saint-Lazare, je revis mon type tarte avec un croûton qui lui donnait des conseils à la flan à propos de la façon dont il était dressé. L'autre en était chocolat. »*

Puis « médical »

> *« Après une petite séance d'héliothérapie, je craignis d'être mis en quarantaine, mais montai finalement dans une ambulance pleine de grabataires. Là, je diagnostique un gastralgique atteint d'un gigantisme opiniâtre avec élongation trachéale et rhumatisme déformant du ruban de son chapeau. Ce crétin pique soudain une crise hystérique parce qu'un cacochyme lui pilonne son tylosis gompheux, puis, ayant déchargé sa bile, il s'isole pour soigner ses convulsions. Plus tard, je le revois, hagard devant un Lazaret, en train de consulter un charlatan au sujet d'un furoncle qui déparait ses pectoraux. »*

Enfin « télégraphique »

> *« BUS BONDÉ STOP JHOMME LONG COU CHAPEAU CERCLE TRESSÉ APOSTROPHE VOYAGEUR INCONNU SANS PRÉTEXTE VALABLE STOP QUESTION DOIGTS PIEDS FROISSÉS CONTACT TALON PRÉTENDU VOLONTAIRE STOP JHOMME ABANDONNE DISCUSSION POUR PLACE LIBRE*

STOP QUATORZE HEURES PLACE ROME JHOMME ÉCOUTE CONSEILS VESTIMENTAIRES CAMARADE STOP DÉPLACER BOUTON STOP SIGNÉ ARCTURUS »

Vous avez reconnu derrière ces diverses expressions le même scénario narratif opératoire. Surtout ne manquez pas d'aller lire les 96 autres versions existantes de cette mémorable saga de Raymond Queneau (*Exercices de style*, première édition en 1947 chez Gallimard).

L'effet boule de neige ou la plastique d'une expression

Plus subtil encore, un même mot cette fois peut entrer dans la combinaison de plusieurs expressions. À titre d'exemple, regardez cette série sur le mot « coup » : connaissez-vous le sens de chacune des expressions ?

1. Un coup de boutoir
2. Faire coup double
3. Un coup d'épée dans l'eau
4. Un coup d'essai
5. Le coup de l'étrier
6. Un coup de tête
7. Le coup du milieu
8. Un coup de foudre
9. Un coup de bambou
10. Un coup de soleil

Réponses : 1. Un coup, ou une parole blessante adressée à quelqu'un. / 2. Obtenir un double résultat, d'un seul coup d'un seul. Une véritable aubaine ! / 3. C'est faire un essai sans résultat. Dommage ! / 4. La première action que l'on fait pour se faire remarquer. C'est parfois la bonne, sinon, il faut recommencer. / 5. C'est le coup à boire qu'on prend avant de monter à cheval et de partir… / 6. S'emballer au cours d'une action inconsidérée. / 7. C'est le verre d'alcool qu'on prend en cours de repas en Normandie, remplacé de nos jours par le plus diététique granité… sauf s'il est lui-même alcoolisé ! / 8. Un « éblouissement » amoureux. / 9. Un soudain coup de fatigue. / 10. Des brûlures sur la peau à la suite d'une exposition trop forte au soleil.

Sachant que « *boire un petit coup c'est agréable… boire un petit coup, c'est* [toujours] *doux…* », je vous l'ai gardé pour la bonne bouche !

Quand l'expression est défectueuse...

Il peut arriver, et c'est le risque, qu'on ne se fasse pas bien comprendre. Comme si certaines formulations restaient obscures et que l'expression orale comme écrite ratait son but premier. Tout le monde connaît l'expression *parler comme une vache espagnole,* pour désigner le mauvais traitement, souvent infligé à notre langue par les Français eux-mêmes du reste.

On qualifie en effet de **charabia** toute expression incompréhensible. Le mot même, issu de l'espagnol, signifie « langue arabe ».

Claude Gagnière, l'éminent spécialiste qui sut rendre populaire l'amour de la langue française, aime à rappeler l'anecdote préférée d'un ancien président de la République, de souche auvergnate. Giscard d'Estaing se plaisait à faire « péter » (sonner) les chuintantes, tout son **s** devenant **ch**... :

> ✔ *« Quelle différenche egjiste-t-il entre une poule et un chapon ?*
>
> ✔ *Ch'est chimple : une poule cha pond et un chapon, cha pond pas ! »*

D'autres maux guettent la correction de notre expression. Si je vous dis *« baragouiner »,* vous comprenez que je parle de ces autres personnes de l'Ouest de la France qui malmènent elles aussi notre belle langue française. Étymologiquement, le **baragouin** est formé de deux mots bretons qui désignent pour l'un *bara* le pain et pour l'autre *guin* le vin. Autrement dit, parler aussi primitivement, c'est en être resté à un stade d'expression fort élémentaire ! Mon cher Watson !

Citons encore le **sabir** qui désignait, à l'origine, le langage des musulmans ou le **paraouète**, ou parler des pieds noirs où se mêlent des mots d'origine espagnole yiddish et arabe. Comment voulez-vous alors qu'*une poule* (française) *y retrouve ses petits* (français) ?

Sans oublier non plus le **galimatias** si souvent moqué dans ses comédies par notre Molière national. On peut rappeler l'origine comique de ce mot composé du nom latin du coq *gallus* et du prénom *Mathias*. À l'origine, l'expression voulait dire le « Mathias du coq » avant d'avoir été pervertie en un « coq de

Mathias ». Vous comprendrez que le terme s'applique à un discours dont l'expression reste confuse, obscure, embrouillée, inintelligible donc, tout en donnant pourtant le change.

Rajoutons encore ce parler populaire qui a pris le nom de son créateur Janot, un pauvre hère qui personnifiait la bêtise piteuse et grotesque. S'exprimant par des phrases incorrectes, il inversait à dessein les groupes de mots, ce qui finissait par donner des amphibologies fort ridicules comme « elle offrit des crêpes à ses invités qu'elle avait fait sauter elle-même ». **Janotisme** est le nom donné à cette expression ambiguë qui bouleverse et désorganise intentionnellement une phrase jusqu'à rendre sa compréhension totalement incompréhensible.

Entre autres écarts et manquements à une juste expression, signalons les fautes les plus communément commises et appelées **barbarismes**, comme si elles étaient le fait de « barbares », de sauvages venus massacrer la langue. C'est ainsi en tout cas que les Grecs et les Romains qualifiaient ces erreurs grossières consistant, par exemple, à employer des mots inconnus, à se tromper de mots, bref, à dénaturer le message. Les **solécismes**, du mot grec *solokismos*, propre à la ville de Cilicie, Soloi, entachent l'expression d'incongruités fort dommageables encore. Et savoir que même de grands écrivains en ont commis n'ôte rien à la gravité de ces péchés contre l'expression.

Mais rien, à dire vrai, n'est plus odieux que d'entendre des séquences phonétiques identiques ou voisines dont l'une est incongrue ou malsonnante : ce « quelque chose de mal dit » autrement nommé **kakemphaton** reste disgracieux et a donné souvent lieu à des énoncés ridicules, détonants, cocasses... Pour mémoire, citons Corneille, à qui on peut toujours reprocher son « *Et le désir s'accroît quand l'effet se recule* » (les fesses reculent) tout comme son « *je suis romaine hélas, puisque mon époux l'est* » (poulet) ! Pareille cacophonie en devient presque drôle dans l'expression courante : *il peut mais peut peu* ou dans ces vers attribués à Alphonse Allais (1854-1905) :

> *« Je ne sais comment vous pûtes ;*
>
> *Ah ! Fallait-il que je vous visse*
>
> *Fallait-il que vous me plussiez ! »*

On souffre d'entendre toutes ces formes verbales aux sonorités maladroites, à défaut d'être incorrectes ! Mais on le sait, *le ridicule ne tue pas*... fort heureusement !

Les expressions « ad hoc »

Trouver l'expression juste et adéquate par rapport à une circonstance donnée (***ad hoc***, en latin), tel est (à présent) *le but du jeu, ma pauvre Lucette !* On qualifie enfin du nom de **jargon** une expression de spécialistes, le plus souvent obscure pour tous ceux qui ne sont pas du métier. Le mot vient-il de ce qu'on croit y entendre « le parler des oies » ? N'est-il plutôt le résultat phonétique d'une étymologie du mot « barbare » ? Quoi qu'il en soit, le lien est un peu *tiré par les cheveux* (subtil et alambiqué), et il faut admettre que pareille expression cause du tort à la communication.

Voici donc quelques expressions attendues en telle ou telle circonstance, tout comme existe un code des bonnes manières pour savoir se bien comporter en société, dans le monde. Plus prosaïquement, il est tout un art d'écrire ou de s'exprimer où vous regarderez au mot près, à la virgule près, suivant la nature des relations, le degré d'intimité, d'affection, l'âge enfin, même s'il est vrai que les « courriels » actuels tendent beaucoup à gommer tous ces usages.

Tu joues ou tu joues pas ?

Pour le côté festif, voici d'abord des expressions qui tournent autour du jeu... et non du pot !

Faites vos jeux

Voilà ce que l'on entend au Casino quand le croupier invite les joueurs à déposer leurs mises.

Abattre ses cartes

Point n'est ici question de renverser quoi que ce soit : un château de cartes, par exemple. Il s'agit simplement quand on joue de poser au moment fatidique la ou les bonnes cartes pour remporter la partie. Dans la vie de tous les jours, cette expression ludique par excellence signifie même qu'on est prêt à dévoiler ses projets. Quand on sait ou croit qu'on n'a plus rien à perdre, on risque le tout pour le tout. C'est une tactique comme une autre.

Jouer son va-tout

On appelle « va-tout », orthographié aussi en un seul mot *vatout* depuis 1990, la carte maîtresse qu'on est prêt à dévoiler pour espérer remporter la mise. On pourrait aussi bien dire « jouer son joker », du nom de ces cartes de jeu qui remplacent toutes les autres et représentent ainsi une échappatoire providentielle. Le mot « joker » de l'anglais *joke* représente un bouffon, suggérant ainsi qu'on peut espérer se sortir des situations les plus gênantes à la faveur d'une plaisanterie. On peut ainsi, à sa guise, réserver sa réponse, passer son tour ou gagner directement sans trop *faire le guignol*…. ou *le Jacques*, du nom du joker anglais, Jack ! Il le *deus ex machina* des tables de jeu…

Pisser à l'atout

Rassurez-vous, l'expression n'a rien de vulgaire. Un joueur n'a pas l'obligation de pisser, c'est-à-dire de fournir une carte dans la couleur maîtresse, pour peu que son partenaire soit déjà maître du pli. Ce qui lui permet de garder un atout, parfois décisif plus tard. Ne dit-on pas, pour ces jeux qui comportent des atouts (belote, tarot, bridge, etc.) : *Qui coupe s'affaiblit ?*

Damer le pion à quelqu'un

Rien à voir avec damer une piste de neige (pour le cas où vous seriez en train de lire ce livre à la montagne, après une bonne fondue !). Damer un pion, aux dames, c'est le couvrir d'un autre pion de même couleur, après avoir traversé tout le damier. C'est donc mater son adversaire, lui clouer le bec, remporter la mise.

Méli-mélo

Voici réunis pour la circonstance des expressions hétéroclites ou disparates.

Le petit oiseau va sortir vous dit le photographe, comme pour vous prévenir au moment même où il compte prendre la photo. C'est pour vous permettre d'être le plus beau sur la photo. Mais pour ce qui est de savoir qui est ce prétendu petit oiseau…

Tomber dans le panneau : c'est se laisser duper et prendre au piège. Le panneau désignait à l'origine le filet de chasseur servant à attraper des lièvres, des lapins, et de fil en aiguille pourquoi pas des êtres candides comme vous et moi !

Être franc du collier se dit à l'origine du cheval d'un charretier qui tire avec courage son attelage, puis de toute personne franche et sincère. À ce propos, connaissez-vous le sens de l'expression *donner un coup de collier* ? C'est fournir un grand effort. *Reprendre le collier* ? c'est se remettre à des occupations qu'on avait momentanément délaissées.

Battre quelqu'un à plate(s) couture(s) c'est terrasser son adversaire, le rouer de coups, comme jadis le couturier frappait les morceaux d'étoffe ou de cuir, pour en aplatir les coutures.

Examiner quelqu'un sous toutes les coutures, c'est le scruter, éplucher (encore une expression figurée) sa personne sous tous les angles.

Juridiquement parlant

Voici quelques expressions triées sur le volet (planchette servant à trier les graines !).

Habeas corpus (ad subjiciendum) : que tu aies le corps (pour le soumettre, c'est-à-dire le produire devant la cour)

En 1679, le roi Charles II dut entériner l'Habeas Corpus Act, voté par le Parlement anglais, désireux de défendre les droits de la personne. Cette loi fondamentale au fondement de la démocratie garantissait la liberté individuelle des citoyens anglais, en ce qu'elle ordonnait au geôlier de produire le corps du détenu devant la cour pour que celle-ci puisse statuer, en pleine connaissance de cause, sur la validité de son arrestation, en sa présence, plutôt qu'en le laissant croupir au fond de sa prison. Ainsi donc, toute décision de justice arbitraire se trouvait frappée de nullité, qu'elle fut prise par le fait du prince ou tout autre motif juridiquement infondé.

Ce droit à disposer de son corps reste l'un des piliers des libertés publiques en pays anglo-saxon.

Primus inter pares

Cette expression juridique qui signifie « le premier entre ses égaux » (entre ses pairs) s'emploie notamment dans la vie politique anglaise pour qualifier le statut pour le moins original et particulier du locataire du 10 Downing Street, à Londres, le Prime Minister. La constitution anglaise (largement non écrite) fait en effet de lui le premier d'entre les ministres du gouvernement de sa Majesté, en théorie leur égal, en pratique leur chef (plus ou moins) incontesté, primus super pares, donc !

Médicalement parlant

Citons ce qui fait référence en la matière, non pas toutes les expressions consacrées du monde carabin mais des classiques, à commencer par ce avec quoi on ne doit jamais plaisanter, je veux parler du plus sérieux des engagements que peut prendre l'homme.

Le serment d'Hippocrate

Il doit son nom au plus célèbre médecin de tous les temps, né dans l'île de Cos vers 460 av. J.-C., inventeur d'une méthode d'observation clinique dont la renommée se répandit jusqu'en Asie. Appelé par le roi de Perse pour combattre l'épidémie qui décimait son armée, il choisit de décliner l'invitation refusant de soigner les ennemis de sa patrie.

« *Je jure par Apollon médecin, par Esculape, par Hygie et Panacée, par tous les dieux et toutes les déesses, les prenant à témoin que je remplirai, suivant mes forces et ma capacité, le serment et l'engagement suivant…* » Ce serment d'Hippocrate, acte déontologique, s'il en est, et attesté devant les dieux, est à l'origine du serment actuel prêté par tout jeune médecin avant de commencer à exercer son sacerdoce médical.

Les classiques « C'est grave docteur ? » ou « Dites 33 »

« *C'est grave docteur ?* » demande avec anxiété le patient au médecin qui vient de l'examiner dans l'attente d'une réponse de bon augure. On a tous en mémoire les diverses élucubrations des médecins de l'œuvre de Molière dans *Le Médecin malgré lui* (1666) ou même *Le Malade imaginaire* (1673) sans oublier le diagnostic porté ironiquement par Sganarelle qui soigne juste grâce à son habit mais avoue sa totale incompétence.

Le chiffre **Trente-trois** serait-il donc la panacée pour permettre au médecin de mieux observer votre gorge ? Est-ce le même chiffre employé partout dans le monde ? On considère ce 33 comme un mot d'auscultation qui permettait de sentir *via* les mains ou les oreilles, la transmission des vibrations vocales pour évaluer, avant l'époque du stéthoscope, la qualité des tissus du poumon. En allemand, il s'agit juste de dire « ah » et en anglais, 99.

Passer de vie à trépas…

La moins drôle sans nul doute est cette dernière expression, **passer sur le billard**, qui s'emploie pour dire qu'on va subir une opération chirurgicale. Pourtant, c'est tout sauf un jeu, hormis qu'on est couché endormi pour les besoins de la chose et qu'on est effectivement comme des pantins ou, pour filer la métaphore, des boules entre les mains (certes habiles) des praticiens.

Malheureusement, on emploie encore cette expression euphémisante pour dire de quelqu'un qu'il est mort. En quel cas elle est synonyme de *passer l'arme à gauche*. *Passer quelqu'un par les armes* eût été le fusiller.

Rien à voir donc avec cette autre expression comportant le mot « billard » : *c'est du billard* signifiant familièrement que la chose est facile !

Militairement parlant

Manu militari est une expression formée d'un substantif et d'un adjectif à l'ablatif, usitée surtout dans le langage juridique qui équivaut à « par l'emploi de la force armée ». Le mot *manus* a deux sens en latin : la main (confer manuel) et la troupe ou l'aile armée. L'ensemble signifie : avec les forces armées publiques pour une intervention rapide et musclée sur le terrain. Expulser quelqu'un *manu militari*, c'est donc intervenir sans la moindre délicatesse pour le chasser.

Être droit dans ses bottes se dit d'une personne qui n'a pas d'état d'âme et qui campe sur ses positions, convaincue d'avoir raison. Même si ce n'est pas toujours le cas. *A contrario*, *être bien dans ses baskets* est une marque de décontraction, d'aisance.

Être à la botte de quelqu'un se dit d'une personne qui suit sans discuter les ordres d'une autre personne. Ces bottes-là n'ont en revanche rien à voir avec celles qui désignent des coups d'où l'expression *porter, pousser une botte à quelqu'un* pour poser une question embarrassante.

Branle-bas **(de combat)** : au sens propre, l'expression venant de l'ancien français est un terme de marine par lequel on désigne l'action de plier rapidement les *hamacs* ou *branles* en prévision d'un combat. Au figuré, l'expression s'emploie pour donner un ordre de mouvement général rapide au milieu d'un grand désordre. Tohu-bohu assuré !

C'est une tuerie... Se dit à présent, dans un sens positif, pour parler d'un événement extraordinaire, génial, à couper le souffle ! Le carnage, le massacre se transforment ainsi en réjouissance générale... peut-être pas pour tous, mais l'histoire ne le dit pas.

Théâtralement... vôtre

Depuis l'Antiquité, la magie du spectacle passe par le théâtre, ce lieu d'opérations... tout sauf militaires !

Castigat ridendo mores, telle est la devise de la comédie, forgée par Jean de Santeuil, cet homme de lettres français du XVIIe siècle, puis confiée à l'Arlequin d'une troupe italienne pour la mettre en pratique à Paris devant Mazarin : elle vise à corriger les travers humains par le moyen du rire.

Le théâtre a son propre lexique : ici, la générale n'est pas la femme du général, une baignoire ne sert pas à prendre un bain, un brigadier n'est pas un policier, un aboyeur n'est pas un Cerbère, le paradis n'y est pas le contraire de l'enfer, une doublure n'est pas l'intérieur d'un vêtement, etc.

Brûler les planches : au théâtre, les **planches** s'emploient en lieu et place du terme *plancher* (de bois) ou plateau ; on y monte pour se produire et se faire voir, on peut même, en toute impunité, les *brûler* si on les foule plus que de raison. C'était le cas des comédiens de la période romantique : c'est à ce seul prix d'ailleurs qu'on peut *avoir des planches,* c'est-à-dire être enfin à l'aise sur une scène ! Dans le langage courant, ne dit-on pas encore d'un élève qui se présente devant un jury qu'il « planche » ? L'expression « *brûler les planches* » fait aussi allusion à la tradition selon laquelle pour éclairer les acteurs on utilisait sur scène des bougies (spots des temps anciens). On n'était jamais à l'abri d'un accident.

Il y a du monde au balcon : on appelle balcon, les galeries qui font le tour d'une salle de théâtre et ce, sur plusieurs étages. Les meilleures places, à ce qu'on dit, surtout si elles sont de face. L'expression quelque peu familière, il y a du monde au balcon, s'emploie pour rappeler qu'un public trié sur le volet se pressait au spectacle pour admirer les décolletés (soutiens-gorge à balconnet) que portaient intentionnellement les soubrettes afin de se faire mieux remarquer d'un éventuel admirateur, riche de préférence…

Épater la galerie (tout sauf souterraine) : chez les Grecs, les femmes étaient admises au théâtre à condition de ne s'y point trop faire remarquer. Plus tard, dans les théâtres à l'italienne, ce sera pour elles l'occasion de s'y montrer (forcément à leur avantage) d'où l'expression : *amuser / étonner / épater la galerie*…

Faire sa diva : à l'origine, on appelle « diva » (de *divus, diva,* signifiant « divin » en latin) une étoile du monde lyrique dont la voix approche le divin. Le terme s'emploie communément pour toute femme de talent ou de renom dans d'autres arts que l'opéra. L'expression « faire sa diva » a pris une connotation un peu négative quand elle s'applique à des personnes, certes de qualité, mais qui prennent les autres de haut et font surtout des caprices inutiles. Faire sa star, sa Castafiore diraient les créateurs de Tintin.

La barbe !

Quand l'expression passe du propre au figuré…

Faire la barbe à quelqu'un au sens propre veut dire qu'on la lui coupe… En souvenir du temps où, à la guerre, les vainqueurs avaient pour coutume d'insulter les vaincus et de les humilier par ce geste de dérision. Au figuré, c'est se moquer.

Agir (au nez et) à la barbe de quelqu'un, c'est agir en sa présence, et en dépit de lui. Le sens abstrait a fini par l'emporter complètement sur le sens originel : devant la barbe veut dire en fait *sous ses yeux*. Victor Hugo (*Hernani*, 1830) s'amuse des deux sens :

« *… La belle adore*

Un cavalier sans barbe et sans moustache encore,

Et reçoit tous les soirs, malgré les envieux,

Le jeune amant sans barbe à la barbe des vieux. »

Faire la claque. Nulle gifle, ici, mais les personnes payées pour applaudir un spectacle. Cela commença au XVIIe siècle pour couper court aux cabales entre actrices. Mais vous imaginez bien que cela peut aussi fausser le sort d'une représentation, voire en gêner le bon déroulement. !

Côté cour et côté jardin, c'est l'équivalent au théâtre de l'opposition entre bâbord et tribord dans un bateau. C'est juste une question de point de vue pour le spectateur :

- le côté cour est à droite en regardant la scène ;
- le côté jardin, à gauche, en souvenir de l'installation de la Comédie-Française aux Tuileries, dans la salle des Machines qui donnait sur des bâtiments côté cour et un parc, côté jardin.

Jusqu'à la Révolution, on disait même « côté du roi » et « côté de la reine » avec toujours une préférence symbolique marquée pour le côté droit, allez savoir pourquoi… Le machiniste s'appellera donc, c'est selon, *courier* ou *jardinier* ! Et vous, vous êtes quoi, côté cour ou côté jardin ?

À chaque corps de métier, vous l'avez compris, son propre langage, son jargon, sa terminologie. Chacun pourra dans son domaine dresser sa propre liste. Ainsi *les petits ruisseaux feront les grandes rivières…*

Maintenant si vous voulez rire *dans votre barbe*, vous le ferez à part vous, intérieurement, en secret…

S'exprimer pour ne rien dire ou « pratiquer la langue de bois »

Cela existe aussi. C'est même devenu monnaie courante dans nos sociétés actuelles et tout particulièrement dans le milieu politique, auquel l'ENA prépare tout particulièrement. Pour rester dans le *politiquement correct*, on choisit d'employer une expression stéréotypée, dite *langue de bois*, donc manquant de souplesse. Par des tournures conventionnelles et banales, par des lieux communs, on élude, on contourne, on ne répond pas à la question, soit par incompétence soit par réticence. *On noie ainsi le poisson*, on ne ne fait pas de vagues, en neutralisant la communication.

Cette pratique, apparue en France en 1970, serait originaire de Russie : pour se moquer de leur administration tsariste, les Russes maniaient déjà la langue de chêne…

Vous savez ce qui vous reste à faire, pour ne plus être gêné par aucun sujet, pratiquez donc la *xyloglossie*…

Parler la langue de bois, c'est donc parler pour ne rien dire. Ce qui permet, en toute légalité, de dissimuler. Talleyrand n'avait-il pas dit que « *la parole a été donnée à l'homme pour cacher sa pensée* » ? Hommes politiques, avocats, leaders, et même professeurs, à ce qu'il paraît, en sont les maîtres incontestés.

Pour la pratiquer, il faut savoir *tourner autour du pot,* éviter de répondre *franchement et sans aucune autre façon*, comme on le disait autrefois. Cela me fait penser au portrait d'Acis que dresse, dans *Les Caractères* (1690), La Bruyère.

> « *Vous voulez, Acis, me dire qu'il fait froid ? Que ne disiez-vous : "Il fait froid". Vous vouliez m'apprendre qu'il pleut ou qu'il neige, dites : "Il pleut, il neige"… Mais, répondez-vous,*

cela est bien uni et bien clair ; et d'ailleurs, qui ne pourrait pas en dire autant ? Qu'importe, Acis ? Est-ce un si grand mal d'être entendu quand on parle et de parler comme tout le monde ? »

Derrière cette charge contre ce beau parleur incapable de s'exprimer en toute simplicité se cache tout l'idéal classique du théoricien Boileau. Aurions-nous oublié les belles leçons de l'*Art poétique* (1674) ?

Lettre de licenciement : tout est dans l'art et la manière...

J'emprunte à Gilles Guilleron (*Langue de bois*, First, 2010) l'exemple suivant. Vous êtes un chef d'entreprise et vous devez signifier à l'un des membres de votre personnel un licenciement brutal. Trois expressions s'offrent à vous :

– la familière, brutale, qui a pourtant le mérite de la franchise : « *Allez, on t'a assez vu. Tu peux dégager !* »

– la courante, bien plate et piteuse : « *Nous sommes obligés de vous licencier* ».

– la langue de bois : « *Comme vous le savez, la conjoncture économique est difficile, et nous oblige à inviter certains de nos collaborateurs, dont vous faites partie, à redéployer leur stratégie de carrière vers des secteurs plus porteurs* ».

On fait même mine de prendre son interlocuteur à témoin – comble de la cruauté mentale, en pareille circonstance. Pour un peu, le licenciement est présenté comme une opportunité pour la personne qui en est la victime. C'est le monde à l'envers.

Chapitre 2

Et pour faire style (staïle !), on fait comment ?

Dans ce chapitre :
- Un aperçu des effets possibles de style
- Des expressions sophistiquées…
- … aux tonalités les plus variées

*Pour que ça en jette (*mais de quoi, diantre ? Des étincelles, des feux, du jus, de la poudre aux yeux surtout !), on peut travailler l'expression et chercher par des effets stylistiques à renouveler l'expression de base. Pour ce faire, on se prête à des transformations d'expressions dont les modalités sont diverses : soit on minimise l'expression, soit au contraire on l'amplifie par une répétition souvent inutile ou une exagération, soit on se livre à un détournement de sens ou à un contournement même, tout aussi subtil. On peut même aller jusqu'à dire le contraire de ce que l'on pense, tant l'expression, elle, se plie sans souci à toutes les contorsions de la pensée – et Dieu sait si l'esprit humain peut être retors… –, sans qu'il y ait jamais *péril en la demeure !* Il faut, en effet, *au premier chef* voir cela comme un jeu. Une expression n'est-elle pas faite pour être transformée ? C'est le *morphing* de la langue, en quelque sorte, que toutes ces modulations, du plus au moins, du complexe au simple, de l'implicite à l'explicite… Quand l'expression écrite se travaille, on dit qu'on fait du « staïle », si on prononce à l'anglaise !

Les expressions atténuées ou euphémismes (du moins...)

> « *Il dort dans le soleil, la main sur sa poitrine Tranquille.* »

Rimbaud, dans son poème Le Dormeur du Val (1870), se refuse à prononcer le mot « mort » pour ce jeune soldat tué au champ de bataille, qui a « deux trous rouges au côté droit ». Ainsi, existe-t-il une manière d'exprimer les choses en douceur, en évitant la brutalité ou le caractère déplaisant d'un énoncé. L'euphémisme du grec *eu* « bien » et *phemi* « dire » présente une expression édulcorée, moins choquante.

Rien d'étonnant à ce que la mort soit si souvent l'objet d'euphémismes. Il existe mille et une façons de l'exprimer : ainsi pour parler de quelqu'un qui vient de mourir, on préfèrera dire : il nous a quittés ; il s'en est allé ; il est parti pour un long voyage, il n'est plus parmi nous, etc. Cela correspond à cette volonté de substituer une expression plus imagée à un terme attendu.

Les anciens parlaient d'un voile jeté pudiquement sur certains sujets sensibles et tabous. Ainsi pour parler des déesses de la vengeance, les monstrueuses Erinyes, dont Racine a fait *ces serpents qui sifflent sur vos têtes* (*Andromaque*, 1667), ils choisirent de les appeler les Euménides, c'est-à-dire les Bienveillantes, comme s'ils voulaient un peu les amadouer. Les Romains les nommeront même les Parques, celles qui vous épargnent, tu parles !

Cette façon de s'exprimer part de bons sentiments. Pourtant, elle s'apparente à une fuite devant les réalités, voire même parfois elle relève d'une généralisation compassionnelle.

Elle explique la floraison de toutes ces périphrases euphémisantes, telles que *technicien de surface* pour balayeur, *professeur des écoles* pour instituteur, *demandeurs d'emploi* pour chômeurs, *pays en voie de développement* pour pays sous-développés, *sans revenus* ou *économiquement faibles* pour les pauvres, *longue maladie* pour ne pas avoir à prononcer le mot fatidique de cancer, *lisser les effectifs* plutôt que licencier. Force est de reconnaître que ces « expressions atténuées » sont moins crues, et donc par là moins blessantes.

L'ère du vide, Gilles Lipovetski (Gallimard, 1983)

Tout ce qui présente une connotation d'infériorité, de difformité, de passivité, d'agressivité doit disparaître au profit d'un langage diaphane, neutre et objectif, tel est le dernier stade des sociétés individualistes.

Telle est la raison du travers qui caractérise nos sociétés et les faits de langue qui en rendent compte.

« *Finis les sourds, les aveugles, les culs-de-jatte, c'est l'âge des malentendants, des non-voyants, des handicapés ; les vieux sont devenus des personnes du troisième ou quatrième âge, les bonnes des employées de maison, les prolétaires des partenaires sociaux, les filles mères des mères célibataires. Les cancres sont des enfants à problèmes ou des cas sociaux, l'avortement est une interruption volontaire de grossesse. Même les analysés sont des analysants.* »

Mais bon, ne faut-il pas non plus consentir un jour à *appeler un chat un chat* et un chien un chien ? *Au diable* le *politiquement correct* ! Il n'y a pas si longtemps, un certain ministre (de l'Éducation nationale) n'avait-il pas choqué en voulant *dégraisser le mammouth* ?

L'amour et/ou le sexe sont d'autres sujets tabous. Alphonse Allais, avec une pudeur amusée, et dans un registre très elliptique, s'en remet à l'imagination de ses lecteurs pour leur faire trouver seuls ce que ces amants ont bien pu partager ensemble :

> « *Ils dinèrent ensemble, ce soir-là, et le lendemain, ils déjeunèrent ensemble.*
>
> *Le surlendemain, ce n'est pas seulement leur repas qu'ils prirent en commun.* »
>
> (*Sancta simplicitas*, 1891)

La langue populaire s'est chargée depuis longtemps de draper dans leur dignité les organes sexuels de l'homme et de la femme : *les choses de la vie* est l'expression la plus récurrente, pour ne pas entrer dans le vif du sujet.

Le poète Jean Cocteau pour parler des *Water Closet* choisit de parler « d'un endroit qu'il rendait inaccessible ». Dans sa pièce, *Qui a peur de Virginia Wolf*, Edward Albee fait dire à un de ses personnages : « *Où est l'euphémisme ?* » pour ne point les nommer !

Au plus : les expressions exagérées ou hyperboles

> « *Le nouvel OMO lave encore plus blanc : blanc, je vois ce que c'est, c'est blanc ; moins blanc que blanc je me doute, c'st gris clair, mais plus blanc que blanc, c'est nouveau, ça vient de sortir, c'est le nouvel OMO.* »

Avec l'humour noir (sans jeu de mots aucun) qu'on lui connaissait, Coluche s'amuse dans ce sketch sur *La Publicité* (1979) à singer les mérites d'une lessive miraculeuse.

Certains aiment à en rajouter : on songe à Harpagon, le ladre, qui n'est pas avare de ses mots pour exprimer les conséquences du forfait dont il est victime. Sa cassette lui a été volée : « *Il n'y a point de supplice assez grand pour l'énormité de ce crime ; et s'il demeure impuni, les choses les plus sacrées ne sont plus en sûreté.* » (*L'Avare*, 1668).

Bien des personnages de théâtre – est-ce dû à l'effet nécessairement grossissant de la scène ? – offrent des tirades dans lesquelles leurs propos dépassent les bornes. L'hyperbole appelle très souvent l'hyperbole : il y a comme inflation en la matière. Pour dire de quelque chose que c'est bien, on préférera dire « très bien » au superlatif, voire « super » « super méga », en doublant même l'effet emphatique. À la manière du bon Sapeur Camembert qui dit que « *quand les bornes sont franchies, il n'y a plus de limites* »…

Je revois encore l'adaptation qu'a faite Joseph Losey de l'« air du catalogue » dans le Don Giovanni de Mozart. Les *Mille e Tre* exploits amoureux du libertin sont reportés sur un gigantesque rouleau de papier qui se dévide à mesure que son serviteur descend les marches d'une villa palladienne.

Cette expression poussée à l'extrême répond en fait à divers effets attendus – valeur laudative ou argumentative – et réunit différents niveaux de langue. Répondant à un trait de psychologie inhérent à l'esprit humain, elle suscite toujours l'étonnement au sens étymologique du terme, c'est-à-dire que nous sommes comme frappés par le tonnerre.

Les expressions « contrariées » ou antithèses

Du grec *anti* « contre » « à l'inverse » et *thesis* du verbe tithemi : « placer », « poser », cette expression désigne une figure de pensée qui aime à rapprocher ou à mettre en parallèle deux termes pour les opposer à l'intérieur même d'un énoncé.

Dire : « *je hais et j'aime* » comme le poète élégiaque romain Catulle (84-54 av. J.-C.) ou « *je vis, je meurs* » comme la poétesse Louise Labbé (1524-1566), c'est chercher le contraste pour le contraste dans une opposition de mots : beau/laid, gentil/méchant, riche/pauvre, chaud/froid sont des exemples de cette **antithèse de mots**. L'Évangile selon saint Matthieu nous propose « *les aveugles voient, les boiteux marchent* ». Ou encore « *Quel bon sommeil on fait dans un mauvais lit* », à en croire Rousseau (*Émile ou de l'Éducation*, 1762).

Il existe encore **des antithèses de pensée**, où les termes ne s'opposent pas lexicalement l'un à l'autre mais dans leur sens intrinsèque. Ainsi cette pensée de Pascal (*Les Pensées*, 1669) à méditer : « *l'homme n'est ni ange ni bête* ». Bien des titres d'ouvrage usent de ce mode d'expression qui marque les esprits par leur effet d'attaque frontale : *Guerre et Paix* de Tolstoï (1869), *Spleen et Idéal* de Baudelaire (1861). Quant au *Rouge et le Noir* de Stendhal (1830), repris en *Le Noir et rouge* par Catherine Ney dans sa biographie de François Mitterrand en 1984, il oppose deux corps d'état, l'armée et la religion par couleurs interposées. De nos jours, la publicité exploite sans vergogne cette expression typiquement littéraire : la Bière Export ne mise-t-elle pas sur *une force toute en finesse* ?

L'expression de l'inconcevable réside même dans l'accouplement monstrueux de termes paradoxaux d'où peut parfois jaillir une vérité : Robert Desnos n'écrit-il pas en 1923 « *Je la hais d'amour comme tout un chacun ?* » Je pense aussi à l'expression qu'on employa pour qualifier l'acteur Eric Von Stroheim : « *l'homme que vous adorerez détester !* »

Vous en voulez d'autres ? Il y en a pléthore : un silence éloquent, un silence assourdissant, une réalité virtuelle, voilà bien de ces expressions utilisant **un oxymore** qui nous font l'effet d'une *douce violence*. Nos écrivains en ont eux aussi beaucoup abusé. Boileau, le théoricien du langage au XVIIe siècle, préconise dans son *Art poétique (*1674) :

« *Hâtez-vous lentement et sans perdre courage*

Vingt fois sur le métier remettez votre ouvrage. »

On songe encore à la sublime épithète homérique dont Paul Valéry affuble le héros antique : *Achille immobile à grands pas*, traduisant par là et l'ardeur du guerrier et sa réticence à passer à l'action. Font partie de ces autres formules choc les titres des œuvres suivantes : *Micromégas* de Voltaire (1752), *L'Ingénue libertine* de Colette (1922), *Le Bourgeois gentilhomme* de Molière (1670).

Terminons avec cet exemple de Balzac qui enchaîne un triple oxymore dans ce passage de *L'Illustre Gaudissart* (1843) : « *Ce pyrophore humain est un savant ignorant, un mystificateur mystifié, un prêtre incrédule* ».

Ces expressions plus que d'autres marquent les esprits : « *Cette obscure clarté qui tombe des étoiles* » chez Corneille comme ce « *jour noir plus triste que les nuits* » chez Baudelaire donnent encore à méditer. L'antinomie entre les termes a quelque chose de fulgurant, de propre à provoquer un choc. Songeons à l'« *immense et raisonné dérèglement de tous les sens* » que le poète Rimbaud dans *Une Saison en enfer* (1873) appelait de ses vœux pour secouer et surtout renouveler la langue.

Les expressions renforcées ou pléonasmes

Vous avez dit pléonasme ou redondance ? Humour que cette première répétition dans les deux termes mêmes de la question ! Certains ont même fait de cette répétition évidente une figure de style.

Du verbe grec *pleonazein* « être en plus » « en trop », le pléonasme consiste à caractériser de manière superflue, dans une même expression, un terme par un autre ayant le même

Chapitre 2 : Et pour faire style (staïle !), on fait comment ?

sens. Le pléonasme peut être inconscient (on parle alors de périssologie, c'est le cas de l'expression *hémorragie de sang*) ou au contraire recherché. Il atteint alors le statut de figure de style.

Bien des expressions usuelles résultent de la première variété et sont devenues ce qu'il convient d'appeler des pléonasmes lexicalisés :

- monter en haut
- descendre en bas
- sortir dehors
- un riche milliardaire
- le tout premier prototype
- une candide innocence
- un hasard imprévu
- exporter à l'étranger
- prévoir à l'avance
- s'entraider mutuellement
- de sinueux méandres
- le premier en tête
- une panacée universelle
- applaudir des deux mains

On parle pour ces exemples de pléonasmes inconscients. Ces expressions se glissent en effet spontanément dans nos conversations quotidiennes. Et cela va parfois même jusqu'à l'absurde comme pour l'expression : *entre deux alternatives.* En effet, quand on sait qu'une alternative donne déjà un choix entre deux choses, on imagine qu'entre deux alternatives, la situation se complique encore plus : on a quatre choix possibles, vrai cadeau empoisonné !

Les auteurs eux-mêmes ne sont pas à l'abri de pareilles redondances (du latin *redundans, red* (de nouveau) et *unda* (l'eau) : ici c'est l'image d'un débordement, d'une surabondance qui prime). On peut penser que, pour eux, il s'agit de pléonasmes volontaires. Ainsi :

- *Je l'ai vu, dis-je, vu de mes propres yeux, vu*
  Ce qu'on appelle vu… dira Molière.

- *C'est ce que je demande, s'écria-t-elle, en se levant debout*, écrit Stendhal.
- *Paradis artificiels. C'est un pléonasme* (Aragon dans son *Traité du style*, 1928).

La COMPIL(ation)…

L'expression « *au fur* » datant du XVIe siècle signifiait « dans la même proportion que ». Le mot « fur », sans rapport avec un quelconque furet, issu de *fuer* était employé dans des locutions comme *a nul fuer* qui signifiait « à aucun prix » ou bien *au fuer de* pour « en proportion ». Elle est restée dans la langue courante, mais son sens s'est perdu au fil du temps. Certains ont alors voulu lui accoler un intensif « à mesure » ; d'où le pléonasme de la nouvelle expression : ***au fur et à mesure***, pour dire petit à petit, tout doucement ! Cette pratique était assez courante si on se fie à ces autres expressions comme *sain et sauf* ou *bel et bien*.

Saviez-vous que dans l'adverbe temporel ***aujourd'hui***, issu du latin *ad illum diem de hodie*, on trouve deux fois exprimée l'idée de jour (*diem* et *hodie*) et d'actualité (*illum* et *hoc*). Alors dire « ***au jour d'aujourd'hui*** », c'est encore plus une aberration ! C'est le degré suprême du pléonasme !

Citons encore au compte de ces expressions intentionnelles, d'autres exemples moqueurs, de nature plus sociale, quoique, comme :

- une femme insatisfaite,
- un mari égoïste,
- un enseignant en grève ou en vacances,
- un Écossais radin,
- un primitif flamand,
- un Français moyen (bien fait pour nous !),
- un premier coup d'essai,
- un stupide accident,
- etc.

À ce compte, réfléchissons deux minutes : une *démocratie* peut-elle être autre chose que *populaire* ? Et une *économie*, autre que *domestique* ? Ces expressions ont pourtant fait en l'état leur entrée dans nos dictionnaires !

Les expressions contournées ou périphrases (mises à la place de)

Pourquoi faire simple quand on peut faire compliqué, entend-on dire ! Au lieu de nommer directement une personne ou une chose, on va préférer tourner autour du pot et choisir une expression de remplacement :

- *les auteurs de mes jours* pour mes parents ;
- *la fille de l'écume* pour Vénus ;
- *celui qui conquit la toison* pour le héros Jason ;
- *le père de la fable* pour le fabuliste Ésope ;
- *le petit Caporal* pour Bonaparte ;
- *le maître de l'Olympe* pour le Dieu des dieux grecs, Zeus ;
- *l'oiseau de Minerve* pour la chouette ;
- *le steak de la mer* pour le thon ;
- *l'homme aux semelles de vent* pour le poète Rimbaud ;
- *l'Empereur à la barbe fleurie* pour notre bon Charlemagne ;
- *le plus vieux métier du monde* pour la prostitution ;
- *le billet vert* pour désigner le dollar ;
- *le petit coin* pour les WC (water-closets) ;
- *une bête à bon Dieu* pour une coccinelle, etc.

Les « pros de la périphrase »

Au nom de la clarté classique, Molière, en son temps, crut bon de fustiger *Les Précieuses ridicules* et, à leur suite, *Les Femmes savantes*.

Je le trouve pourtant bien sévère à l'adresse de ces femmes qui, au nom de la science et du droit à la culture des femmes, entreprirent de se mêler du langage et se plurent à inventer des tournures alambiquées certes, mais originales.

Elles pratiquaient ces jeux d'expression dans la « ruelle », espace situé entre le mur et le lit. Bien loin de la petite rue étroite et mal famée à laquelle, j'imagine, vous songiez déjà. Le psychanalyste Jacques Lacan dit qu'on doit beaucoup à ce courant des Précieuses : « *leur mouvement fut au moins aussi précieux pour l'histoire de la langue que notre cher surréalisme !* »

Pour elles, le soleil devient l'astre du jour ; la lune, le char vaporeux de la reine des ombres ; la nuit, la déesse des ombres ; les fauteuils, les commodités de la conversation ; les yeux, les miroirs de l'âme ; les dents, l'ameublement de bouche et les fesses, le rusé inférieur !

Carré blanc... !

Dans les années 1960, un *carré blanc* dans un coin du poste de télévision signifiait que l'émission était interdite au jeune public. Mais « ***69, année érotique*** » est passée par là, aussi, plus rien ne nous arrête. Voici quelques expressions ou périphrases, plus ou moins coquines, sur ***les choses de l'amour***, autre nom du sexe. Saurez-vous retrouver ce qu'elles désignent ? Ou donnerez-vous votre *langue au chat* ?

- Le petit creux à se faire du bien : ....
- Le bouton de l'amour : ....
- Le petit soldat au garde-à-vous : ....
- Les boulettes de Vénus : ....
- Avoir la flèche hors du carquois : ....

Chapitre 2 : Et pour faire style (staïle !), on fait comment ? 43

- L'eau de vit : ....
  ....
- Dégorger le poireau : ....
  ....
- Faire mousser le créateur : ....
  ....
- Se faire les cuivres : ....
  ....
- Faire fondre la dragée : ....
  ....
- Jouer à monte-là-dessus : ....
  ....

Sévèrement burné, tout de même cet exercice !

Outre ces images plutôt poétiques et difficiles à employer couramment, on leur doit aussi des expressions qui sont devenues *monnaie courante* :

- *le mot me manque :* j'en reste tellement coi que je ne trouve même plus mes mots ;
- *s'encanailler :* se mêler à la canaille, c'est-à-dire la vile populace et par là donc s'avilir ;
- *les bras m'en tombent :* je suis anéantie ;
- *faire des avances :* tenter des démarches auprès de quelqu'un en vue d'une liaison, d'une réconciliation, etc.

Que reconnaissez-vous derrière les expressions suivantes ?

1. *un bain intérieur*
2. *l'universelle commodité*
3. *les trônes de la pudeur*

Réponses : 1. un verre d'eau ; 2. une table ; 3. les joues.

Qui n'a pas encore en mémoire la phrase que prononce la marionnette de Jacques Chirac, dans les *Guignols de l'Info*, pour parler de sa présidence tant attendue : « *mon boulot de dans deux ans !* », périphrase suivie de l'interjection : « Putain, deux ans (encore) ! » D'autres attendent plus encore. Alors ?

Qui se cache derrière les périphrases suivantes ?
1. *Les bijoux de famille*
2. *La petite reine*
3. *Le petit papier rose*
4. *Le toit du monde*
5. *La grosse pomme*
6. *La der des ders*
7. *La planète rouge*
8. *L'or noir*
9. *Le « killer » de Méduse*
10. *Château la Pompe*

Réponses : 1. Les testicules / 2. Le vélo / 3. Le permis de conduire / 4. L'Everest (eu égard à son altitude) / 5. New-York par allusion à son surnom Big Apple / 6. La guerre de 1914-18, Du moins on le croyait / 7. Mars / 8. Le pétrole / 9. Persée / 10. L'eau du robinet.

Les expressions détournées ou les « à-peu-près »

Notre langue populaire, jamais à court d'inventions, produit mille et un *à-peu-près* (expressions presque identiques), sans qu'on sache toujours si l'embrouillamini produit est volontaire ou pas. En tout cas, l'effet en est toujours comique.

En voici quelques exemples :

- « *Vieux comme mes robes* » au lieu de dire « *vieux comme Hérode* », le vieux roi ;
- « *Rire à gorge d'employé* » au lieu de dire « *rire à gorge déployée* » ;
- « *Pousser des cris d'orfèvre* » à la place de « *pousser des cris d'orfraie* », pourtant il n'y a vraiment aucun rapport entre le technicien artiste et l'oiseau ;
- « *Je ne le connais ni des lèvres, ni des dents* » alors qu'on dit « *ni d'Ève ni d'Adam* » ;
- « *Il s'en est sorti idem* » au lieu de dire « *indemne* » : sain et sauf quoi mais pas forcément dans un état identique au premier ;

Chapitre 2 : Et pour faire style (staïle !), on fait comment ?

- « *Il est riche comme Fréjus* » au lieu de dire « *comme Crésus* » : entre le roi de Lydie dont le fleuve le Pactole charriait de l'or et la ville de Fréjus, connue pour son tunnel, dites-moi, qu'y a-t-il de commun à part une similitude, et encore imparfaite, de son ?
- « *L'affaire a été renvoyée aux quarante Grecs* » alors qu'on dit « *aux calendes grecques* » : on reste dans le même univers antique, mais c'est bien tout !
- « *C'est ici que les Grecs s'éteignirent* » (*s'atteignirent*) : c'est la fin des haricots, que vous retrouverez un peu plus loin, du reste ;
- « *En bon uniforme* » (*bonne et due forme*) : conformément aux règles consacrées par la loi et l'usage ;
- « *Fier comme un bar-tabac* » (*Artaban*) : on doit à Coluche d'avoir en 1977 renouvelé avec humour l'expression classique, *Fier comme Artaban*, du nom du personnage altier du roman historique de Gautier de la Calprenède au XVIIe siècle. C'est ce qui se dit de toute personne au comportement arrogant ;
- « *À vaincre sans baril, on triomphe sans boire* » : le pauvre Corneille doit se retourner dans sa tombe en entendant ce beau vers du *Cid* qui se présente sous sa vraie forme : « *À vaincre sans péril, on triomphe sans gloire* », ici dévoyé dans cette métaphore filée toute alcoolisée !

L'à-peu-près, vous l'avez compris, exploite une ressemblance phonique entre plusieurs mots et transforme ainsi une expression connue en une autre qui lui ressemble comme deux gouttes d'eau sur le plan sonore, mais pas du tout sur le plan sémantique. Il y a toujours substitution, détournement de sens, parfois même encouragement à la grivoiserie… La bienséance m'interdit d'en dire plus.

Je t'aime, aujourd'hui plus qu'à Hyères et bien moins qu'à Denain ! Vous retrouverez sans peine sous la plume inventive et truculente de Frédéric Dard, une expression très courante et assez plate : *Plus qu'hier et moins que demain*.

Chapitre 3

Les expressions qui font… genre(s) !

Dans ce chapitre :
- Quand une expression courante devient un *genre* littéraire…
- Des expressions d'un jour…
- … aux citations proverbiales d'aujourd'hui

C'est juste un clin d'œil que je veux vous faire ici, en rappel des pages roses présentes dans le *Dictionnaire Larousse* dès son édition de 1862. Un cahier, intercalé entre les noms communs et les noms propres, regroupait citations, proverbes, maximes, sentences, etc.

Une expression comme « *je suis parti sur les chapeaux de roues* » pour dire à toute vitesse, ne saurait remonter avant l'époque de l'automobile. Une expression, vous le voyez, peut donc être bel et bien datée. D'autres, au contraire, semblent venir de très loin et s'être imposées à nous pour toujours. On les appelle de divers noms : adages, dictons, proverbes, apophtegmes, maximes… qui ont donné naissance à des **genres** littéraires :

- un **adage** vient du mot latin *adagium*, contraction de l'expression *ad agendum*, signifiant « ce qui est à faire » : il a une fin morale, tout comme un **précepte**, du latin *praeceptum* (la chose enseignée) qui offre une règle de conduite, comme *Fais ce que dois, advienne que pourra*.

- un **dicton** (du latin *dictum*, la chose dite) est une expression qui se fait fort d'articuler une règle utile dans certaines circonstances de la vie, comme *un tiens vaut mieux que deux tu l'auras*.

- la **maxime** est ce genre court qui énonce lui aussi une proposition générale sous la forme d'un précepte – un proverbe pour gens d'esprit, en somme.
- un **proverbe,** courte maxime qui se fait l'écho d'une expérience, a quant à lui une fonction didactique, tout comme l'apophtegme grec.

Ce sont tous des lieux communs qui ont une portée générale et relèvent d'une vérité universelle. Les fabulistes antiques (Ésope) comme plus modernes (La Fontaine), les auteurs de maximes du XVIIe siècle tels que La Rochefoucauld, en ont fait la matière de leurs écrits. Le plus souvent elles sont écrites au « présent gnomique », c'est-à-dire un présent de vérité générale : le message était vrai au passé, le reste au présent et le sera encore au futur. Elles ont donc beau jeu de *faire genre !* De *se la péter*, en mode plus familier !

Ces expressions toutes faites sont, comme le dit Françoise Héritier, « *de vieilles pantoufles où l'on coule ses pieds et où tout le monde se trouve à l'aise* ». Dès qu'on les entend, on comprend tout de suite le message ; elles sont comme un raccourci émotionnel qui évite de donner des explications. La preuve est faite que la pensée n'a pas toujours besoin de passer par l'abstraction : les expressions correspondent à une pensée plus « tripale », qui est l'apanage de tous ceux qui partagent la même culture. Le plus souvent ciselées, ces expressions exploitant concision et densité livrent des messages didactiques et ludiques à la fois. Produits d'un temps et d'un lieu donnés, écrites un jour et bien troussées, elles se redisent toujours. *Œuvre d'un jour, œuvre toujours !* De l'écrit à l'oral, il n'y a qu'un pas…

Et puis comme La Fontaine l'écrit dans *Le Pouvoir des fables, VIII, 4* :

« *– Le monde est vieux, dit-on, je le crois, cependant*

Il le faut amuser encore comme un enfant. »

Comme je ne saurais vous les citer toutes, j'ai fait des choix. Voici mes propres adages ! En matière d'expressions, c'est comme *dans le cochon, tout est bon !*

Les expressions proverbiales que l'on doit à nos anciens

Ars longa, vita brevis. *L'art est long, la vie est courte*, telle est la traduction du premier aphorisme du médecin grec Hippocrate, repris par Sénèque (4-65 apr. J.-C.) en exergue de son ouvrage *De la brièveté de la vie*. L'expression devenue dicton signifie que l'art (l'acquisition d'un art) nécessitant beaucoup de peine et de temps, une vie humaine ne suffit pas à atteindre cet objectif. L'interprétation diffère chez Sénèque : pour lui, la vie est éphémère, alors à quoi bon se perdre dans une tâche sans fin comme l'art ? On peut enfin prendre l'expression dans une autre acception, dans la veine de l'*Ode* d'Horace : l'art dure longtemps alors que la vie de l'artiste est brève. Qu'une vie y suffise importe peu sur le fond : l'art toujours transcende le créateur.

Asinus asinum fricat. *L'âne frotte l'âne*. Ce proverbe qui remonte sans doute à Varron l'ancien (116-27 av. J.-C.), célèbre savant latin qui parlait de deux mulets qui « s'entregrattaient le dos », s'emploie pour qualifier deux personnes qui font assaut de flatteries et de compliments parfois sans fondement. Molière dans *Les Femmes savantes* en donne une parfaite illustration avec les éloges excessifs qu'échangent Vadius et Trissotin.

Audentes fortuna juvat. *La fortune sourit aux audacieux*, tel est le message de ce vers 284 du chant X de l'*Énéide* de Virgile (70-19 av. J.-C.) qui raconte le retour d'Énée dans sa terre du Latium au sortir de la guerre de Troie. Le roi des Rutules, Turnus, défie le héros Énée. Le sens de cette expression est qu'il faut savoir prendre des risques dans la vie et oser ; on n'a rien sans rien. La déesse Fortune vient porter secours aux hommes entreprenants, à la guerre comme en amour. « *De l'audace, encore de l'audace, toujours de l'audace* », lancera Danton en pleine Révolution française.

Doctus cum libro. *Savant*, oui, mais *livre à la main !* L'expression s'emploie pour parler de toute personne incapable de réfléchir par elle-même qui se réfugie derrière une science apprise dans les livres pour paraître savante. C'est une définition du pédantisme en quelque sorte. On peut y associer la locution médiévale *aperto libro* « à livre ouvert », qui s'applique à toute personne capable de déchiffrer à vue les textes les plus ardus, genre ceux écrits en latin ou pire *(horresco referens)*… en grec.

Errare humanum est. « Se tromper est chose humaine », disait déjà Sophocle dans sa pièce *Antigone*, officialisant par là une maxime qui avait cours depuis longtemps déjà. Dans sa version latine, l'expression se poursuit ainsi : *sed perseverare in errore stultum* (« *mais il est stupide de s'entêter dans l'erreur* »). On adoptera même la variante « *perseverare tantum diabolicum* » (« *seule la persévérance dans l'erreur est le fait du diable* ») dans une perspective chrétienne.

Qui n'a jamais commis d'erreur dans sa vie ? Aurai-je besoin moi-même d'ajouter à la fin du livre des *errata* à l'attention de mes lecteurs si d'aventure je m'aperçois que j'ai laissé quelques coquilles ou fautes d'impression !

Fit faber fabiendo. Ce proverbe latin, exemple de grammaire s'il en est, signifiant « *c'est en forgeant qu'on devient forgeron* » est facile à mémoriser, grâce à l'emploi répété de la même racine entre le nom *faber* et la forme verbale *fabiendo*. Du reste, l'expression française « *l'appétit vient en mangeant* » est forgée sur le même modèle. L'*homo faber* désigne l'homme qui fabrique les choses de ses mains, premier stade de l'évolution de l'espèce humaine vers l'état d'homo sapiens.

L'expression veut dire que toute chose s'apprend et qu'on ne saurait être commandant avant d'avoir été matelot. Au titre des variantes modernes, on peut aussi penser à « *Paris ne s'est pas fait en un jour !* »

Pour preuve de la vitalité de cette expression, je pense à l'ancien slogan publicitaire d'Auchan : « *l'appétit vient en flunchant* » avec ici, en prime, le néologisme !

« *Ce n'est pas en se mouchant qu'on devient moucheron ni en sciant que Léonard devint scie* », comme le dit encore le comique Francis Blanche pour parodier l'expression sus-dite.

In cauda venenum. Dans la queue est le venin ! Cette expression n'a pas de référence explicite. C'est en observant le scorpion dont le poison est contenu dans la queue, que les Romains ont créé ce proverbe bien concret. Il faut, en fait, se méfier de tout ce qui semble trop bien commencer. Souvent la suite, ou la chute, peut réserver de fort désagréables surprises.

In vino veritas. Cette expression proverbiale latine, « *dans le vin est la vérité* », est tout droit inspirée de l'adage grec : « *le vin et la vérité vont de pair* ». Le vin, on le sait bien, lève les inhibitions et délie surtout les langues. En cela, il vaut tous les sérums de vérité du monde ! Le culte de Dionysos *alias* Bacchus chez les Romains, faisait partie intégrante de la philosophie de vie des Anciens. N'allez pourtant pas croire que le vin n'ait que des bienfaits. Platon le philosophe se plaisait à représenter le jeune et fougueux Alcibiade très souvent aviné et joyeux. Pline l'Ancien (23-79 apr. J.-C.) au contraire dans son *Histoire naturelle* insistera plutôt sur les méfaits de l'alcool. Proverbe à savourer avec modération, donc !

Mens sana in corpore sano. C'est à Juvénal l'auteur polémiste des *Satires*, entre 90 et 127 de notre ère, qu'on doit cette maxime ainsi traduite par « *une âme saine dans un corps sain* ». On sait à quel point, au XVIe siècle, à la période humaniste, le régime préconisé par Michel de Montaigne met l'accent sur le corps et la santé physique comme première condition d'une bonne santé morale. Il n'est de bonne éducation que celle qui contribue au plein épanouissement de l'enfant. Puissent nos ministres s'en souvenir !

Nulla dies sine linea. « Pas un jour sans une ligne » ; Pline dans son *Histoire Naturelle* prêt ces mots au peintre Apelle qui ne passait pas un jour sans tracer une ligne sur sa toile. La même recommandation pour sûr est à faire à tous les écrivains. *Cent fois sur le métier remettez votre ouvrage*, dit un autre. Vous voyez qui ?

Primum vivere deinde philosophari. *D'abord vivre, après (et seulement après) philosopher !* Ce précepte des Anciens nous invite à accepter la vie avec toutes ses conséquences pratiques et morales bien avant de se livrer à des études purement spéculatives et abstraites sur la comète. Il s'applique à ceux qui discutent de tout à perte de vue, en oubliant (parfois) l'essentiel. C'est ce qui fera dire à Karl Marx : « *Nous avons trop pensé le monde, il faut maintenant*

le transformer ». Prenons garde de ne pas oublier de vivre...
comme le dit encore la chanson !

Qui bene amat, bene castigat. Qui aime bien châtie bien ;
cette maxime reposant sur un parallélisme de construction
met en valeur les deux termes clefs qui se répondent comme
en écho : *amare* « aimer » et *castigare* « châtier ». Elle signifie
que la punition n'a d'autre but que de corriger les défauts,
vices, fautes de celui que l'on aime. À l'inverse, se montrer
trop laxiste n'est pas toujours une preuve d'amour !

Rien de trop. *Meden agan*, dit le grec. Telle est la devise
figurant au fronton du temple de Delphes. Transposée en latin
par Térence (190-159 av. J.-C.) sous la forme « *ne quid nimis* »,
elle devient une leçon vivante de modération et de mesure.
Tout le contraire de la démesure barbare, nommée *ubris*. Seul
le goût de la mesure pouvait mettre dans l'âme et sur le visage
des Grecs la sérénité. « *La mesure est ce qu'il y a de mieux* »,
disait aussi le dramaturge Eschyle. Le classicisme français
s'est largement inspiré de cet idéal de sagesse des Grecs.

Verba volant, scripta manent. *Les paroles s'envolent, les
écrits restent.* À l'origine, l'adage latin avait valeur de conseil :
il recommandait de ne jamais laisser de traces matérielles
écrites lors de transactions juridiques ou commerciales
de nature à engager trop expressément sa parole. *Paroles,
paroles, paroles... encore et toujours des paroles* que l'on sème
au vent, comme l'a chanté Dalida. De nos jours, on préfère
garder des preuves écrites de tout pour se protéger.

Vox populi, vox dei. *La voix du peuple est celle de Dieu.* À en
croire cet adage, la vérité d'un fait ou la justice d'une action
tireraient leur légitimité d'un large consensus populaire, d'un
accord unanime. Comme si l'opinion du plus grand nombre
pouvait toujours garantir le caractère absolu d'une vérité
pourtant *a priori* relative. Ce qui est sûr, c'est que cette
expression est de nature à légitimer toute forme de populisme,
même démagogique, en lui donnant la portée d'une volonté
divine.

Il y a loin de la coupe aux lèvres. Ce proverbe est la
traduction littérale d'un grec : *il y a bien de l'espace entre la
coupe et les lèvres* repris en latin sous la forme *Inter os atque
offam multa invenire possunt* voulant dire : *entre la bouche et*

la bouchée, bien des choses peuvent intervenir. Les Anciens, rappelez-vous, prenaient leurs repas couchés et buvaient dans de larges coupes d'où le vin se répandait abondamment. L'expression veut dire qu'il peut arriver bien des événements entre un désir et sa réalisation, entre la conception d'un projet et son exécution…

… et tutti quanti (tant d'autres)

À bon chat, bon rat. Se dit quand celui qui attaque trouve un antagoniste capable de lui résister. On connaît les rapports amicaux entre chats et rats.

À cœur vaillant rien d'impossible. Avec du courage (*vaillant* est le participe présent du verbe valoir), on vient à bout de tout.

À l'impossible nul n'est tenu. On ne peut exiger de quiconque ce qui lui est impossible de faire. Pure question de réalisme !

À l'œuvre, on connaît l'artisan. C'est toujours à son travail qu'on peut juger d'un artiste, à en croire La Fontaine dans *Les Frelons et les Mouches à miel* (I, 21).

À malin, malin et demi. On a beau être soi-même rusé, on trouve toujours quelqu'un de plus roué que nous. Car à ce jeu-là, on ne gagne pas à tous les coups et *on trouve souvent plus fort que soi.*

Aide-toi, le ciel t'aidera. Si tu fais les premiers efforts nécessaires face aux difficultés et seulement si, tu es en droit d'espérer qu'un Dieu viendra à ton secours. Tu le mérites même, sinon à quoi cela sert-il *que Ducros se décarcasse* ?

Amour, amour, quand tu nous tiens, tu nous tiens bien. Une fois qu'Eros nous a transpercé le cœur, on ne peut plus lui échapper. Le mal est fait, le cœur est pris, on est devenu esclave de son amour.

À tout seigneur, tout honneur. Il faut rendre honneur à chacun suivant son rang et son mérite.

Apprenez que tout flatteur vit aux dépens de celui qui l'écoute. La morale de la fable *Le Corbeau et le Renard* (I, 2) nous apprend qu'à trop s'en laisser conter par les autres par orgueil, on en paie les conséquences.

Après la pluie vient le beau temps. La joie succède toujours à la peine comme le bonheur au malheur. Heureusement, sinon la vie ne vaudrait vraiment pas d'être vécue ! D'ailleurs, ne dit-on pas encore qu'*à toute chose malheur est bon* : tout événement, aussi fâcheux soit-il, apporte son lot d'expériences à exploiter par la suite !

Au royaume des aveugles, les borgnes sont rois. On est toujours meilleur que quelqu'un d'autre ou pire que lui. Aussi, parmi des incapables, les médiocres peuvent encore briller. Quel optimisme !

Aux grands maux les grands remèdes. Plus les malheurs sont grands, graves et dangereux, plus il faut les affronter avec courage et efficacité.

Avec (un) des si, on mettrait Paris dans une bouteille ! En prenant ses désirs pour des réalités, on ferait tout et n'importe quoi, y compris l'impossible. Mais comme cela se comprend : il est parfois si doux de rêver !

Bien faire et laisser dire. Il s'agit d'agir comme il nous semble bon sans se préoccuper à aucun moment ni nécessairement du jugement d'autrui, si on veut rester libre.

Bien mal acquis ne profite jamais. On ne peut tirer un profit pérenne et paisible de quelque chose qu'on n'a pas obtenu par des moyens honnêtes. Quoique…

Bon sang ne saurait mentir. Quiconque est d'une haute naissance ne saurait s'en rendre indigne. Et à toute occasion, cela se prouve.

Café bouillu, café foutu. Tel est le dicton ancien qui veut que pour goûter un bon café, il ne faille point le laisser trop chauffer et encore moins bouillir. À chacun ses recettes !

Chat échaudé craint l'eau froide. Quand on a fait une mauvaise expérience, on a tendance par la suite à être bien plus sur ses gardes. Car on ne nous y (re)prendra pas deux fois ! *Une fois mordu, deux fois plus timide,* dit-on en anglais.

Comme on fait son lit on se couche. On ne peut jouir que des résultats de sa prévoyance : on n'a que ce qu'on s'est préparé à soi-même. Un lit bien fait assurerait donc un bon sommeil.

Comparaison n'est pas toujours raison. À vouloir toujours uniquement comparer, on n'obtient pas pour autant d'explication sur les choses. Il ne suffit pas toujours de se mesurer à l'autre pour en tirer une conclusion juste.

Ce que femme veut, Dieu le veut. On le sait bien, les femmes finissent toujours par obtenir tout ce qu'elles veulent des hommes, si elles savent bien s'y prendre. Mais y parviennent-elles toujours, comme le prétend l'adage ?

Dans le doute, abstiens-toi. Quand on a la moindre incertitude ou hésitation, mieux vaut obtempérer. « *Seul le doute laisse à l'esprit sa liberté et son initiative* », pour le philosophe positiviste Claude Bernard. Et c'est toujours mieux qu'une audace aveugle ou insolente.

Déshabiller (saint) Pierre pour habiller (saint) Paul. Imaginons qu'on ait une répartition à faire, cela ne sert à rien d'enlever à l'un pour donner à l'autre. Car on crée une nouvelle dette pour en acquitter une autre : on n'élude pas réellement la difficulté. On ne fait que la décaler, la reporter. C'est l'argument souvent invoqué pour laisser entendre que ce n'est pas en prenant l'argent des riches qu'on fera moins de pauvres. Mieux vaut alors sans doute plutôt prendre celui des pauvres, « *au moins, ils sont plus nombreux* », comme le disait Coluche !

Deux avis valent mieux qu'un. Quand on a besoin de prendre une décision et de faire un choix, plutôt que de s'en tenir à un seul avis, mieux vaut consulter plusieurs personnes pour comparer leurs jugements et ainsi espérer en tirer un avis plus sûr. Même si cela peut prendre du temps et vous rendre encore plus incertain vous-même, c'est une mesure de prudence et de sécurité.

En avril n'ôte pas un fil (ne te découvre pas d'un fil), en mai fais ce qu'il te plaît. Autrefois les saisons étaient bien plus marquées que maintenant, la stratosphère étant sans doute moins viciée que de nos jours. Il arrivait que les températures montent et ce dès le mois d'avril. On avait alors tendance à anticiper et à croire que l'été était déjà là. La sagesse voulait qu'on nous reprît à l'ordre. En avril, il ne fallait point se dévêtir, il fallait attendre le mois suivant !

Faire bon visage contre mauvaise fortune. C'est être capable d'accepter de bonne grâce et sereinement les épreuves que la vie nous inflige.

Faute avouée est à moitié pardonnée. C'est ce qu'on vous dit de faire pour vous amender plus vite d'une erreur. Reconnaître une faute, c'est déjà en être prémuni et avoir accompli la moitié du chemin en vue de son salut.

Faute de grives, on mange des merles. À défaut de goûter des plats sophistiqués, il faut souvent se contenter de mets plus simples. Déjà bienheureux !

Heureux au jeu, malheureux en amour. Comme si on voulait équilibrer les chances de chacun dans la vie pour qu'il y ait un semblant de justice, on laisse croire que si d'aventure quelqu'un connaît des malheurs dans un coin de sa vie, il connaîtra d'autres sources de bonheur dans un autre domaine. Est-ce si sûr ? On se rassure comme on peut.

Il faut battre le fer pendant qu'il est chaud. Quand on doit traiter une affaire, il faut le faire dans le feu de l'action sans trop attendre. Le résultat n'en sera que meilleur.

Il faut tourner sa langue sept fois dans sa bouche avant de parler. Avant de se hâter de prendre la parole intempestivement, ne vaut-il pas parfois prendre le temps de mieux réfléchir ?

Il ne faut pas dire : « fontaine, je ne boirai pas de ton eau ». Il ne faut jamais jurer par avance qu'on ne fera jamais ceci ou cela ; car on ne sait pas ce que l'avenir nous réserve.

***Il n'est pire aveugle que celui qui ne veut pas voir /
il n'est pire sourd que celui qui ne veut pas entendre.***
L'aveugle comme le sourd sont privés de facultés importantes pour l'homme, la vue et l'ouïe. Qu'ils en soient privés, nul bien évidemment ne songe à les blâmer. Au sens figuré, l'expression met l'accent sur ceux qui s'entêtent à ne pas comprendre intellectuellement les choses. Il n'est pas pire aveuglement,

pire surdité que l'aveuglement et la surdité volontaires. C'est chose dite !

Il n'y a pire eau que l'eau qui dort. Il faut se méfier tout particulièrement des eaux dormantes, de ces personnes qui, pour être silencieuses, n'en sont pas moins sournoises. On ne s'en méfie jamais assez !

Il n'est point de sot métier. Toutes les professions se valent et présentent des intérêts différents, pour celui qui les pratique tout d'abord et pour ce qu'elles apportent à la collectivité : peintre, boulanger, instituteur, médecin, chef d'entreprise participent tous à la vie de la cité. Voltaire présente au dernier chapitre de son conte *Candide* (1759) une métairie où se retrouvent différents personnages de son conte : tous à leur hauteur ont un rôle, aussi simple soit-il, à jouer. « *Cunégonde devint une excellente pâtissière ; il n'y eut jusqu'à Frère Giroflée qui ne rendît service...* » C'est vrai qu'ici tout le monde il est beau, tout le monde il est gentil ! Mais bon, une utopie de temps en temps, c'est bon pour le moral, non ? Au moins, on ne laisse personne *sur le carreau* !

Il n'y a pas de fumée(s) sans feu. Chaque fois qu'une rumeur court les rues, on sait très bien qu'elle n'est pas le seul produit d'une imagination. Elle part toujours d'un fait réel mais peut, il est vrai, s'accompagner d'une volonté malveillante.

Il n'y a que la vérité qui blesse. Les reproches que l'on essuie, aussi durs soient-ils, sont souvent mérités même si on peine à l'admettre, surtout s'ils se doublent d'une méchanceté gratuite.

Il n'y a que le premier pas qui coûte. Le plus dur est souvent de se décider à faire quelque chose : après, l'affaire suit plus aisément son cours. Et on ne le regrette pas. *Osez, osez Joséphine...*

Il vaut mieux avoir affaire à Dieu qu'à ses saints. On le dit bien : si vous avez un contentieux à régler, au lieu d'en parler à ses sous-fifres, essayez plutôt de rencontrer le chef en personne pour en discuter. Lui seul sera à même de traiter votre affaire et au plus vite.

Il faut savoir raison garder. En toutes circonstances, même les plus difficiles, il convient de garder son sang-froid et de ne pas céder à des passions néfastes. Comme de raison et plus que de raison même !

La critique est aisée et l'art est difficile. Rien n'est plus simple que de faire des remarques désobligeantes à quelqu'un sur un travail et de le blâmer ou le censurer. Aurait-il lui-même mieux fait ?

La parole est d'argent, le silence d'or. Peut être est-il agréable de s'exprimer et d'écouter, mais parfois il est encore plus souhaitable de savoir se taire.

Les bons comptes font les bons amis. Je ne sais pas si c'est toujours vrai, mais c'est ce qu'on dit. Vous vous rappelez le sketch de Muriel Robin intitulé *L'addition* ? À la fin du repas, quand vient la note, il y a ceux qui largement sont prêts à partager et ceux qui ne veulent régler que leur seule consommation. Pour simplifier la situation, la première solution est la meilleure, mais il est vrai qu'il vaut mieux rester tout à fait équitable. De même, quand on doit de l'argent à quelqu'un, il convient de s'en acquitter *recta*, le plus vite possible, pour ne pas mêler des problèmes d'argent à des relations amicales qui pourraient s'en trouver compromises.

Le chat parti, les souris dansent. Quand le maître de céans n'est pas ou plus là, ses subalternes (écoliers ou inférieurs) en profitent pour faire la fête !

(C'est) l'exception (qui) confirme la règle. On tente souvent d'établir des règles, des lois pour sérier et normaliser les choses. Cela nous rassure. Mais il y a toujours le petit détail qui cloche et vient enrayer la belle mécanique huilée qu'on avait préparée. Et, par un curieux hasard, voilà que même ce détail vient de manière inattendue corroborer la théorie d'ensemble !

Les chiens aboient, la caravane passe. C'est l'équivalent de « *Chante beau merle, je t'écoute* » ou plutôt « je ne t'écoute pas du tout ». Les chiens ont parfois beau aboyer pour signaler un danger, on ne les entend pas et ce qui doit se passer arrive quand même. Bref, *la bave du crapaud n'atteint pas la blanche colombe...*

Les conseillers ne sont pas les payeurs. Ceux qui se font fort de donner aux autres des conseils ne sont pas pour autant les plus concernés et ne doivent pas assumer la réalité des faits. Facile à dire, moins à faire !

Les cordonniers sont les plus mal chaussés. On entend souvent dire cette expression : « Ah, vous êtes fils de… », comme si cela était la panacée. Fils de prof, donc tu es aidé ! Fils de… donc tu… Or c'est souvent le contraire, car on néglige souvent les avantages que l'on a le plus à sa portée.

Le mieux est l'ennemi du bien. Voici mon proverbe préféré : à vouloir trop flirter avec la perfection, il arrive qu'on gâche quelque chose qui était déjà très bien. Cet excès de précaution, certes louable, s'avère très souvent dommageable dans les faits. Contentons-nous de faire déjà de notre mieux, c'est le plus important, même si ce mieux n'est pas toujours la perfection.

Les murs ont des oreilles. On peut être surveillé comme écouté sans même que l'on s'en doute. Tant il est vrai que, même avant l'ère des télésurveillances, quelqu'un pouvait être caché dans une pièce (dans un placard, sous une table, derrière un rideau, que sais-je encore !) et donc surprendre vos agissements et vos propos à votre insu. Le théâtre de Racine, en cela voyeuriste, abuse de ces scènes d'indiscrétion. Je pense, par exemple, à celle où Néron dans sa pièce *Britannicus* (1669), témoin de leur entrevue amoureuse, force Junie, qui se sait épiée, à tenir des propos désobligeants à Britannicus qui l'aime. Molière en fera un traitement plus cocasse dans *Tartuffe* : il contraint le mari à assister, impuissant, aux assauts de l'hypocrite sur sa propre femme ! De nos jours, plus que jamais, ce proverbe se vérifie de manière même inquiétante, non ? Caméras et micros pullulent !

La nuit porte conseil. Avant de prendre une décision quelconque, on dit bien vrai qu'il faut se laisser un peu de temps pour porter notre réflexion à maturité. Et la nuit, quand bien même elle ne serait pas blanche, le calme et l'obscurité aidant semblent être des atouts probants.

La nuit, tous les chats sont gris. Dans l'obscurité, comme on ne voit effectivement plus rien, quelle que soit la couleur du pelage d'un chat, ils se ressemblent tous. Vous ne pouvez plus faire la différence. C'est du pareil au même !

L'occasion fait le larron. Les circonstances poussent parfois à des actions auxquelles on ne songeait pas le moins du monde. Les choses se font parfois *hic et nunc,* « ici et maintenant », sans préméditation aucune.

L'habit ne fait pas le moine. Il ne faut surtout pas se fier aux apparences qui sont le plus souvent trompeuses. Qui porte un habit de médecin n'est pas forcément médecin. Ainsi en est-il de Sganarelle qui, dans sa fuite avec son maître Don Juan, dans la pièce éponyme de 1660, croit bon de se revêtir d'un habit de docteur pour prendre crédit et considération auprès des gens du peuple qui, crédules, viennent le consulter. Vous imaginez aisément quel docteur efficace il peut être ! Il y a un fossé entre l'être et le paraître !

La plus belle fille du monde ne peut donner que ce qu'elle a. Il ne faut pas attendre des gens plus que de raison. L'optimisme, c'est bien ; la lucidité, c'est peut-être mieux. Et même si quelque chose est prometteur, si par exemple une jolie fille a des atouts qui vous laissent beaucoup espérer d'elle, elle ne pourra jamais, et c'est bien humain, vous combler à la hauteur de toutes vos espérances.

Là où il y a de la gêne, il n'y a pas de plaisir. S'il y a sensation d'inconfort ou d'embarras, on ne peut se sentir bien ni éprouver la moindre délectation. Aussi affranchissons-nous de tout ce qui peut faire obstacle à nos désirs, et le plaisir sera au rendez-vous.

Le roi n'est pas son neveu. Se dit de quelqu'un qui vient d'obtenir une chose qu'il désirait fort et qu'il attendait depuis longtemps. Il n'y a donc pas plus heureux que lui ! Il ne donnerait sa place pour rien au monde.

Les deux font la paire. Évident, mon cher Watson ! Tout marche bien par deux : je n'ai pas besoin de vous faire de dessins...

Les petits ruisseaux font les grandes rivières. Il faut parfois accepter de commencer petit avant de connaître le succès et de faire fructifier un projet. C'est ainsi que du ru à la rivière, il n'y a qu'à prendre son mal en patience et attendre ou plutôt chercher à s'investir.

Loin des yeux, loin du cœur. Ce n'est pas toujours vrai : on dit que lorsqu'on ne voit plus ceux qui nous sont chers, on peut les oublier plus vite. Dans le cas d'une rupture sentimentale, peut-être, car à côtoyer de manière incessante un(e) ex, la plaie ne peut se refermer. Mais, par ailleurs, la distance aidant, parfois des êtres contraints de se séparer géographiquement n'ont qu'une hâte, se retrouver, la distance aiguisant plus vivement encore le désir de retrouvailles.

Mieux vaut prévenir que guérir. Tel est le slogan de toutes les campagnes que mène la médecine. Au lieu d'attendre que la maladie soit là, bien installée et donc plus difficile à éradiquer, ne vaut-il pas mieux, il est vrai, tenter de traiter le problème en amont pour éviter des conséquences par trop néfastes ? Le mot « prévoyance » ne veut-il pas dire en latin « voir avant » ? L'homme tente tout pour ne pas se trouver dos au mur quand c'est trop tard. Toutes les campagnes de dépistage des cancers se veulent aussi curatives que les soins apportés lorsque le mal est déjà là, et parfois trop là !

Mettre la charrue avant les bœufs. C'est vouloir commencer trop tôt par là où on devrait plutôt finir. C'est le signe d'une impatience qu'il faut apprendre à contrôler pour mener sereinement à bien un projet.

Mieux vaut tard que jamais. Souvent les choses ne vont pas assez vite à notre guise. On voudrait tout obtenir plus vite. Parfois malheureusement rien ne nous sourit. Aussi quand quelque chose enfin s'annonce bien on se dit que ça valait la peine d'attendre et que la voir se réaliser est déjà fort bien !

Mon petit doigt m'a dit... On adresse cette expression devenue proverbiale aux enfants pour leur faire croire qu'on sait la vérité sur quelque chose qu'ils cherchent à nous cacher. Elle serait née de l'usage de porter à l'oreille son petit doigt, appelé auriculaire, pour feindre qu'il vous ait raconté quelque chose...

> **Dans la famille du doigt, je veux...**
>
> *Être à deux doigts de quelque chose* : tout près.
>
> *Faire toucher quelque chose du doigt à quelqu'un* : lui donner des preuves incontestables.
>
> *Mettre le doigt dessus quelque chose* : deviner, découvrir ce que l'on cherche.
>
> *Montrer quelqu'un du doigt* : se moquer publiquement de lui.
>
> *Savoir quelque chose sur le bout du doigt* : le savoir parfaitement.
>
> *Se mettre le doigt dans l'œil* (familier) : se tromper grossièrement et lourdement.
>
> *Se mordre les doigts* : regretter amèrement quelque chose.
>
> *Toucher du doigt* : être près de la solution.

Noël au balcon, Pâques au tison. Si d'aventure un hiver est trop doux, comme par retour de bâton, le printemps suivant est glacial. Ce proverbe semble être de moins en moins vrai. Il n'y a plus de saison, ma bonne dame !

On n'arrête pas le progrès. L'histoire du monde ne cesse de se construire pas à pas et d'avancer, la technologie aidant. Parfois, c'est du reste une arme à double tranchant car, en dépit des avancées, souvent se développent de manière concomitante des inconvénients. Pourtant, le progrès nous rattrape toujours. Il serait donc vain de chercher à entraver ce qui finira par voir le jour, et souvent d'ailleurs pour le bien de l'humanité.

On n'attrape pas les mouches avec du vinaigre. On dit que la mouche est un insecte idiot. N'avez-vous jamais essayé de faire sortir par la fenêtre d'une pièce une mouche, pour vous en débarrasser, plutôt que de la tuer ? Elle se méfie, la tigresse. On emploie cette expression pour désigner toute personne qu'on ne saurait berner en l'appâtant. Sa variante *On prend plus de mouches avec du miel qu'avec du vinaigre* signifie, quant à elle, qu'on gagne plus de gens par la douceur qu'on en soumet par la violence.

On ne prête qu'aux riches. C'est bien connu. Il vaut mieux être riche que pauvre. Et cela pour une bonne raison : l'argent va toujours à l'argent et on se fie plutôt à celui qui a de l'argent pour se faire rembourser la somme qu'on lui aura avancée. Attention : il peut exister des riches malhonnêtes et des pauvres honnêtes ! On préfère toujours tout de même éviter les emprunteurs accidentels !

Patience et longueur de temps font plus que force ni que rage. Nul n'est besoin de s'escrimer en pure perte : savoir attendre est de bien meilleur aloi pour résoudre une situation, comme on le voit dans la fable de La Fontaine, *Le Lion et le Rat*.

Petit à petit l'oiseau fait son nid. C'est peu à peu que les choses se font et avancent. Tout se construit à petits pas et méthodiquement. Point n'est besoin de chercher à *mettre la charrue avant les bœufs* ou de vouloir gouverner un navire avant d'y avoir été matelot ! Persévérance et minutie sont les mamelles de la réussite. L'oiseau méthodiquement, brindille après brindille, construit son aire d'habitation, avant de s'y poser. Tout vient à point à qui sait attendre pour qui se *remonte les manches* !

Pierre qui roule n'amasse pas mousse. Celui qui change souvent de condition, de profession ou de pays, n'acquiert pas de biens durables.

Plaie d'argent n'est pas mortelle. Avoir des ennuis d'argent n'est agréable pour personne. Mais cela reste sans commune mesure avec d'autres désagréments de la vie, tels des ennuis de santé. Apprenons donc à relativiser les problèmes. Nous n'en serons que plus heureux !

Plus on est de fous, plus on rit. Seul dans son coin, c'est parfois bien. À deux, on le sait, c'est souvent mieux. Alors à plusieurs, je ne vous dis même pas : c'est le bonheur assuré. L'ambiance est bien plus propice aux réjouissances.

Point (pas) de nouvelle, bonne nouvelle. Parfois on déplore de rester sans nouvelles des proches ou des amis, mais on se rassure en se disant que s'il s'était passé quelque chose de fâcheux, nous en aurions été avertis. C'est ce qui se passe souvent entre des parents un peu trop soucieux et des enfants un peu trop insouciants. On apprend toujours bien assez tôt une triste nouvelle !

Prudence/Méfiance est mère de sûreté. C'est en prenant garde à tout qu'on arrive le mieux à éviter les dangers, comme le dit la fable de la Fontaine *Le Chat et un vieux rat* (III, 18).

Quand le vin est tiré, il faut le boire. Quand faut y aller, faut y aller. Quand le vin a été récolté puis mis en fût, vient le moment de le consommer. Il n'est donc plus temps de songer à reculer, et surtout plus temps de *mettre de l'eau dans son vin* ! Ce serait gâter, gâcher la marchandise, non ?

Qui dort dîne. À défaut de pouvoir profiter d'un bon repas, au moins peut-on, en passant une bonne nuit, reprendre des forces nécessaires. L'idéal étant bien sûr de pouvoir et dîner et dormir !

Qui ne dit mot consent. Celui qui choisit de ne pas s'exprimer a sans doute de bonnes raisons de le faire : c'est qu'il est d'accord avec ce qui se passe, non ? Si on n'objecte rien, c'est qu'on adhère ? Ou alors c'est qu'on n'a pas compris que l'homme est fait pour s'exprimer, pour communiquer en tout cas.

Qui ne risque rien n'a rien. Un succès ne saurait s'obtenir sans prendre quelque risque. Il faut toujours tout essayer avant de baisser les bras.

Qui peut le plus peut le moins. Celui qui est capable de faire quelque chose de difficile l'est à plus forte raison de faire une chose plus facile.

Qui sème le vent récolte la tempête. Il ne faut pas s'étonner : si quelqu'un de son propre chef choisit de mettre le feu aux poudres, il y aura bel et bien explosion.

Qui se ressemble s'assemble. Ceux qui ont les mêmes penchants s'attirent et se cherchent mutuellement. C'est l'une des explications que l'on donne des causes de l'amour. Mais on dit aussi son contraire. Trop de similitudes entre deux personnes qui s'aiment risquent de rendre la vie bien monotone. Faut-il toujours alors accréditer cet adage ?

Qui trop embrasse mal étreint. À vouloir trop, à trop entreprendre, on finit par ne rien avoir. On veut tout et finalement on ne récolte que bien peu. Sachons donc *raison et mesure garder*.

Qui va à la chasse perd sa place. Il faut savoir ne pas quitter son poste si on veut le garder. Il y a tant de concurrence en ce bas monde ! On s'expose autrement à trouver sa place occupée si on veut la reprendre.

Qui veut aller loin ménage sa monture. Lorsqu'on entreprenait autrefois un grand voyage, mieux valait bien préparer son attelage pour être sûr d'arriver à bon port. De semblable façon, si on veut mener à bien et à terme un projet, il est recommandé d'assurer ses arrières (sans jeu de mots) et de soigner les tenants si on veut obtenir les aboutissants.

Qui veut la fin veut les moyens / La fin justifie les moyens. Quand on veut réellement obtenir quelque chose et arriver à un résultat, il ne faut pas lésiner sur les moyens d'y parvenir. Sauf que ce peut être un mauvais principe de morale, car à ce compte tous les coups sont permis et le résultat seul justifierait la méthode.

Qui vole un œuf vole un bœuf. Il n'est pas de petit vol et de grand vol comme il existe des péchés véniels et des péchés graves. L'expérience montre que celui qui a volé un jour, surtout s'il n'a pas été pris sur le fait et même pour une peccadille, risque fort de reproduire la même faute. On devient très vite « addict » à cette tentation.

Rien ne sert de courir, il faut partir à point. Cette morale d'une fable de La Fontaine, *Le lièvre et la tortue* (VI, 10), tend à montrer que le plus important est de s'occuper au bon moment de ses affaires pour ne rien avoir à faire dans la précipitation.

Rira bien qui rira le dernier. Celui qui rit à présent risque fort d'être moqué à son tour demain. Le retour de balancier est presque inévitable.

Tant va la cruche à l'eau qu'à la fin (qu'enfin) elle se casse (brise). À force de braver un danger, on y succombe. À force de commettre la même faute, on en périt. Cette expression est la version châtiée de *Il ne faut donc pas pousser trop loin le bouchon*, c'est-à-dire aller jusqu'à l'extrême et exagérer sous peine de se faire rattraper par les événements. Il existe bien des variantes de cette expression, comme *il ne faut pas trop pousser Mémé dans les orties*… au risque de…

Tel est pris qui croyait prendre. Il ne faut jamais jurer de rien et rester sur ses gardes. Alors même qu'on s'attendait à gagner, on se retrouve à perdre.

Toute peine mérite salaire. Quoi de plus légitime ! Aussi petite soit la tâche accomplie, elle se doit d'être rémunérée et par là récompensée. On ne saurait abuser impunément du travail d'autrui. C'est autrement la porte ouverte à l'esclavage, non ?

Toute vérité n'est pas bonne à dire. Parfois, même avec les meilleures intentions du monde, on croit que dire la vérité en toutes circonstances est forcément bien pour tout le monde. Il s'avère qu'il faut rester prudent et que dire tout ce que l'on sait, aussi vrai que cela puisse être, présente des inconvénients. Fallait-il que le devin Tirésias finît par avouer sous la contrainte à Œdipe qu'il avait tué son père et coucher avec sa propre mère ? Heureusement que toutes les révélations ne sont pas de la même espèce. Faut-il dire à un malade qu'il va mourir ?

Tout nouveau tout beau. Quand quelque chose s'offre à nous, par un optimisme somme toute bien humain, on a tendance à vouloir croire qu'elle nous sera agréable. La nouveauté exerce toujours sur nous un charme particulier.

Tout vient à point à qui sait attendre. Avec du temps et de la patience, on réussit toujours, on vient à bout de tout.

Un clou chasse l'autre. Les nouveaux soucis – hélas ! – font oublier les anciens. Cela a au moins le mérite de nous « divertir », au sens étymologique de *dis vertere* c'est-à-dire nous détourner.

Un de perdu, dix de retrouvés. C'est l'expression couramment employée pour tenter de consoler celui ou celle qui se croit inconsolable du départ de celui ou de celle qui l'a quitté(e). La vie ne s'arrête pas là. On perd une personne, mais on peut encore en rencontrer tant d'autres. La perte sur le moment est même très minime au regard d'un avenir plus que prometteur. En amour, c'est une consolation non négligeable. L'expression s'emploie autant au genre masculin que féminin : *une de perdue, dix de retrouvées…*

Une fois n'est pas coutume. Si un événement a lieu une seule fois, on ne peut en tirer de conclusions générales. C'est la répétition seule qui permet d'établir des vérités.

Une hirondelle ne fait pas le printemps. Ce n'est pas parce qu'on aperçoit une première hirondelle dans le ciel que la saison du printemps est déjà ouverte. Ces oiseaux de passage apparaissent en effet au printemps puis migrent en automne. On ne peut rien conclure d'un seul événement.

Un homme averti en vaut deux. Si on est prévenu d'avance (pardonnez la redondance), on peut doublement se tenir sur ses gardes. Autrement c'est à désespérer du genre humain !

Un mauvais arrangement vaut mieux qu'un bon procès. Tous les gens du droit vous le diront : il vaut cent fois mieux tenter de traiter une affaire en amont plutôt que d'avoir à mener les poursuites jusqu'au terme d'un procès au résultat toujours incertain.

Un tiens vaut mieux que deux tu l'auras. Plutôt que d'attendre quelque chose qui viendra ou d'ailleurs ne viendra pas, la sagesse demande qu'on sache se contenter de ce que l'on possède déjà, qui est acquis et sûr.

Ventre affamé n'a point d'oreilles. L'homme pressé par la faim reste sourd à tout ce qu'on peut lui dire. Une seule chose importe : combler son petit creux… à en croire la fable de La Fontaine, *Le Milan et le Rossignol* (IX, 18).

Vérité en deçà des Pyrénées, erreur au delà. Cette pensée que l'on doit à Montaigne met l'accent sur la relativité de coutumes et d'usages entre les pays : il suffit de traverser la chaîne des Pyrénées pour que ce qui est vrai, par exemple, en France s'avère être faux du côté espagnol. Alors, allez savoir, qui a raison ?

Les faux proverbes, pour en rire !

Savez-vous qu'il existe des proverbes que l'on détourne de leur sens premier, qu'on réécrit avec humour, qu'on peut toujours en inventer aussi ? Les quelques exemples que voici de Balzac m'ont amusée et je ne boude pas mon plaisir de vous les faire connaître :

Il ne faut pas courir deux lèvres (lièvres) à la fois.

L'Abbé (l'habit) ne fait pas le moine.

Qui trop embrasse a mal aux reins (mal étreint).

Ils s'appuient sur des à-peu-près, vous vous rappelez ?

Michel Laclos, l'auteur de *Jeux de lettres, jeux d'esprit*, aime pour sa part à former un proverbe à partir de deux existants comme *À bon chat, fils prodigue* où vous aurez reconnu sans mal « *à bon chat, bon rat* » et « *à père avare, fils prodigue* ». En connaissez-vous d'autres ? Amusez-vous à créer les vôtres.

Avez-vous trouvé à faire mentir un seul de ces proverbes ?

Saurez-vous compléter les proverbes suivants qui sont plus simples ?

1. La bave du crapaud n'atteint pas…
2. L'herbe est toujours plus verte…
3. Cœur qui soupire n'a pas ce qu'il…
4. Tant va la cruche à l'eau qu'à la fin elle…
5. Ne remets pas à demain ce que tu peux faire…
6. Le malheur des uns fait…
7. Ventre affamé n'a point d'…
8. Un homme… en vaut deux
9. Pierre qui… n'amasse pas…
10. La vengeance est un plat qui…

Réponses : 1. la blanche colombe / 2. chez le voisin (ailleurs) / 3. désire / 4. se brise / 5. aujourd'hui (bref, tout l'inverse de la procrastination / 6. le bonheur des autres / 7. oreilles / 8. averti / 9. roule… mousse / 10. se mange froid.

Deuxième partie

Les expressions idiomatiques

Je suis au bout du rouleau...

Dans cette partie...

*U*ne expression *idiomatique* est une locution dont le sens ne peut se lire ou se déduire de la simple addition des mots qui la constituent. Elle est tellement propre à une langue qu'il sera donc difficile, sinon impossible, de la traduire telle quelle, à l'identique. Et c'est parfois tant meux !

Jean-Louis Chiflet en a fait la démonstration par l'absurde, avec la série d'ouvrages inspirés de son désormais célèbre *Sky my husband !* (Ciel, mon mari !). Ainsi quand il tente de traduire « *sur les chapeaux de roues* » par « *on the hats of wheels* » qu'aucun anglais ne pourrait comprendre, ou quand, pour notre plus grand bonheur, il propose en lieu et place de « *to get on someone's nerves* » l'expression « *to run on the bean* », toute droite tirée de notre « *courir sur le haricot* » !

D'un pays à l'autre, vous allez le voir, les expressions se répondent du *tac au tac* (*tit for tat*) souvent à la marge de la grammaire et de toute autre forme de correction. Ces échanges quasi stichomythiques, au coup par coup, comme au théâtre ou au ping-pong – font remonter à la surface des traits saillants, visibles et audibles, reflets de façons de parler et d'envisager le monde forcément dissemblables.

Rassurez-vous, je m'en tiendrai à expliquer l'origine et le sens de ces tournures idiomatiques qui, à force de particularismes, finissent par toucher à l'universel. Vous verrez, vous en mourrez moins idiots, au sens étymologique, cela va sans dire !

Chapitre 4

Des expressions pas piquées des hannetons !

Dans ce chapitre :
- Des expressions tout sauf bêtes !
- Des expressions qui se manifestent dans toute leur force...
- de A... jusqu'à... Z

*E*t si on *cherchait* ensemble *la petite bête*, si on se créait des difficultés là où il n'y en pas, si on cherchait méticuleusement au fil des exemples à suivre à *pointer du doigt* le détail qui fait problème ! L'Allemand préfère dire qu'il trouve *un cheveu dans la soupe*, l'Anglais *des poux dans la tête*, l'Espagnol *une cinquième patte à un chat*, le Grec *des puces dans le foin*, le Marocain qu'il *met un œuf debout dans un verre* et le Néerlandais qu'il *cherche des clous à marée basse*... Pourquoi encore, tandis que les Français *posent un lapin*, les Néerlandais envoient-ils *un chat* et les Chinois lâchent-ils *un pigeon* ? Question de répertoire, voilà tout !

Mission impossible, me direz-vous ! C'est le premier défi que nous allons relever. Mais n'allez surtout pas *prendre la mouche* si vous ne savez pas, ni *donner* non plus trop vite *votre langue au chat*. Vous pouvez le faire ! *Just do it !*

Un miroir aux alouettes

Alouette, gentille alouette, alouette, je te plumerai. Je te plumerai la tête, je te plumerai la tête et le bec, et le bec... Cette chanson populaire raconte les malheurs de ce petit oiseau à plumage gris ou brunâtre, au chant mélodieux, qu'on attrapait à la chasse avec un miroir que l'on faisait tourner et scintiller au soleil.

L'expression veut dire : c'est un leurre, un piège, une promesse qui ne se réalisera pas ! Plus d'un s'y laisse encore prendre, qui croit que les alouettes nous tombent « toutes rôties dans le bec ! »

Être un âne bâté

C'est être un ignorant, un lourdaud. L'Allemand dit « *avoir un panneau en bois devant la tête* » pour montrer à quel point « ce grand chameau sur la terre de Dieu » a l'esprit épais. Rien n'entre dans sa cervelle pas même si l'on pousse à toute force. Bref, *il lui manque un jeudi, un vendredi* en Italie, une case quoi ! *Être une triple buse…* tout sauf *fute-fute* pour dire futé. Et par malheur il y en a !

Il y a anguille sous roche

Quand on soupçonne quelque chose de pas clair, on imagine une anguille se frayant insidieusement un chemin sous la roche pour se cacher. Nos voisins allemands parlent de *quelque chose dans le buisson*, les Anglais de *quelque chose dans le vent* ou *d'un serpent dans l'herbe*, les Danois de *chouettes dans le marais*, les Espagnols *d'un chat enfermé*, les Italiens *d'une chatte en train de couver quelque chose*, les Grecs *d'un trou dans une purée de fèves* – référence culinaire oblige ! Bref, tout cela est loin d'être clair. L'expression s'emploie pour dire que dans une affaire subsistent bien des zones d'ombre !

Avoir une araignée au plafond

On connaissait déjà le dicton « Araignée du matin, chagrin, araignée du soir, espoir ». Rien à voir avec cette expression qui signifie : avoir l'esprit dérangé. On songe encore avec horreur au « peuple muet d'infâmes araignées » qui tapissent le cerveau du poète des *Fleurs du Mal* (1857), *alias* Charles Baudelaire. Alors au plafond ou ailleurs, me direz-vous ! *Dans le clocher, au grenier, à l'étage supérieur*, pour reprendre les images choisies par nos voisins européens.

Chercher la petite bête

C'est se créer des difficultés là où il n'y en a pas, chercher méticuleusement à pointer du doigt le détail qui peut faire problème. L'une des variantes pourrait être *couper les cheveux en quatre* ou, comme cela se dit en Belgique, *ennuyer son monde jusqu'au bout*… Les Allemands préfèrent eux *trouver un cheveu dans la soupe*, les Anglais *des poux dans la tête*, les Espagnols *une cinquième patte au chat*, les Grecs *des puces dans le foin*, les Italiens *un poil dans l'œuf* et les Néerlandais *des clous à marée basse*. Bonne chance à tous !

Mettre la charrue avant les bœufs

Quoi de plus normal, si on veut atteler dans les règles de l'art ! Sauf que l'expression s'emploie pour dire qu'on veut anticiper sur le résultat, aller trop vite en besogne, *aller plus vite que la musique*, dirait-on familièrement, bref ne pas faire les choses dans le bon ordre et vouloir avoir fini avant même d'avoir commencé.

Bref, vouloir être commandant avant d'être matelot ! *Se fai pas lou civié avans d'avé la lèbre*, dit-on encore en Provence : *on ne fait pas le civet avant d'avoir le lièvre*… Et oui, ma bonne dame !

Ne pas se trouver sous les sabots d'un cheval

Se dit d'une chose rare, difficile à trouver, surtout si elle est de valeur. Vous imaginez autrement dans quelle situation périlleuse il vous faudrait vous mettre pour obtenir l'objet de vos rêves. *Ça ne pousse pas sur les arbres* ou *c'est aussi rare que les dents chez une poule* dit-on en anglais, *c'est plus bizarre encore qu'un chien jaune* en espagnol, *rare comme une mouche blanche* en italien, *ça ne traîne pas sur la route*, en russe ! Bref, « *être un merle blanc* » !

Monter sur ses grands chevaux

Ah bon, parce qu'il y a des chevaux plus ou moins grands ! C'est vrai que monter sur un cheval haut, cela doit être grisant : on est moins à hauteur du sol. Sauf que le sens de cette expression est tout autre. Il s'agit de se mettre dans une violente colère et de faire une scène terrible à quelqu'un. Parfois même partir en guerre contre lui. Cette expression vient de la langue de la chevalerie au Moyen Âge : les seigneurs quittaient leurs palefrois ou chevaux de parade pour *monter sur leurs grands chevaux* ou *destriers*, quand ils partaient se battre.

Être à cheval sur les règles / ses principes

Comment entendez-vous cette expression attestée dès 1832 dans le *Dictionnaire de l'Académie française* ? Comment la visualisez-vous surtout ? L'association entre le terme concret « cheval » et abstrait « principes » est stylistiquement parlant une « catachrèse ». En poussant le détournement de sens, on pourrait même aller jusqu'à dire *être à cheval sur un âne*…

Cela veut dire bien connaître les règles ou principes et s'y tenir aussi fermement que le cavalier sur sa monture et surtout ne pas permettre à d'autres de s'en écarter. *Être très strict sur le chapitre de…* C'est être pointilleux, exigeant : on dirait de nos jours un peu « psycho-rigide » ! Qui n'en connaît pas un dans son entourage ? L'image équestre a fait l'unanimité presque dans toutes les langues. J'aime à vous présenter celle retenue par les Pays-Bas qui, pour caractériser cette personne rigoureuse et stricte, choisit de la nommer « Pierre des Vétilles », autrement dit, fondement de riens…

Mais, comme le disait déjà notre bon vieux Talleyrand, « *appuyez-vous sur les principes, ils finiront bien par céder !* »

Ménager la chèvre et le chou

Cette expression signifie ne pas vouloir prendre position dans un débat ou une discussion pour ainsi ne froisser aucun camp en présence. *Nager entre deux eaux*, dit-on en belge, *s'asseoir sur la clôture*, en anglais : vous savez, le principe du film *Match point* ? Laissons juste tomber la balle du côté où elle veut ! Le principal, c'est de ne pas devenir chèvre… pas plus que chou, d'ailleurs !

Être reçu comme un chien dans un jeu de quilles

C'est être très mal reçu quelque part. L'équivalent en italien est tout aussi déplaisant, je vous laisse en juger : *être accueilli avec des poissons à la figure*. Être accueilli tel *un putois dans une garden-party* ou encore *un chien sur un green de golf* ! dit l'Anglais. À coup sûr, ça ferait vraiment tache !

Les chiens ne font pas des chats

Tout enfant ressemble généralement à ses parents – à Papa ou Maman, parfois les deux. Une autre expression dit la même chose : *la pomme ne tombe jamais loin de l'arbre* ou, pour le dire encore autrement, *tel père tel fils*. Rassurez-vous, les filles autant que les garçons héritent les qualités, et peut-être les défauts, de leur père et mère. L'ADN ne saurait tromper ! C'est toujours une histoire de famille !

Entre chiens et... chats, à l'heure où la nuit tombe !

Ça vous intéresse ces proverbes canins...

Chien hargneux a toujours l'oreille déchirée : les personnes querelleuses attrapent toujours des égratignures.

Qui veut noyer son chien l'accuse de la rage : on a tendance à déprécier quelqu'un ou quelque chose sitôt qu'on veut s'en débarrasser.

Bon chien chasse de race : les héritiers attrapent toujours les qualités et les défauts de leurs parents.

Tous les chiens qui aboient ne mordent pas : les gens qui crient le plus fort ne sont pas forcément les plus à craindre.

... ou ces affaires de chat ?

Il n'y a pas un chat : il n'y a personne.

Avoir un chat dans la gorge : être enroué.

Réveiller le chat qui dort : réveiller une affaire assoupie ou un ennemi endormi.

Il n'y a pas de quoi fouetter un chat : c'est une affaire sans importance.

Écrire comme un chat : écrire très mal, griffonner

Les voici pour une fois réunis ces ennemis de toujours !

C'est chouette !

À Athènes, autrefois, il y avait beaucoup de chouettes. Au point qu'on fît de l'oiseau le symbole de la ville, ainsi nommée d'après la sagesse et la beauté de la déesse Athéna. Chouettes et hiboux n'ont pourtant pas toujours joui d'une bonne réputation. Mais pour l'expression qui nous occupe, c'est la « coquetterie » de la chouette qui l'a emporté. Ne disait-on pas autrefois *jolie comme une chouette* ? Chez Rabelais par exemple, le terme de chouette désigne non pas l'oiseau nocturne qui peut effrayer, mais le choucas aux brillantes couleurs.

L'expression *c'est chouette* veut dire « c'est très bien », « c'est super ».

Sauter du coq à l'âne

Sauter du coq à l'âne, c'est changer brusquement et inopinément de sujet. Sans respecter donc le moindre fil conducteur et de manière plus qu'inconséquente. L'Allemand parle de *passer du 100ᵉ au 1000ᵉ*, l'Italien de *sauter du poteau à la branche*, le Néerlandais *du talon sur la branche*. L'Anglais, féru d'humanités, c'est bien connu, reprend quant à lui, à la lettre, une expression latine : *a non sequitur* qui veut dire « cela ne se suit pas ».

Être comme un coq en pâte

Cette expression s'emploie pour désigner une personne qui mène une existence confortable et qui vit très à l'aise. Cela par allusion au *coq de panier* ou *de bagage* qu'on transportait au marché avec la plus grande précaution, non par délicatesse à son égard, mais pour en tirer plus d'argent. C'est par croisement avec une autre expression culinaire, *pâté de coq* (en croûte), qu'elle s'est répandue.

Se dit pour quelqu'un qui mène une existence douillette. Pour évoquer ce sommet du bonheur, les Allemands choisissent de dire *être heureux wie Gott in Frankreich !* soit « comme Dieu en France » ! Rien moins que ça !

Avoir des fourmis dans les jambes

La fable de Jean de La Fontaine *La Cigale et La Fourmi* nous a appris que dans la vie, il y a ceux qui se la coulent douce et qui ne s'en font pas, et ceux qui au contraire n'ont de cesse de s'agiter et de travailler.

Qui n'a pas éprouvé un jour cette sensation désagréable de picotement et d'engourdissement après une position assise prolongée comme si des fourmis nous couraient sur et dans la peau fébrilement, en petites colonies organisées ? On le sait, la fourmi est travailleuse, mais pour une fois elle sait aussi se faire ici prêteuse de sensations fort dérangeantes. *Avoir la bougeotte ! Avoir des impatiences !* sont deux autres variantes de cette expression somme toute fort douloureuse.

Faire le pied de grue

C'est attendre un certain temps, pour ne pas dire un temps certain, au même endroit. Dans la posture de cet échassier au long bec et emmanché d'un long cou qui dort perché sur une patte. Jusqu'en 1415, c'est ainsi qu'on surnommait les prostituées adossées au mur debout à attendre le client, *à refroidir leurs talons* comme on dit en Angleterre, *à faire la statue* en hongrois, *la mule de médecin* en italien, *jusqu'à ce qu'on pèse 100 grammes* en hollandais ou *qu'elles deviennent un arbre* en turc. *Faire le planton ou poireauter* en sont des variantes familières.

Poser un lapin à quelqu'un

C'est faire faux bond à quelqu'un en ne se rendant pas à un rendez-vous. *Le coup du lapin*, en quelque sorte, mais version plus soft ! Au moins on ne vous assène pas un violent coup sur les cervicales, comme cela se fait, dit-on, pour tuer les lapins d'un seul coup d'un seul ! Vous plantez une personne, vous la *roulez dans la farine* en quelque sorte. L'Allemand parle de *laisser quelqu'un assis* quand l'Anglais dit *debout*. L'Italien de *donner un trou ou un creux* pour l'entuber, le rouler. Aux Pays-Bas, on dit même lui *envoyer son chat*. C'est dire !

Être un chaud lapin

C'est être porté sur la chose, la bagatelle pour prendre des euphémismes, sur les plaisirs sexuels, eu égard sans aucun doute aux capacités reconnues de cet animal en matière de reproduction. Et même si la langue allemande préfère prendre comme étalon de la chose *un bouc lubrique* ou *un triton à l'affût du plaisir*, cela ne change rien à notre affaire. C'est être chaud comme n'importe quel animal en rut, *plus chaud même que les pistolets du coyote* espagnol, et donc tirer (son coup) plus vite que son ombre au propre comme au figuré ! Pour parler des mêmes dispositions pour une femme, c'est l'image anglaise des *hot pants* (les culottes chaudes, au mot à mot) qui a été retenue. Elle recoupe l'expression signée mais expressive que l'on doit à Marcel Duchamp : *L.H.O.O.Q*. Vous aurez décrypté

Chapitre 4 : Des expressions pas piquées des hannetons !

sans peine ! *Le diable à cornes* anglais lui aussi est aguiché sexuellement ! Il est « *chaud devant…* » !

Mettre le loup dans la bergerie

C'est introduire quelqu'un dans un lieu où il peut se montrer fort dangereux. *Prendre le bouc comme jardinier,* dit-on en allemand, *introduire le chat parmi les pigeons,* en anglais, *placer le loup sur la clôture*, en grec, *attacher le chat sur le lard*, en néerlandais, et enfin en latin : *aperire portas hosti(bus)*, soit « ouvrir les portes à l'ennemi » : cela ne vous rappelle-t-il pas quelque épisode célèbre ? La guerre de Troie par hasard ? et surtout son « cheval » qui, loin d'être connu comme le loup blanc, était difficile à repérer ! Qu'il soit connu ou non comme le loup blanc, c'est donc toujours à éviter !

Prendre la mouche

Non, ce n'est pas participer à une chasse à la mouche dans une maison ni en gober une malencontreusement. C'est, au figuré, se fâcher mal à propos. *Quelle mouche le pique ?* dit-on familièrement d'une personne que l'on voit s'énerver tout à coup sans raison apparente et objective. Se sentir piqué, touché au vif, souvent de manière intempestive et sans raison objective !

Finir en queue de poisson

Au Ier siècle av. J. C., le poète latin Horace avait choisi de comparer une œuvre d'art sans unité à un beau buste de femme qui se terminerait en queue de poisson : « *Desinat in piscem mulier formosa superne* ». Effectivement, on sent toute sa déception face à cette « sirène » qui promet tant et tient si peu !

Se dit des choses dont la fin ne répond pas au commencement ; ainsi que des personnes qui promettant beaucoup et tiennent peu. Se dit pour une chose qui tourne court et se termine sans conclusion satisfaisante. L'équivalent de *s'en aller en eau de boudin, partir en fumée*. Terminer comme la *procession du rosaire de l'aurore* en Espagne, ou *s'éteindre comme une chandelle de chevet* aux Pays-Bas.

Quand les poules auront des dents

Quand les poules auront des dents, autant dire jamais, ou *aux calendes grecques,* soit à des dates qui n'existaient pas dans la Grèce antique mais seulement à Rome où elles correspondaient au premier jour de chaque mois. Elles correspondaient au jour d'échéance des dettes, ces bien-nommées ! À moins de remettre cela au 36 du mois – au 32 même en Grèce. *Once in a blue moon*, dit-on en anglais, soit tous les deux ans et demi par siècle… Improbable, non ? *Quand le coq pondra des œufs*, pour le Tchèque ! *Quand les grenouilles auront des poils* en espagnol, *le jour de la saint Petit-jamais,* en allemand ou *quand les poissons voleront. Never, my dear*, je vous l'assure !

Mettre (avoir) la puce à l'oreille

Qui de la poule ou de l'œuf a précédé l'autre ? *La puce à l'oreille* (1907), titre de l'une des pièces les plus connues de Feydeau, est-elle à l'origine de l'expression ou en est-elle seulement la représentation théâtrale ? Quand La Fontaine au XVIIe siècle l'emploie, c'est encore avec le sens premier d'« avoir des démangeaisons amoureuses », par allusion à ce que Rabelais fait dire à Panurge dans *Pantagruel* (1532) : « *J'ai la puce à l'oreille, je me veux marier* ». Mais il en étend le sens au point de vouloir dire que toutes ces piqûres dans le lobe de l'oreille peuvent finir par inquiéter et tracasser. C'est l'acception actuelle que nous connaissons toujours pour dire alerter quelqu'un ou l'avertir tout du moins d'une chose qui, jusqu'alors, pouvait le laisser ignorant ou indifférent. Comme lorsqu'on dit à quelqu'un que *ses oreilles ont dû siffler*, parce qu'on a parlé de lui en son absence.

Cette expression est d'autant plus moderne que nos animaux domestiques ont maintenant eux-aussi une puce (électronique) à l'oreille, en guise de tatouage. À qui le tour ? L'idée se retrouve chez nos voisins anglais qui parlent de *mettre une abeille dans le bonnet de quelqu'un* ou les Espagnols qui choisissent d'*avoir la mouche derrière l'oreille*. En tout cas, continuez à avoir la puce à l'oreille et à rester sur le qui-vive pour ce qui suit.

Payer quelqu'un en monnaie de singe

LE SAVIEZ-VOUS ? Au XIIIe siècle, le roi Saint-Louis avait institué un droit de péage sur le pont qui reliait l'île de la Cité et la rue Saint-Jacques à Paris. Les forains payaient leur entrée en faisant faire quelques acrobaties à leurs singes sous l'œil ébahi des badauds qui jetaient une pièce !

Employée de nos jours, l'expression veut toujours dire gratifier quelqu'un, mais non avec des pièces de monnaie, mais avec de belles paroles, des grimaces ou de vaines promesses. Ce n'est peut-être pas pire que de *faire des chèques en bois*, c'est-à-dire non approvisionnés. Car tout chèque volant, impayé, blanc, en caoutchouc, entraîne des *agios*… et cet emprunt à l'italien est de notoriété mondiale !

La montagne qui accouche d'une souris

Dans une de ses fables, La Fontaine évoque une Montagne, « *en mal d'enfant* », qui clame qu'elle accouchera d'une cité plus grosse que Paris. En réalité, elle donne naissance… à une souris. Et le fabuliste d'ironiser sur ces auteurs qui promettent beaucoup, et dont il sort : « *Du vent* » ! D'un côté donc, beaucoup d'efforts, et de l'autre, un résultat qui est tout sauf à la hauteur.

Il y aurait pourtant de quoi *s'en faire une montagne*, non ?

Pleuvoir comme vache qui pisse

C'est pleuvoir beaucoup. On dit encore *pleuvoir des cordes* ou *pleuvoir à verse* (ou plus exactement « à la verse »), on reconnaît là l'origine de notre mot « averse » qualifiant cette pluie soudaine et abondante.

Cordelettes et torrents coulent en Allemagne ; en Angleterre, ce sont *chats et chiens* (« *It's raining cats and dogs* ») ; en Espagne, *des piques, des hallebardes*, dans un registre plus guerrier, épique même ! *Le ciel nous est tombé sur la tête* s'exclamera l'Arabe. En Grèce autrefois, on disait que *Zeus pleuvait*.

Au résultat, en Bordelais, on dit : *il pleut comme qui la jette...*

Avoir une langue de vipère

Avec son venin mortel, la vipère symbolise quel que soit le pays « la mauvaise langue », en tout cas une langue perfide et fourchue. L'expression signifie médire, critiquer, formuler des propos blessants à l'encontre de quelqu'un. J'espère que vous aurez préféré *tourner votre langue sept fois dans votre bouche* avant de parler de la sorte.

Chapitre 5
Des expressions à croquer…

Dans ce chapitre :
- Des expressions plus ou moins goûteuses
- De quoi vous mettre l'eau à la bouche…

Certains diraient qu'il existe aussi des expressions à « se mettre sous la dent », toutes celles qui font appel aux légumes, aux fruits, à tout ce qui est d'ordre alimentaire ou culinaire. J'en ai testé et recensé quelques-unes pour vous. Prêts à mordre dans la pomme de la vie comme Adam et Eve le firent jadis dans l'Eden ? Ce sera sans risque , je vous le garantis.

Avoir un cœur d'artichaut

La formule proverbiale fait son apparition au XIXe siècle. « *Cœur d'artichaut, une feuille pour tout le monde* ». Et vous les aimez-vous les artichauts ? Peut-être, à condition qu'on vous les prépare, feuille après feuille, en laissant le cœur pour la fin, pour la bonne bouche, le meilleur.

Quand il n'est pas dans l'assiette, un cœur d'artichaut, c'est quelqu'un de tendre, de sentimental, qui peut aimer plusieurs fois, plusieurs personnes. Les Anglais voient même en lui un *être inconstant* que les Italiens désignent par *un gros papillon*. Volage donc !

C'est le bouquet

C'est ce qu'on peut faire de mieux dans le genre, le plus fort, le pompon, la palme, le top, anglicisme oblige ! La *cerise sur le gâteau*, quoi ! De quoi en *faire sauter le fond du tonneau* allemand, de quoi *dépasser tout le reste* pour l'anglais qui se garde pour lui le biscuit !

Mettre la cerise sur le gâteau

Voilà une image culinaire que j'emprunte à nos amis anglais, experts comme chacun le sait dans la confection des puddings, pies ou autres cakes : ils aiment à glacer leurs gâteaux pour en relever la présentation et le goût. *C'est la griotte sur la tarte* espagnole, *le petit point sur le i* en allemand ! L'expression veut dire rajouter un avantage supplémentaire, un petit « truc » qui fera la différence, mettre la touche finale à la réalisation de quelque chose, le nec plus ultra, quoi ! En tunisien, l'expression correspondante est : *celle qui leur a dit : Taisez-vous* ! Beau point d'orgue, ma foi !

Faire chou blanc

Non, il ne s'agit point d'une recette de cuisine ! Le chou est ici la transcription du mot « coup », utilisé dans les jeux de quilles. Il se prononçait « chou » dans certains coins de France et de Navarre.

Ne faire tomber aucune quille dès lors, c'était donc échouer dans son entreprise, rater une belle occasion de gagner. C'est donc *poser une affaire dans le sable* en allemand, *manquer le tir* en espagnol, *passer à côté de quelque chose* parce qu'on a un trou de mémoire en anglais, *faire un trou dans l'eau* en italien. Un proverbe en espéranto dit : « *il visait une oie, il a atteint un moineau* ». Tout l'inverse donc de *faire ses choux gras de quelqu'un ou de quelque chose*, son régal quoi ! Ici c'est l'échec assuré !

Finir / s'en aller en eau de boudin

Cette expression ancienne (Furetière l'atteste en 1690 dans son *Dictionnaire*), souvent mal interprétée soit en « *os de boudin* », « *nœud de boudin* » ou « *aunes de boudin* » par pure plaisanterie ou par ignorance, signifie qu'une situation tourne mal et va droit à l'échec après avoir pourtant donné les plus belles espérances.

L'eau en question, à part être une excrétion urinaire, semble plutôt être celle qui sert à nettoyer les boyaux ou à les faire cuire. *S'écouler dans l'égoût* dit-on en Angleterre, *finir en eau de morue* au Portugal, *partir en eau de bourraches* en Espagne, *faire comme du brouet de pommes séchées* en Belgique. Partout, c'est *partir en déconfiture !*

Mi-figue mi-raisin

On emploie cette expression pour signifier qu'il existe un mélange de satisfaction et de mécontentement face à telle ou telle circonstance. Un petit goût de mitigé, d'ambiguïté. Entre sérieux et facétieux, en italien ; entre poisson et viande, en allemand ; *entre chair et citronnade,* en espagnol, un aigre-doux culinaire en fait ! Il y en a qui aiment ! Vous, peut-être ?

Ramener sa fraise

Cette expression quelque peu familière signifie « tirer la couverture à soi », en toute occasion. *Fourguer sa rame,* dit-on en anglais, y *mettre une pièce de tissu pour trouver un remède* et *recoller les morceaux* en italien. *Rouler des mécaniques, faire le fanfaron*, et *ramener sa science* en sont des variantes fort explicites.

Avoir la frite

C'est être en super forme : on dit encore familièrement *avoir une sacrée patate* ou *pêche*. C'est *tenir une bombe explosive,* dit l'Allemand ; *être plein de haricots*, l'Anglais ; *se sentir comme un lion,* l'Italien. Ça va pour vous ?

En faire tout un fromage

Faire toute une histoire de pas grand-chose. Cela aurait-il quelque chose à voir avec la fable de La Fontaine *Le Corbeau et le Renard* chez qui, comme chacun sait, le corbeau s'est fait voler par ruse le beau morceau qu'il tenait dans son bec pour ouvrir fièrement grand le bec et chanter ? *En faire tout un plat. Faire un coup de tonnerre d'un pet,* comme cela se dit en allemand, montre bien le décalage entre la cause et la conséquence, tout comme l'image retenue par l'Anglais qui lui assiste à *une tempête dans une tasse de thé* ou le Néerlandais qui *d'un moustique fait un éléphant.*

Beaucoup (trop) *de bruit pour rien,* non ?

C'est du gâteau

Si je vous dis : c'est simple, facile, exquis, qui suis-je ? Du Nanan, disait-on au XVIIe siècle pour parler d'un morceau de viande apprécié des enfants, puis une friandise ou toute autre chose délicieuse, un biscuit tunisien, une sucrerie espagnole. Bref, c'est du gâteau *à s'en lécher les doigts,* en Russie, *comme si un petit ange faisait pipi sur ma langue* aux Pays-Bas, c'est vous dire si c'est bon. En revanche, pour dire le contraire, comme si les termes n'étaient pas interchangeables, on fera appel à un entremets, et on dira : *C'est pas de la tarte ;* bien qu'elle ne soit pas toujours à la crème !

Ce n'est pas ma tasse de thé

L'expression, pour être apparue sous un sens positif à l'instar de l'expression anglaise dont elle est la transcription, a pris dès 1920 une acception plutôt négative. Et donc pour dire qu'on n'apprécie pas vraiment quelque chose, que l'activité ne nous convient pas vraiment, chacun y va des références de son petit terroir préféré : l'Anglais donc de ce qu'il aime le plus, soit sa *cup of tea* de 17 h 00, l'Autrichien *son café,* l'Américain *son bol de riz,* l'Italien *le pain pour ses dents,* le Brésilien *sa plage,* l'Espagnol, *un saint pour lequel il a de la dévotion !*

Vous l'aurez compris, c'est ainsi qu'on signifie et fait comprendre dans une conversation qu'on est très peu branché par quelque chose !

Ça me court sur le haricot

Ça m'énerve, ça m'agace, ça m'insupporte, ça m'ennuie. Ça me tape sur les nerfs, ce qui devient chez Jean-Loup Chiflet (*99 mots et expressions à foutre à la poubelle*, 2009), pour notre plus grand bonheur, en traduction littérale, l'inénarrable formule *to run on the bean* en lieu et place de l'expression anglaise, *to get on someone's nerves*.

Se fendre la poire ou la pêche

C'est rire aux éclats, comme dit l'autre « *à gorge d'employés !* » On dit encore : *se fendre la pêche* ou *la pipe*... À *s'en faire péter les boyaux* en anglais, *la peau* en italien, *la mâchoire* en espagnol jusqu'à *en avoir des crampes* au Canada. *Se gondoler, rire à s'en détacher la tête, rire avec la bouche ouverte jusqu'aux oreilles* en Roumanie ! Drôlatique, non ?

Raconter des salades

Au marché, la marchande de légumes propose ses belles salades. Et pour mieux les vendre, parfois, elle n'hésite pas à vanter exagérément et sur un ton convaincant la qualité de ses laitues, batavias, frisées romaines, mâche... Cette expression veut dire raconter des histoires, des sornettes et même dire des mensonges, pour embobiner ou tromper son interlocuteur. On dit *raconter des contes... chinois* en Espagne, *des histoires à faire dormir le bœuf* au Brésil, tant on ne peut ici démêler le vrai du faux.

Casser du sucre sur le dos de quelqu'un

Jusqu'au XIXe siècle, le sucre se présentait en grands pains qu'il fallait découper en morceaux (comme la glace). « *Mettre quelque chose sur le dos de quelqu'un* », c'était l'accuser injustement de quelque méfait et ainsi le rabaisser. Les deux expressions se sont croisées pour signifier dire du mal de quelqu'un par derrière, à son insu. La traduction espagnole en « *tailler un costume à quelqu'un* » n'est pas sans nous rappeler l'équivalent de notre « *habiller quelqu'un pour l'hiver* » ! *Couper les bas (les chaussettes) à quelqu'un* en est la version italienne, moins pire que la tunisienne : *déchirer et déplumer les gens.*

C'est fort de café

Cela se dit de quelque chose d'exagéré, de dur à admettre autant qu'un café peut l'être à avaler s'il est trop amer. C'est, en fait, une variante de *c'est trop* ou *it's too much* ! On peut aussi décliner les marques si on dit : *c'est fort de chicorée / moka. Ce n'est pas de la pisse de chat,* dira-t-on aux Pays-Bas. *Ce qui est trop fort, même la chèvre n'en veut pas* du reste en Pologne.

Filer un mauvais coton

On employait déjà, à la fin du XVIIe siècle, l'expression *jeter un mauvais coton* pour parler d'étoffes usées qui finissaient par perdre des boules de fil de coton jusqu'à détérioration complète ou déchirure du tissu.

Le sens en est : être dans une situation difficile et inextricable, sur le plan physique comme moral, *être sur la mauvaise pente* et surtout ne pas savoir comment s'en sortir. Avoir une santé qui se dégrade et ses affaires compromises. Et pour bien insister sur la fâcheuse posture dans laquelle vous vous trouvez, on trouvera comme expressions équivalentes : *ce n'est pas comme sucer du sucre* en allemand, *c'est une noix dure à casser* en anglais, *glisser sur un faux patin* aux Pays-Bas.

On dit toujours, en un raccourci explicite, *c'est coton,* pour parler d'une situation délicate !

Mettre de l'eau dans son vin

On le sait, les Grecs d'autrefois buvaient rarement du vin pur ; ils le coupaient avec de l'eau, peut-être parce que c'était du mauvais vin ? Quel sacrilège tout de même ! L'expression, de manière imagée, signifie savoir calmer ses ardeurs, se modérer, baisser le ton et devenir moins exigeant dans toutes les circonstances de la vie. Les Anglais *mangent une tarte* modeste ; en Espagne, *on baisse ses fumées* ; en Italie, ses ailes ; en Belgique enfin, *on ne met pas trop de poivre dans ses choux*. Modération oblige !

On ne fait pas d'omelettes sans casser des œufs

Comment fait-on une omelette ? Avec des œufs, bien sûr, à condition de les casser. Et comment arrive-t-on à ses fins donc ? En prenant des risques, presque toujours. Le fin mot de l'histoire, c'est donc qu'on n'a jamais rien sans rien : *il n'y a pas de plume tombée sans oiseau plumé* pour reprendre l'adage.

Être soupe au lait

On emploie cette expression pour parler d'une personne qui se met très vite en colère. Si on vous a un jour demandé de surveiller la cuisson du lait dans une casserole, vous savez qu'il peut monter très vite en bouillant quitte à déborder même. Cette image a été reprise pour signaler tout changement violent d'humeur chez une personne, comme le lait qui monte puis redescend aussitôt. C'est *s'enflammer comme une allumette* en Italie, *être une tête chaude* en Allemagne. Les Anglais parlent d'*avoir la peau mince*. *Avoir de mauvaises puces* ou *des hémorroïdes* est le sort des Espagnols et des Grecs. Ce tableau clinique ne vous fait-il pas penser à une personne susceptible ?

Ça ne mange pas de pain

L'expression remonte à une époque que les moins de vingt ans et même bien d'autres ne peuvent pas connaître : le XVIIe siècle où le pain était considéré comme la base alimentaire. En Allemagne, on a choisi un autre équivalent pour désigner le produit le moins coûteux possible en disant que *ça ne mange pas de foin* là où les Anglais choisissent de dire que *c'est bon marché comme de la poussière* (*dirty-cheap*) ! L'expression s'emploie pour dire que cela ne peut nuire à personne, que ça ne fait pas prendre de grands risques, que surtout cela n'aura pas de graves conséquences. Bref, cela ne coûte presque rien. Ne disait-on pas *être au pain menu* pour signaler une situation financière difficile ? Quand on en est réduit à ne manger que du pain, c'est qu'on fonctionne en bas régime…

Un peu à la manière de cette autre expression : *ça ne boit pas d'eau* à laquelle correspond en espagnol : *tirer moins de choses d'une pierre*. C'est donc dire…

Entre la poire et le fromage

Peu avant que le repas ne se termine, pour peu qu'il ait été un peu copieux, on se sent souvent dans un entre-deux, enclin à somnoler, à passer aux confidences ou à tenir des propos familiers. L'expression « *entre la poire et le fromage* » remonte à une époque où l'on mangeait les fruits avant le fromage, comme bon nombre d'auteurs des XVe et XVIe siècles l'attestent. Peu à peu elle a fini par signifier un moment libre entre deux événements. Les Belges diront plus volontiers encore : *entre le potage et les pommes de terre*, ou encore plus simplement *à un moment perdu*.

Manger les pissenlits par la racine

C'est ce qu'on dit pour parler d'une personne qui est bel et bien morte et enterrée.

L'expression du XIXe siècle ferait allusion aux « *pisses en li* », ces plantes aux vertus diurétiques qui poussent rapidement et en abondance sur toute terre fraîchement retournée comme peut l'être celle d'une tombe dans les cimetières. Nos voisins européens ont fait d'autres choix : les Allemands préfèrent parler de nous retrouver sous terre à *regarder les radis par en dessous* ou à *voir les pommes de terre en dessous*. En Espagne, on change de plantes et on dit *cultiver des mauves* ; en Angleterre, *on voit pousser les marguerites* ; en Suisse, *on regarde les carottes depuis le bas* ; en Italie, *on voit l'herbe de la partie des racines*… Dans tous les cas, vous l'aurez compris, on se retrouve sous terre. Ce qui trouve un prolongement tout naturel dans l'expression *Quand un petit jardin me poussera sur le ventre*…

Chapitre 6

Des expressions chevillées au corps !

Dans ce chapitre :
- Des expressions qui ne sont pas *sans queue ni tête*...
- ... pour vous porter *bon pied bon œil* !

Non, les expressions qui vont ici se suivre *à la queue leu leu* ne sont pas *sans queue ni tête* ! *Ni main ni pied* chez les Allemands. Sans début, sans fin ? Ça manquerait de cohérence, autrement. Vous ne sauriez *où donner de la tête* !

Elles vont au contraire passer devant vous en revue toutes les parties du corps qui ont trouvé place et grâce dans nos expressions.

Avoir le bras long

Point n'est ici question de mesurer votre bras. Au sens figuré, c'est avoir beaucoup d'influence ou de relations... et bien placées de surcroît pour pouvoir comme le dit l'Anglais *tirer les bonnes cordes* à moins qu'il ne soit préférable d'*avoir* (déjà) *les mains dans la pâte*... comme en italien.

Les bras m'en tombent

J'en reste bouche bée, ahuri, stupéfait. *J'en perds mes bras* donc. *Ça vous coupe la salive,* dira l'allemand, *on aurait pu m'assommer d'un coup de plume*, que ça ne m'aurait pas fait plus d'effet, et l'Anglais flegmatique de rajouter : *I can't believe it, my dear !*

Connaissez-vous le sens des expressions suivantes ?

1. *À tour de bras*
2. *À bras-le-corps*
3. *À bras raccourcis* (à l'origine du personnage de la BD Astérix, Abraracourcix)
4. *Bras dessus, bras dessous*

Réponses : 1. de toute sa force et en grande quantité / 2. en ne ménageant pas ses efforts / 3. sans aucune mesure, très violemment / 4. en plein accord l'un avec l'autre.

Se croire sorti de la cuisse de Jupiter

Voilà une expression qui nous ramène à l'Antiquité. Zeus, le père des dieux grecs, alias Jupiter chez les Romains, abrita à l'intérieur de sa cuisse le futur Dionysos, se substituant ainsi à sa mère, morte en couches, prématurément.

L'expression s'emploie pour désigner ceux qui se prennent pour des dieux vivants et se la pètent ! L'Allemand joue à être *Monsieur Important*, l'Espagnol *se prend pour le nombril du monde*, l'Argentin *pour le roi de Prusse* et l'Anglais *pense être l'ampoule la plus brillante sur l'arbre de Noël !*

Bref, se croire quelqu'un, et ne pas se prendre pour de la petite bière… anglaise, *of course !*

Croisons les doigts

Pour conjurer le mauvais sort, quoi de plus efficace qu'une croix, symbole du christianisme ? Ainsi exorcise-t-on les esprits les plus malfaisants qui sont en nous comme ceux qu'on nous jetterait malignement.

Pour une fois, on est en droit de se demander si ce n'est pas le Français qui a emprunté l'expression aux Anglais : *to cross one's fingers* ? Notre équivalent était *toucher du bois* par superstition ; à condition, me direz-vous, d'en avoir sous la main ! On peut aussi penser que cette attitude correspond à une ancienne coutume qui voulait que pour voir un rêve se réaliser, il fallait placer son index sous celui de son interlocuteur. Ainsi une croix se formait-elle, symbole d'une union capable de faire force contre tout obstacle. L'Allemand et le Polonais se rejoignent en disant : *serrer les pouces*. L'Italien, plus pugnace, parle de *serrer les poings*.

Tout le contraire en revanche de *se croiser les doigts* et attendre sans rien faire. *Se rouler les pouces* ou plus expéditif encore : *se les rouler*... et on ne parle pas de cigarettes ici !

Se mettre le doigt dans l'œil

Voilà qui, à coup sûr, peut faire mal et même très mal. L'expression sous sa forme ancienne, « *se donner du doigt dans l'œil* », serait en rapport avec certaines personnes qui voulaient se signer (religieusement, c'est-à-dire en faisant le signe de la croix) et qui, parfois par maladresse, au lieu de mettre leur doigt sur leur front, le plantaient dans l'œil. Erreur ! Malheur ! D'autant qu'on peut même rajouter : *jusqu'au coude* ou *jusqu'à l'omoplate*. Le challenge est bien plus périlleux...

L'expression signifie : se tromper lourdement. Il se trouve encore que le mot « œil » en argot désigne aussi un autre orifice creux, l'anus. L'expression prend alors un sens bien plus scabreux : « *se foutre dedans* ». Je vous laisse envisager les dérivés possibles de cette expression si on est trompé par soi-même ! On peut aussi envisager de *mettre l'autre dedans*...

L'Anglais choisit de dire *prendre la mauvaise truie par l'oreille*, l'Espagnol de *mettre la patte jusqu'au fond*, l'Italien de *prendre un crabe* et le Russe de *s'asseoir dans une flaque* comme pour mieux enfoncer le clou. Cherchez l'erreur !

Avoir l'estomac dans les talons

C'est avoir vraiment très faim. Au point presque de devenir anthropophage ! L'Allemand choisit en lieu et place des talons de dire *les jarrets*, l'Espagnol *dans le dos*. Pour sûr, il faut donc être contorsionniste ! D'autres langues ont préféré nous comparer à des animaux voraces, l'ours allemand, le cheval et le faucon anglais, un chien en latin, un lion en portugais. En provençal, on dit encore *j'ai une faim que je la vois courir...* et en flamand, *il mordrait un clou en deux*. Faut le faire !

Avoir la gueule de bois

C'est une façon de dire qu'on a la migraine, la bouche sèche et pâteuse, comme souvent au lendemain d'une bonne cuite. On est comme engourdi, ankylosé de partout. L'expression allemande est intéressante : ils disent *avoir un chat* (au sens d'un matou). Il semblerait que cette expression ait été inventée par des étudiants au XVIIe siècle. Alors même qu'ils ne pouvaient se rendre en cours après avoir trop bu la veille, ils prétendaient avoir un *katarrh*, une infection des voix respiratoires supérieures. Le mot se serait transformé en *Kater* d'où l'allusion au chat.

Donner sa langue au chat

Au XIXe siècle, on disait « *jeter sa langue au chien* » pour parler des restes de nourriture qu'on donnait au plus fidèle ami de l'homme. Puis le chat, animal plus mystérieux, remplaça le chien. Voilà tout.

L'expression veut dire qu'on préfère demander tout de suite la solution à un problème ou une devinette plutôt que d'avouer son ignorance. On *jette la serviette* en Angleterre, on *avale sa langue* en Grèce, on *vend son âne* au Maroc. Ça n'est pourtant pas faute d'avoir souvent *le mot* (ou la clé du problème) *sur le bout de la langue*.

Avoir quelqu'un dans le nez

C'est le détester, ne pas pouvoir le sentir ; le nez restant ici le critère de sagacité pour humer les choses au bon moment et comme il faut. Et cela vaut quelle que soit la taille de l'appendice dont la nature vous a gâté... votre nez, s'entend ! Dieu seul sait déjà ce que vous vous imaginez ! Chacun a en mémoire la célèbre tirade de Cyrano de Bergerac vantant sous divers tons celui qu'il appelle *un roc*, *un pic*, que dis-je une *péninsule* ou encore *un monument.* « Quand le visite-t-on ? »

Chapitre 6 : Des expressions chevillées au corps !

L'avoir entre les cils, dit-on en Argentine, *ne pas pouvoir le mastiquer* aux Pays-Bas, *l'avoir en travers de la gorge* au Brésil, *en travers* (tout court) en Espagne, *en poche* en Italie. Bref, vous ne pouvez vraiment plus le supporter, le *piffrer* avec votre PIF ! Mais avez-vous eu *le nez creux* ? Avez-vous bien *flairé la tartine*, comme on dit en Espagne ?

Aurez-vous du nez, de la perspicacité, du flair, pour retrouver le sens des expressions suivantes ?

Montrer le bout de son nez : faire une apparition.

Faire de son nez : prendre un air prétentieux et arrogant.

Mettre le nez dehors : sortir.

Piquer du nez : laisser tomber sa tête en avant quand on s'endort.

Mettre son nez dans les affaires d'autrui : se mêler indiscrètement de ce qui ne nous regarde pas.

Se trouver nez à nez avec quelqu'un : le rencontrer inopinément face à face.

Faire un drôle de nez : faire une moue de déception ou de dépit.

Sous le nez de quelqu'un : à sa barbe, sous ses yeux.

Avoir le nez creux : avoir une intuition.

Mener quelqu'un par le bout du nez : lui faire faire tout ce que l'on veut.

Tirer les vers du nez à quelqu'un : lui arracher un secret adroitement, le faire parler.

Œil pour œil, dent pour dent

Cruelle époque que celle du code d'Hammourabi, roi de Babylone en 1730 av. J.-C. Cette loi, appelée aussi loi du talion, faisait régner un principe d'égalité (*talis*, en latin, signifiant « tel », « pareil ») entre peine et châtiment.

Ce qui induit que tout coupable doit subir la même punition que celle qu'il a infligée à sa victime. On *fait goûter à quelqu'un son propre médicament* en anglais, on *rend du pain pour de la fougasse* en Italie, on *donne à quelqu'un un gâteau de sa propre pâte* aux Pays-Bas. Bref, on le paie de la même monnaie. D'ailleurs, en plus familier, on dit encore « *rendre à quelqu'un la monnaie de sa pièce* ». En plus poétique, c'est *la réponse du berger à la bergère* et, en plus familier, *la réponse de Nono à Nana* !

Tomber sur un os

C'est faire une rencontre imprévue qui promet de nous créer des difficultés. Pourtant un chien lui s'en serait léché les babines ! De cette expression du début du siècle, Alain Rey, l'éminent linguiste, donne l'explication suivante : à l'armée, tout le monde n'avait pas la chance de tomber à la cantine sur de bons morceaux de viande. Certains devaient se contenter de misérables morceaux d'os. Moins tendres, vous en conviendrez ! Si cette expression s'est autant popularisée, c'est sans doute par contagion argotique avec cette autre, plus vulgaire : *l'avoir dans l'os* pour dire « être refait » ; le mot « os » étant ici alors synonyme d'anus.

L'Anglais parle lui de *trouver des mouches dans l'onguent* ou de *tomber sur un accroc*. *La faux est tombée sur une pierre*, dit-on encore en polonais ou en russe.

Avoir les yeux plus gros que le ventre

Cette expression d'origine populaire remonte à Michel de Montaigne qui, au XVIe siècle, écrivait « *avoir plus grands yeux que grande panse* [estomac] ».

C'est donc à table se servir trop copieusement quitte à ne pas être capable de finir son assiette. C'est aussi au figuré présumer de ses forces et se lancer dans un projet trop ambitieux, comme, toutes proportions gardées, la grenouille qui, dans la fable de La Fontaine, voulait se faire plus « *grosse que le bœuf* » !

Mettre un emplâtre sur une jambe de bois

L'expression, apparue au XVIIIe siècle, est délibérément absurde, car vouloir appliquer un pansement – cet onguent qui se ramollit à la chaleur sans couler qu'on utilise dans le traitement des affections cutanées – sur une jambe de bois ne sert strictement à rien ! On l'emploie pour dire adopter un remède tout à fait inadapté au problème à traiter. Et puis de rajouter « cela lui fait une belle jambe » : pour parler très ironiquement de ce qui n'apporte aucun avantage à quelqu'un. Ça aide comme une ventouse aide un mort... dit-on en roumain. Aucune chance de le relever donc !

Tirer le diable par la queue

L'expression a longtemps voulu dire : savoir se contenter du peu qu'on a. Furetière en donne un autre sens en 1690, en imaginant un homme dans le besoin appelant en vain le diable à son secours et le retenant par la queue.

L'expression veut dire avoir grand-peine à vivre par manque de moyens. Ne pas réussir à *joindre les deux bouts...* en d'autres mots, ne pas avoir assez d'argent pour bien vivre.

Ça me fait une belle jambe

Cette expression, de sens ironique, veut dire que la situation n'avance pas bien. Contrairement à ce que vous pourriez croire, elle n'a aucun rapport avec un quelconque attrait du corps féminin. Et oui, Messieurs, c'est de vous qu'il est question ! À partir du XVe siècle, les hommes portaient des chausses et hauts de chausse, ancêtres des bas et collants actuels, qui partant du genou ou de plus bas, remontaient jusqu'à la taille, et ainsi moulaient de près le galbe de leurs jambes. C'était à celui qui avait le plus bel avantage apparent, dont le corps était le plus moulé ! D'autres choisirent de mettre l'accent sur d'autres atours : en Espagne, on dit : *et moi avec ces poils*, en Italie *se faire une belle moustache*. À chacun son charme !

Mettre les pieds dans le plat

Cette expression du XIXe siècle viendrait d'un jeu de mots : un plat désignait alors une vaste étendue d'eaux basses. Celui qui donc mettait les pieds dans le plat n'est pas celui qui piétine les assiettes sur une table (on voit mal comment d'ailleurs !), mais celui qui patauge dans une eau peu profonde. Au figuré, cela veut dire qu'on arrive avec ses gros sabots, comme *un éléphant dans un magasin de porcelaine* allemande, *de casseroles* espagnoles.

On emploie l'expression pour dire : aborder maladroitement un sujet délicat, « gaffer » à l'instar de l'Italie qui lui *se prend un coin de rue*.

De pied en cap...
ou depuis les pieds jusqu'à la tête (caput),
donc de bas en haut

Vivre sur un grand pied : vivre richement en menant grand train de vie.

Avoir un pied dans la tombe : être presque déjà mort.

Couper l'herbe sous le pied à/de quelqu'un : le supplanter en le devançant et en le prenant par là de court.

S'en aller les pieds devant : être déjà dans la position du mort dans son cercueil.

Faire un pied de nez à quelqu'un : faire un geste de moquerie.

Mettre quelqu'un à pied : suspendre l'activité d'un travailleur salarié pendant une certaine période de temps.

Avoir bon pied, bon œil : être vif et alerte.

Ne savoir sur quel pied danser : ne savoir quel parti prendre.

Mettre quelqu'un au pied du mur : le forcer à prendre parti, l'obliger à répondre.

Dormir sur ses deux oreilles

L'origine de cette expression reste un mystère. Comment voulez-vous raisonnablement dormir sur vos deux oreilles à la fois ? C'est toujours mieux, me direz-vous, que de ne *dormir que d'un œil* ? L'expression veut dire qu'on dort profondément, à plein, à fond, sans souci, à poings fermés ! *Comme un ours* ou *une marmotte* en allemand, *une bûche* ou *une toupie* en anglais, *un bébé* en arabe, *entre deux oreillers* en italien, *avec la jambe relâchée* en espagnol, bref *si profondément qu'on pourrait couper du bois sur vous* en roumain : *le sommeil du juste*, vous connaissez ?

Chapitre 6 : Des expressions chevillées au corps !

Prendre ses jambes à son cou

Impossible techniquement parlant. C'est bien sûr une image pour dire qu'on court très vite pour s'échapper vite fait, bien fait ! Ne dit-on pas aussi dans le même sens *courir à toutes jambes*, ce qui sous-entend que point n'est question d'avoir une seule jambe de bois ! Au XVIIe siècle, Furetière explique dans son *Dictionnaire* qu'il s'agit au sens propre de prendre ses jambes sur son col pour partir. En effet, pour emporter ses effets personnels, on prenait des sacs qu'on mettait en bandoulière ou qu'on attachait avec des sangles autour du cou.

Tout le monde s'accorde sur ce point : on *prend ses jambes sous ses bras* si on est allemand, on *met ses jambes aux épaules* si on est italien, on *court même avec ses jambes plus haut que sa tête* en Tunisie, et, pour marquer la promptitude, on *se sauve comme devant un ours qui a perdu son petit*... en Israël !

Faire la peau à quelqu'un

Allons droit au but, l'expression veut dire : tuer quelqu'un ou du moins lui faire beaucoup de mal. En référence à la pratique de la chasse où on tue, abat et dépèce les animaux pour leur peau. On connaît les dérives et scandales de ce commerce (non équitable) contre lequel bien des amoureux de la nature et des animaux s'insurgent à juste titre. Point n'est pour autant question de pousser ici la barbarie jusqu'à scalper une peau entière. De manière elliptique, les Italiens en ne considérant que le résultat parlent de *faire peau neuve*. Anglais et Allemands font allusion au seul « cou » de l'hypothétique victime. Souvent d'ailleurs, et heureusement, on ne réussit pas notre coup.

Ce n'est en tout cas pas nécessairement pour *se mettre* ensuite *dans la* dite *peau* de quiconque comme un certain Malkovich (*Dans la peau de John Malkovitch*, Spike Jonze, 1999), ni parce qu'on a tellement ce *quelqu'un dans la peau* qu'on s'imagine entrer en totale empathie avec lui jusqu'à devenir lui !

Se mettre la rate au court-bouillon

C'est se faire bien du souci, du tracas. Déjà dans l'Antiquité, Hippocrate s'était intéressé à cet organe corporel responsable selon lui de notre bonne ou surtout mauvaise humeur. Même si cette expression est le titre d'un des romans de San Antonio en 1965, rien ne permet de dire si la paternité en revient pour autant à Frédéric Dard. On la retrouve, c'est sûr, en 1970, dans la *Méthode à Mimile ou l'argot sans peine* d'Alphonse Boudard et Étienne Duc. Mais qui irait, pour se mettre à mal, imaginer de faire subir pareil traitement à l'une des parties de son corps qu'il ébouillanterait dans un chaudron ? L'expression est sans doute imagée. Quoique nos voisins semblent l'avoir reprise en chœur, l'Italien parlant *de se ronger le foie* (est-ce un clin d'œil au supplice éternel qu'encourut Prométhée), l'Espagnol de *se brûler le sang* ! *Il détruit ses intestins* ou *il se mange lui-même* de l'arabe en sont des variantes plus effrayantes encore.

L'expression veut aussi dire se donner de la peine ou du mal pour quelque chose. Tout le contraire en tout cas de *ne pas se faire de bile* (noire !) ou de *s'en soucier comme de sa première chemise.* Question de tempérament... voilà tout.

Prendre des vessies pour des lanternes

C'est commettre une grossière méprise, se tromper lourdement. Genre *prendre un X pour un U* en Allemagne, *un œil de poisson pour une perle* en chinois, *confondre Rome et Santiago* pour un Espagnol, *vendre des algues pour des rubans de soie* en Grèce, *prendre des lucioles pour des lanternes* italiennes, ou encore *des navets pour des citrons* en Hollande. En effet, on s'abuse grandement si on croit que ces poches tirées du corps d'un animal, séchées et gonflées d'air, vont nous éclairer !

Ne pas y aller de main morte

C'est agir franchement, sans retenir le moins du monde ses coups, frapper parfois très brutalement et rudement. Bref ne pas faire les choses à moitié comme les Anglais l'ont bien compris, eux qui parlent de *ne pas retenir leurs coups de poing* et ne surtout pas faire dans la délicatesse et la subtilité. Bref, *agir avec énergie* en allemand et *cogner méchamment* en italien.

Gagner les doigts dans le nez

C'est remporter la mise très facilement. Tout le contraire donc d'une victoire à la Pyrrhus, vous verrez plus loin. C'est y arriver même de la main gauche en allemand – c'est donc dire l'exploit pour un droitier –, accomplir quelque chose aussi *facilement qu'une tarte* chez nos amis les Anglais, spécialistes de *pies*, et même *avec les mains liées derrière le dos, sans se décoiffer*, précisent quant à eux les Espagnols. *Fingers in the nose*, dirait un certain Jean-Louis Chiflet (*Sky my husband, Ciel mon mari*, 2008) qui a poussé l'humour jusqu'à traduire l'intraduisible français en anglais, pour la circonstance.

Pendre au nez, à l'œil, à l'oreille de quelqu'un

Rien à voir *stricto sensu* avec quelque morve, larme ou boucle qui seraient suspendues à vous. L'idée est en fait à prendre au sens figuré. Sur le modèle de l'expression latine *impendere alicui* voulant dire « être suspendu sur quelqu'un » pour parler d'un malheur – on songe tout naturellement à l'épée de Damoclès qui menaçait à tout instant le riche roi Crésus qu'il enviait tant ! –, l'expression s'emploie pour dire qu'un malheur est imminent, vous menace, et reste donc en suspens au-dessus de vous. Ça ne saurait manquer d'arriver. Prenez donc garde ! *Ça vous regarde droit dans le visage*, dit l'Anglais, c'est *chercher du bois pour se brûler*, dit le Portugais ; bref, *vous allez vers l'inévitable* du Grec.

Coûter les yeux de la tête

C'est coûter fort cher. On le savait qu'une tête mise à prix vaut toujours quelque chose. Dans les westerns, les sherifs, en effet, à coups d'affiche, recherchent désespérément voleurs, assassins, etc. Leur prêtent d'ailleurs main forte des privés qui cherchent à se faire de l'argent. On sait encore que, dans certains pays, on n'hésitait pas à arracher les yeux d'êtres vivants pour en faire commerce.

Le croisement de ces deux réalités donne donc l'expression : *coûter les yeux de la tête* !

Faire des pieds et des mains

C'est s'agiter en tous sens, faire tous ses efforts, multiplier les démarches pour parvenir à obtenir ce que l'on souhaite. Se démener en sollicitant et mettant en mouvement tous ses membres (du haut comme du bas) pour parvenir à ses fins. *Actionner tous les tirants d'un jeu d'orgue* allemand, *remuer ciel et terre* d'Angleterre, *travailler avec ses mains et ses dents* pour un Égyptien, *faire des 8 dans le ciel* pour un Israélien, *grimper sur les miroirs* pour un Italien, *se mettre debout sur la tête* pour un Néerlandais. La fin ne justifie-t-elle pas les moyens ?

Ne pas avoir les yeux en face des trous

Il nous arrive souvent de nous réveiller et d'avoir l'impression qu'on ne voit pas très bien, qu'on n'est pas dans son assiette au sens figuré bien sûr. On se rend alors à l'évidence : on a peut-être les yeux de travers comme cela se disait au XVIIe siècle ou pire, nos yeux ne sont pas bien en place dans leurs orbites. Plutôt gênant à en croire le grammairien Gaston Esnault s'il s'agit de regarder au travers des trous d'un masque, par exemple.

Bref, on n'est pas capable de voir les choses en face comme elles sont. Le visible nous échappe. À en croire nos voisins, c'est comme *avoir les yeux dans sa poche*, donc être dans un trou noir. Au Liban, on parle d'*avoir les yeux dans ses chaussettes* ; en Allemagne, c'est comme *avoir des tomates devant les yeux* ou en Espagne des *toiles d'araignées* qui vous voilent la réalité. En plus vulgaire, les Pays-Bas nous rejoignent avec l'expression : *avoir de la merde dans les yeux* !

Prendre son pied

Cette expression, au sens érotique indéniable, remonte en fait à un vocabulaire de marine : au moment du partage du butin, chaque boucanier avait le droit de se servir sur la bête et donc de prendre une part proportionnelle à la longueur de son pied. De semblable façon, on l'employa pour parler du plaisir que pouvait prendre la gent féminine à faire l'amour où elle trouvait son compte, sa ration. De nos jours, on peut l'utiliser pour montrer le plaisir qu'on a à participer à toute autre activité ou passion dans laquelle on s'éclate. *Plus c'est long, plus c'est bon...* comme dit le dicton !

Chapitre 7

Des expressions avec lesquelles il va (vous) falloir compter !

Dans ce chapitre :

▶ Nous n'irons pas par *quatre chemins*...
▶ ... pour mettre *dans le mille* !

*P*our cette rubrique, je ne vais pas y « aller par quatre chemins ». Où cela me mènerait-il ? À Rome, dit-on. Comme toujours... Tous les chemins n'y mènent-ils pas, d'une manière ou d'une autre ? Il me faut aller *droit au but*, sans détour, sans *prendre le chemin des écoliers*. Vous m'attendez sans doute *au tournant* !

Remettre les compteurs à zéro

L'expression quelque peu obscure s'emploie pour dire qu'on repart du début, de rien, comme diraient certains. Le zéro matérialise bien en effet une valeur d'annulation (vous vous rappelez la maudite note de tout écolier, le zéro !). C'est comme lorsqu'on dit *remettre les pendules à l'heure* pour repartir d'un bon pied et effacer, sans le moindre ressentiment, tout ce qui a pu se passer de négatif. En fait l'expression est bien plus positive qu'il n'y paraît ! *Faire table rase* a parfois du bon ! Il faut savoir faire abstraction du mauvais qui est derrière nous pour s'ouvrir à un avenir meilleur.

Faire d'une pierre deux coups

C'est faire coup double et donc rentabiliser au mieux une action. L'image est sensiblement la même dans toutes les langues : qu'il s'agisse *de tuer deux mouches avec une seule tapette*, en allemand, *deux oiseaux avec une même pierre* en anglais, *deux oiseaux d'un seul coup de feu* en espagnol, *de prendre deux pigeons avec la même fève* en italien, ou *de cuire deux rôtis à un seul feu* en polonais : au résultat des courses, que d'économies...

Faire deux poids deux mesures

D'origine biblique, l'expression s'est popularisée au milieu du XVIIIe siècle. Elle dénonce l'usage de deux unités de mesure différentes pour juger des mêmes choses. Dans sa fable, *Les Animaux malades de la peste* (1678), La Fontaine y fait allusion :

« *Selon que vous serez riche ou misérable,*

Les jugements de cour vous rendront blanc ou noir. »

L'expression veut dire : faire des choix trop seulement dictés par les circonstances, le *hic et nunc,* et donc se monter injuste ou partial dans ses jugements.

Jamais deux sans trois

Au XIIIe siècle, on disait « *Tierce fois, c'est droit* », pour signifier qu'une action n'était pleinement réussie que si elle était exécutée au moins trois fois.

Force est de constater que selon ce qu'on appelle la loi des séries, les événements, le plus souvent malheureux, s'enchaînent de manière fatale.

Trois pelés et un tondu

Au XVIe siècle, Rabelais parlait de « *trois teigneux et un pelé* », en référence aux individus souffrant d'une maladie du cuir chevelu, appelée la pelade ou à ceux qu'on a dû tondre pour éradiquer la teigne. Mal considérés et peu fréquentables, ces gens malsains et malpropres étaient plutôt à éviter.

Trois plus un, me direz-vous, ça fait quatre et c'est mieux que rien, mais dans un lieu ou une fête où vous attendez du monde, c'est toujours trop peu ! C'est aussi une façon de dire qu'il n'y a pas foule !

Tomber dans le troisième dessous

Autrefois, l'Opéra possédait trois étages de sous-sols respectivement appelés premier, deuxième et troisième dessous. Les comédiens s'y réfugiaient en cas d'échec de la pièce, au milieu des machines et des accessoires.

On emploie cette expression pour dire essuyer un grand échec, tomber dans le malheur, et cela peut même aller jusqu'*au trente-sixième dessous*… Là, *on broie vraiment du noir* !

Manger comme quatre

Quatre bouches à nourrir, ce n'est pas une, même si on a beau dire que *quand il y en a pour un, il y en a pour deux !* Un appétit d'ogre pour certains qui dévorent sans compter. Ils se goinfrent, s'empiffrent sans la moindre retenue. L'image choisie par l'expression allemande, « *manger comme une moissonneuse batteuse* », montre bien que ces goulus ne donnent pas dans la demi-mesure. Et qu'ils ramassent tout dans leur râtelier. Le Grec parle même de *manger pour dix*, quitte à s'en perforer les tripes !

Couper les cheveux en quatre

Au XVIIe siècle, on parlait en réalité de *fendre un cheveu en quatre*, soit l'équivalent d'un travail de Titan, de surcroît bien inutile…

L'expression s'applique à tout travail qui demande d'être pointilleux et méticuleux à l'extrême : *couper les cheveux en quatre*, c'est vraiment faire du zèle et se compliquer la vie par plaisir.

Ne pas y aller par quatre chemins

C'est aller droit au but, parler franchement. Ses équivalents sont très explicites : *ne pas mettre une feuille devant la bouche*, pour l'Allemand ; *ne pas mâcher ses mots* et *en venir au fait* pour l'Anglais ; *ne pas se perdre dans les branches mais aller au grain de blé* pour l'Espagnol ; *entrer directement dans le vif du sujet* pour le Grec, bref *aller directement* et de manière expéditive *au but* pour l'Italien !

La quadrature du cercle

Cette expression, qui remonte au XVIe siècle, a, comme vous vous en seriez doutés, rapport avec la géométrie. Dans « quadrature », on entend bien carré et dans « cercle », cercle. Mais comment voulez-vous que j'accommode ces deux figures aussi différentes dans leurs formes ? Comment peut-on imaginer même de construire, car tel est le challenge, un carré d'une surface rigoureusement équivalente à celle d'une figure circulaire, même avec règle et compas ? Le problème est insoluble. On ne peut rendre un carré rond pas plus qu'un cercle carré. Sinon, ça se saurait ! Qui peut défier les lois de la logique ?

Telle est donc l'expression employée pour dire qu'on entreprend un projet quasiment irréalisable, qu'on s'attaque à quelque chose de nécessairement voué à l'échec.

Être la cinquième roue du carrosse

Cette expression date de l'époque où on se déplaçait encore en carrosse. Or, aussi beau soit le carrosse que la gentille fée a procuré à Cendrillon pour se rendre au bal du Prince charmant, il n'a que quatre roues, certes cerclées de fer et donc increvables !

Parler de cette cinquième et improbable roue, c'est vouloir dire que quelqu'un ou quelque chose est en trop, superflu ou inutile. Quoique… de nos jours, sécurité oblige, les automobilistes qui crèvent sont bien contents de disposer de leur roue de secours !

Monter au septième ciel (avant d'y être pour de bon !)

LE SAVIEZ-VOUS ? Les Anciens croyaient que l'univers était constitué de sept voûtes de cristal successives à chacune desquelles ils donnaient le nom de « ciel » – la Lune, Mercure, Vénus, Soleil, Mars, Jupiter et Saturne – et qu'au-delà… c'était le royaume des dieux.

L'expression « *monter au septième ciel* » signifie donc qu'on atteint le ravissement le plus total, qu'on est au comble du bonheur, aux anges ! Bref, tout là-haut, là-haut ! Comme quoi, il faut toujours regarder au-dessus de sa tête et ne pas se contenter seulement du troisième ciel de Vénus !

Treize à la douzaine

C'est toujours très intéressant pour les amateurs d'huîtres, par exemple, quand le commerçant choisit de rajouter une huître de plus pour le même prix. C'est en fait pour parer à l'éventualité d'une huître qui ne serait pas bonne… Il paraît qu'au XVIII siècle, cela se faisait aussi pour les merguez, les tomates, etc. Bref, l'expression s'emploie pour dire qu'on choisit de donner un plus grand nombre que la quantité exacte requise. Tant qu'on ne vous fait pas payer plus ! On voit là un geste du vendeur qui vous le rend sympathique : *la douzaine du boulanger* en anglais. Parfois le sens devient péjoratif et l'expression veut dire « trop » à ne plus savoir qu'en faire. *Une* (vraie) *petite montagne*, dit-on en Sicile, *une centaine et la mère* en Espagne. Quoiqu'il en soit, mieux vaut toujours plus que moins !

Chercher midi à quatorze heures

À en croire Quitard et Richelet dans leur dictionnaire (1680), l'expression s'explique d'après la manière de compter les heures en Italie et en France au XVe siècle. On disait encore « *chercher midi à onze heures* » pour chercher quelque chose (sur la pendule ou l'horloge) à la mauvaise place.

C'est donc chercher des complications là où il n'y en a pas. C'est tenter l'impossible, qui, comme chacun le sait, n'est pas français !

Voir trente-six chandelles

Être étourdi, sonné, *entendre chanter les anges*, comme chez les Allemands, ou *voir les étoiles du ciel de très près*, comme pour les Anglais, les Espagnols et les Grecs… On connaît tous les bulles présentes dans les bandes dessinées qui accompagnent un personnage sonné et qui représentent aussi volontiers des étoiles !

Mettre dans le mille

Pour tous ceux qui connaissent les jeux de fléchettes, c'est viser le cœur de la cible, qu'il soit noir ou blanc. Faire mouche, quoi ! Tomber à pic et à propos dans une circonstance de la vie pour l'expression commune.

Je te le donne en mille

Il semblerait que cette expression, qui date du milieu du XVIIe siècle, soit le résultat d'une ellipse (forme raccourcie de deux expressions en une). Elle signifierait : je te le donne à deviner et tu n'as qu'une chance sur mille, je te le dis, de trouver la solution. Le chiffre « mille » est employé ici non comme un multiple exact de dix, mais au sens de « un grand nombre ».

Ce chiffre de mille est du reste souvent employé pour sa seule valeur hyperbolique (dans la littérature précieuse et baroque du siècle des Classiques), et non pour le chiffre exact qu'il est censé représenter. D'ailleurs des mille, il y en a tant ! Le *mille romain* de 1 472 m n'a rien à voir avec le *mille suédois* de 9 000 m. Le *mille italien* de 1 500 m l'emporte sur le *mille français* de 1 000 m, bien inférieur encore au *mile anglais* de 1 609 mètres. Alors mille quoi ? Vous avez bien dit mille mètres ? L'Allemand se plaît à dire : *tu as le droit de deviner trois fois* ! Ce sera déjà bien beau si encore tu trouves !

Attendre pendant cent sept ans

Les chiffres 100 et 7 renvoient à la guerre de Cent Ans (1337-1453), entre la France et les Anglais, et à la guerre de Sept Ans (1756-1763). Au total, cent sept interminables années, mais en fait bien plus car la guerre de Cent Ans ayant duré… cent seize ans !

Attendre fort longtemps, quel supplice pour les impatients ! Le prince de la Belle au Bois dormant pourrait presque s'excuser d'être arrivé si tard !

Faire les 400 coups

En 1621, la ville de Montauban fut bombardée de 400 coups de canon, pour contraindre les habitants à renoncer au protestantisme, mais ils ne se rendirent pas. À l'instar de cette attitude rebelle, l'expression s'emploie pour qualifier un comportement débridé, le plus souvent irrespectueux de la morale et des convenances, comme peuvent l'être les jeunes.

Des mille et des cents…

Outre l'intérêt purement grammatical que l'on peut porter à cette expression pour réviser ses classiques : mille reste toujours invariable et cent peut prendre le pluriel

Quand l'emploie-t-on ? Les variantes peuvent en être : *gagner des mille et des cents* ou *en faire des mille et des cents*… Cela voudra toujours dire : TROP. Au-delà de ce qui serait nécessaire. Tomber dans l'exagération.

Avez-vous *tiré le bon numéro* de cette série ? Ce qui veut dire le numéro gagnant. Cela fait allusion au fait qu'autrefois les conscrits tiraient au sort certains numéros qui leur permettaient de se retrouver exemptés du service militaire. Une véritable aubaine ! On emploie de nos jours cette expression pour dire *avoir de la chance* ! Au loto, ça marche encore, sauf qu'il faut en tirer plusieurs et les avoir mis dans le bon ordre, si on veut prétendre devenir *numéro 1* des gagnants…

Chapitre 8

Des expressions à bâtons rompus…

Dans ce chapitre :

▶ Des expressions comme elles nous viennent…
▶ sans plan et sans ordre…
▶ mais qui *restent bien dans les clous*…

*E*lles ont beau ne pas *valoir des clous*, c'est-à-dire rien ou ne pas *avoir inventé la poudre*, être toutes simples, le plus important pour ces expressions est que vous ne les *preniez pas pour des lanternes* comme d'autres le font avec des vessies, si vous voyez ce que je veux dire !

Bon nombre des expressions qui vont suivre racontent presque *stricto sensu* des *histoires à dormir debout*, des récits si rocambolesques et incroyables que vous pourriez être pris d'une irrésistible envie de vous endormir, *comme un loir, une marmotte, un sabot, une souche, à poings fermés* ou *sur vos deux oreilles*… Elles se rapportent toutes à des comportements de la vie quotidienne et vous le voyez, l'effet produit est partout le même !

Allez, il est temps de revoir ensemble ces quelques classiques du genre *en roue libre* comme dirait un Italien, « *à sauts et à gambades* » aurait dit notre Montaigne.

Avoir l'esprit d'escalier

C'est tout simplement manquer de répartie et d'à-propos. Il vient parfois trop tard, à la fin d'une conversation, ou même encore plus tard une fois qu'on a descendu l'escalier et franchi la porte de la maison. C'est tout simplement *penser à une bonne réplique une fois que c'est trop tard, après coup*, chez les Anglais. Les Grecs choisissent l'image d'une *mèche* de mise à feu *trop longue*, pour illustrer le retard à l'allumage ! *L'étincelle qui manque* au Brésil et qui laisse le Néerlandais *la bouche pleine de dents* !

Ça ne vaut pas un clou

Ça ne vaut vraiment rien, pas *tripette*, pas même *un pet de lapin*, pas *un radis*, pas *des nèfles* ni même *des prunes* ! Rien, rien, vous dis-je ! Combien de fois faudra-t-il le répéter ?

On dit encore « *Ça ne vaut pas un fifrelin* » qui serait en fait une traduction de l'allemand : « *das ist Pfifferling wert* » (mot à mot : ça ne vaut pas une girolle ou une chanterelle !). Très vite, le terme « fifre » s'est substitué à *fifrelin*. Vous savez, ce fifre qu'on retrouve en composition dans le mot « sous-fifre », terme employé pour désigner un subalterne.

Pas *un haricot* ou même un *penny anglais*, pas *un brin de cumin* espagnol, pas *une figue sèche* italienne, ou *un oignon pelé* roumain ! *Peanuts*, vous dis-je !

Casser sa pipe

On se pose encore beaucoup de questions sur l'origine de cette expression populaire. Le poète du XVIe siècle Joachim du Bellay pense que l'expression aurait un point de départ dans le monde du théâtre par allusion à l'acteur Mercier qui, soi-disant, jouait son rôle tout en fumant sa pipe sur scène jusqu'au jour où elle lui échappa des lèvres et que, concomitamment, il mourut. Info ou intox ? Nul ne saura jamais. Nos voisins ont choisi bien d'autres images pour signifier ce passage de vie à trépas. Être mort se disant encore *manger les pissenlits par la racine. Passer l'arme à gauche, changer de monde, jouer dans la boîte*, dit-on en russe. *Faire ses trois tours,* entend-t-on dans le Nord. Dernière prestidigitation et la comédie s'achève !

C'est une autre paire de manches

Les « manches » étaient autrefois des livrées d'amour que les fiancés ou amants se donnaient réciproquement en gage d'amour et promettaient de porter pour témoigner leur engagement. *Une autre paire de manches* voulait alors dire trouver un autre amour et donc commettre une infidélité.

L'expression s'emploie soit pour parler d'une personne ou d'une chose tout à fait différente, soit pour passer d'un sujet ou d'une activité à une autre sans lien aucun. Bref, passer à quelque chose qui n'a rien à voir avec le projet initial. Ce sera *une autre paire de chaussures* en allemand, *une autre casserole de poissons* en anglais, *un autre pain d'épices* en hollandais, voire *une autre chanson* en espagnol.

Construire des châteaux en Espagne

C'est échafauder des projets chimériques. Vous vous demandez peut-être pourquoi en Espagne ? Les chevaliers – Don Quichotte ? – y recevaient en fiefs des châteaux qu'ils devaient au préalable attaquer et conquérir.

On trouve un bel unanimisme entre les expressions anglaise, espagnole, italienne, néerlandaise : chez eux tous, on construit dans les airs. Seule exception, en Pologne, ce sera *sur la glace* ! L'Anglais se distingue une fois encore (référence gastronomique oblige) en nous proposant *des tartes dans le ciel*. On prend rendez-vous ?

En boucher un coin à quelqu'un

On connaissait boucher une rue avec un gros camion qui vient bloquer la circulation, boucher la vue avec un immeuble qui vient juste de pousser devant votre appartement, mais *boucher un coin*… un coin de quoi, du reste ?

C'est l'étonner, l'épater. « Étonne-moi, Benoit », dit la chanson de Françoise Hardy. C'est laisser ce quelqu'un complètement baba, à croire *qu'un cheval lui a donné un coup de sabot*, en allemand, *qu'on l'a cloué à même le sol* en anglais, *qu'on l'a fait tomber sur le dos* ou même qu'*on lui a coupé le sifflet* en espagnol. *What a surprise, my dear !*

Essuyer les plâtres

Point n'est question d'arriver avec une brosse pour nettoyer quelque chose. Même si à l'origine, c'est ce que veut dire l'expression. Il arrive que, dans une maison nouvelle, les plâtres ne soient pas tout de suite secs, ce qui la rend plutôt néfaste pour la santé. L'expression s'emploie au figuré pour parler de quelqu'un qui doit subir les conséquences d'une entreprise nouvelle. *Essuyer les plâtres* est équivalente à cette autre expression : *faire les frais de quelque chose.*

Être à couteaux tirés

Au XVIe siècle, on disait « en être aux épées et aux couteaux » pour signifier qu'on était prêt à en découdre avec son adversaire. Au XVIIe siècle, les épées ont disparu, les couteaux sont restés. Les mœurs ont beau évoluer, les armes changer, c'est toujours ainsi qu'on désigne une relation hostile avec quelqu'un. Qu'on soit *sur le pied de guerre* en Allemagne, *à dagues tirées* en Angleterre, *avec le fusil chargé* en Espagne, *à fers courts* en Italie, l'expression signifie toujours être prêts à se battre comme on se bat parfois avec son morceau de viande (bien dur) dans l'assiette. *Une guerre ouverte entre chat et souris*, aux Pays-Bas. Tom et Jerry, en somme, à échelle humaine !

Être au four et au moulin

C'est se trouver dans deux endroits différents à la fois, à faire de surcroît des choses différentes. Comment est-ce possible ? *On ne peut danser à deux noces à la fois* pour un Allemand, *jouer de la flûte et battre le tambour*, pour un Belge, *être à la messe et en train de sonner les cloches*, pour l'Espagnol ! Plus sportif et frimeur reste sans conteste l'Italien : *mettre le (même) pied dans deux étriers* ! L'image employée chez les Grecs est plus cocasse encore : *deux pastèques ne peuvent tenir sous une (seule) aisselle* ! Comment voulez-vous ?

Être dans de beaux draps

On emploie cette expression quand on se trouve en fait dans une situation délicate, mais pas au sens où vous l'entendez. Il faut voir là une antiphrase : on parle de beaux draps pour désigner au contraire de sales draps. C'est *être dans le pétrin* (qui, je sais, peut porter bonheur, mais tout de même !), *être dans la mouise*. L'image choisie par les Allemands de *la gadoue* représente bien l'embarras et les mauvaises conditions dans lesquelles on se retrouve parfois. Elle marche de pair avec *la purée* néerlandaise. Bref, c'est la poisse !

Être / rester dans les clous

C'est simple, c'est ne pas dépasser le nombre de signes convenus entre mon éditrice et moi… C'est être conforme à la règle et n'y point déroger. Se tenir, au sens originel, dans les passages pour piétons, délimités par deux rangées de clous métalliques fixés au sol, dits « passages cloutés ». Ce respect du code piétonnier touche bien d'autres lois et conditionne tout notre comportement en société. Ainsi doit-on toujours rester dans la ligne autorisée, *dans les axes établis* comme on dit au Brésil, *dans les limites imposées* aux Pays-Bas, et surtout *comme Dieu ordonne* en Espagne.

Être entre le marteau et l'enclume

C'est se trouver pris comme en étau entre deux parties, deux intérêts contraires avec, à chaque fois, la perspective d'être victime dans les deux cas, car les situations sont également désagréables, comme si *entre deux maux on ne pouvait choisir le moindre*. Cette expression est sans doute une reprise au mot à mot du latin : *Inter malleum et incudem*, le plus souvent remplacé par *inter sacrum et saxum,* « entre l'autel et la pierre » (qui servait à frapper les victimes).

Je ne résiste pas au plaisir de vous raconter la petite anecdote suave que rapporte Pierre Larousse dans son *Grand Dictionnaire universel* : à un homme politique qui, accusé de n'avoir pas toujours été à la hauteur de la situation, cherchait à s'en excuser au motif qu'il avait été pris *entre le marteau et l'enclume*, une dame s'écria faisant un trait d'humour : *Je ne m'étonne pas qu'il soit si plat.*

Être pris en otage entre deux choix, n'est-ce point, dites-moi, ce qu'on appelle un dilemme, même s'il n'est pas toujours cornélien ?

Être au bout du rouleau

N'en plus pouvoir, mais avoir épuisé tous ses moyens, être donc à bout de forces. *Être au bout de la longe* en Angleterre, *être aux fruits* (soit à la fin du repas) en Italie, *au bout de son latin* – c'est dire pour le Néerlandais. En Tunisie, on choisit de dire que, pour quelqu'un, *l'échelle est tombée* (et lui avec) ou *qu'il roule sur la jante* de sa voiture !

Être au four et au moulin

C'est se trouver dans deux endroits différents à faire des choses différentes. Comment se fait-ce ? Il est bien vrai qu'*on ne peut danser à deux noces à la fois* comme le dit l'Allemand sauf à enchaîner deux mariages, qu'on ne peut pas non plus *avoir deux paires de mains* pour reprendre l'image choisie par les Anglais, sinon on finit comme bête curieuse dans une foire aux monstres, qu'on ne peut *traire et tenir en même temps le seau de lait* comme le dit l'Arabe, qu'on ne saurait *jouer et de la flûte et du tambour* (même les Belges le savent !), *être à la messe et, dans le même temps, sonner les cloches* comme le dit l'Espagnol, ou plus encore périlleux et plus qu'improbable, l'expression italienne *mettre le pied dans deux étriers à la fois.*

Être de mèche avec quelqu'un

C'est être son complice et avoir avec lui des liens de connivence étroits. Pour marquer encore mieux cette relation privilégiée et intime, l'Allemand envisage même de *se cacher sous la même couverture* que quelqu'un, l'Anglais parle *d'être la main dans le (même) gant avec ce* [même] *quelqu'un*. Bref, être de sa bande ! comme dans la chanson de Renaud. Pour cela, faut-il auparavant *avoir vendu la mèche*, c'est-à-dire lui avoir révélé même ce qui devait rester secret ? Tout lui avoir raconté quitte à *faire sortir le chat du sac* ou *renverser les haricots*, comme disent les Anglais, à *déboucher la marmite* chez les Espagnols, ou *à couler la dalle* en tunisien ? Faut-il remercier Pandore aussi de l'avoir vendue, cette mèche ?

Il y a de l'eau dans le gaz

Je ne vous dis pas l'effet produit, même si ça ne peut être pire que mettre du gasoil dans un réservoir d'essence (*gasoleo* ne voulant pas dire *gasolina*…). Bref, au figuré, cela se dit quand il y a de la dispute dans l'air. *La merde est en train de bouillir,* dit l'Allemand en pareille circonstance, *le mauvais temps arrive* pour l'Italien.

Marcher à voile ou à vapeur

C'est avoir une double orientation sexuelle. L'Allemand parle de *rouler sur deux rails* (qui ne se croiseront jamais et pourtant si…) quand la langue anglaise reste presque dans la même sphère technique en disant *être sur courant alternatif et continu* soit « to be AC/DC ». L'Espagnol toujours plus olé olé que les gens du Nord préfère dire *fonctionner à poil et à plumes*. Bref, être bique et bouc !

Mener quelqu'un en bateau

Quand on sait que *monter un bateau à quelqu'un*, c'est inventer une plaisanterie pour le tromper, on n'est pas surpris d'apprendre que le *mener en bateau* signifie le leurrer, le berner sous toutes les coutures, on dit aussi *dans les grandes largeurs* ! On lui fait faire un tour, c'est sûr mais au final, qu'est-ce que cela lui apporte ! Les Allemands parlent d'*attacher un ours à quelqu'un*, les Anglais de le *faire passer par l'allée du jardin*, les Italiens de lui *faire boire (avaler) quelque chose*, les Portugais de *le rouler* (avec ou sans farine) ou de lui *faire prendre un chat au lieu d'un lièvre* !

Mettre quelqu'un en boîte (même si elle n'est pas noire !)

C'est se moquer de lui sans même lui laisser le moindre moyen de répliquer ou de se tirer d'affaire. On dit même l'emboîter, comme d'autres, les pêcheurs dans la circonstance, ferrent leurs poissons. C'est *prendre quelqu'un dans la mouture* pour les Néerlandais, *prendre quelqu'un dans le tour* pour les Italiens, *soulever quelqu'un avec une pelle* pour les Allemands, *tirer la jambe de quelqu'un* pour les Anglais, *prendre un poil ou un cheveu* pour les Espagnols. C'est toujours, en tout cas, à des fins moqueuses se payer la tête de quelqu'un, lui *faire la barbe* !

Ne pas avoir inventé la poudre

Ne rien avoir inventé ou, en tout cas, qui soit exceptionnel. Et puis de quelle poudre nous parlez-vous ? Est-ce de la poudre de Perlimpinpin (le mot même remontant au XIIe siècle semble d'ailleurs fabriqué à plaisir), ce médicament sans vertu que préconisaient et préconisent encore les charlatans. L'expression s'emploie pour désigner une personne à coup sûr très naïve ou bien peu intelligente, voire bornée. Dans le même ordre d'idée, on dit encore *ne pas avoir inventé l'eau chaude,* sans doute par emprunt à l'italien.

Passer de la pommade à quelqu'un

Quelqu'un serait-il assez altruiste pour réellement s'occuper de venir appliquer crèmes et onguents à quelqu'un ? L'expression est à prendre au sens figuré : il s'agit de flatter la dite personne en faisant mine de *lui cirer les pompes*. On retrouve là le côté onctueux de la dite pommade. Autres sont les images retenues par nos voisins : un Allemand choisira de *passer du miel autour de la bouche de quelqu'un*, un Anglais d'*étaler comme du beurre des compliments*, ou de lui *passer un savon tout doux*... voire même de *le lécher* s'il s'agit d'un Grec. Si on encense autant quelqu'un, c'est louche non ? C'est bien pour obtenir de manière intéressée quelque chose de lui. Trop mielleux tout ça pour être vrai !

Passer un savon à quelqu'un

C'est lui donner une verte réprimande. L'expression viendrait d'une coutume du XVIIe siècle qui voulait que les femmes, réunies au lavoir communal pour y faire la lessive, frappaient le linge à coups de battoirs pour le rendre propre et blanc et ce tout en devisant et médisant entre elles. L'image de *laver la tête à quelqu'un* est née de là avec le sens de battre puis tancer (faire des reproches). C'est au XVIIIe siècle que, dans le droit fil de cette histoire, le mot *savon* a fini par prendre le sens de réprimande. On disait *passer un savon* aussi bien que *donner* ou *prendre un savon*. Les Anglais ont pris une autre image : *donner le côté rugueux de la langue à quelqu'un*. Espagne comme Pays-Bas choisissent de s'en prendre aux oreilles : le premier les tire ; le second les passe au lavage.

Remuer ciel et terre

C'est s'agiter en tous sens pour régler une situation et mener à terme une entreprise. On irait chercher des solutions à un problème partout, au ciel comme sur la terre. On n'hésite pas *à actionner tous les leviers* si on est en Allemagne, on *retourne la moindre pierre* en Angleterre, on *remue Rome et Saint-Jacques de Compostelle*, les deux épicentres de la chrétienté européenne en Espagne. Quelque soit le pays, quoiqu'il en soit, on ne néglige rien pour parvenir à ses fins. La tâche est titanesque...

Rendre à quelqu'un la monnaie de sa pièce

C'est user de représailles à son égard en lui rendant la pareille sur le modèle de la loi du talion qui préconise de tout rendre *œil pour œil, dent pour dent*. C'est *faire goûter à quelqu'un son propre médicament* en anglais, *rendre du pain pour de la fougasse* en italien, *donner à quelqu'un un gâteau de sa propre pâte* en néerlandais. Dans tous les cas, il s'agit de répondre à quelqu'un sur un plan d'égalité. En plus familier, nous disons encore que *c'est la réponse de Nono à Nana* ou en plus poétique, que c'est *la réponse du berger à la bergère* !

Rouler quelqu'un dans la farine

Stricto sensu, il ne s'agit pas de rouler quelqu'un comme un morceau de poisson qu'on veut paner à la poêle. C'est, au sens figuré, le tromper, le berner, le duper, le mystifier, le posséder dans une affaire. Soit vous le *tapez par-dessus l'oreille* en allemand, soit *vous lâchez un pigeon trop rapide* (dans les ball-traps, les cibles étaient des oiseaux vivants) en anglais, soit vous *faites passer une épinette pour un sapin* en canadien (là il y a erreur sur le casting…), soit *vous donnez un chat à la place d'un lièvre* en espagnol. Pour résumer, vous l'embobinez comme en italien…

(Se) casser - Casse-toi

C'est impossible au demeurant. Nous ne sommes pas en porcelaine que je sache ? Ni le vase de Soissons ! Cette expression familière veut dire s'en aller au plus vite, s'enfuir, se débiner. Le *évapore-toi* allemand d'hier est devenu dans sa formulation actuelle bien plus crue : *compisse-toi !* Il est aussi question de préciser où on envoie promener l'autre et, pas que dans le bois : *à Bixtehude* en Allemagne, *à Halifax*, ville du Nord de l'Angleterre, avec un h initial comme celui de l'enfer (*hell*), à Jéricho même ! *Aux corbeaux* est la solution grecque. En tout cas, il faut *couper la corde* pour « se tailler » en Italie (mais pas les veines, rassurez-vous !).

S'en faire toute une montagne

C'est exagérer les choses et donc voir des difficultés partout, et surtout là où il n'y en a pas. C'est aussi préjuger de l'issue négative de quelque chose sans raison. C'est comme *se faire un éléphant d'une simple mouche* chez les Allemands, *se faire une montagne d'une taupinière* pour les Anglais ! C'est voir trop grand les problèmes !

Tomber de Charybde en Scylla

C'est échapper à un malheur mais pour en rencontrer un pire encore, comme Ulysse et ses compagnons sur le retour de la guerre de Troie (*Odyssée*, chant XII) qui durent éviter sur leur route les écueils célèbres du détroit de Messine, effroi de tous les navigateurs de l'Antiquité : Charybde, fille de Poséidon et de Gaia, frappée de la foudre divine en punition qui devint un gouffre et Scylla, métamorphosée en monstre marin par la magicienne Circé.

Tomber de la pluie dans la gouttière est l'image retenue par les Allemands ; *glisser de la poêle à frire dans le feu*, celle des Anglais ; *passer des épines aux aubergines*, des Bulgares ; *sortir du Guatemala* (mal) et *entrer en Guatapeor* (pire), des Espagnols ; *éviter peau de melon, rencontrer noix de coco* des Vietnamiens ; ou même *from Islamabad* (mal) *to Islamaworse* (pire) pour faire un (mauvais) jeu de mots pakistanais…

C'est donc vrai qu'on peut toujours tomber plus mal et que toute situation peut aller de mal en pis !

Tourner autour du pot

C'est se garder d'aller droit au but et ce pour de multiples raisons. Cela induit souvent en erreur l'interlocuteur surtout si on use de circonvolutions diverses qui ont pour effet de *noyer le poisson* ! On choisit de multiplier les détours par peur parfois d'en venir au fait. Bref, *on tourne comme un chat autour de sa bouillie chaude* en allemand. *On frappe tout autour du buisson* en anglais, *on va au travers des branches* en espagnol, *on mène même le chien dans la cour de la ferme* en italien pour lui faire faire un… bon tour !

Travailler pour le roi de Prusse

C'est travailler pour être peu payé, en pure perte presque, pour des prunes ! L'expression se base sur la réputation qu'avaient les premiers rois de Prusse de ne point être généreux : on prétend que Frédéric II au XVIIIe siècle ne payait la solde de ses soldats que trente jours par mois, bénéficiant ainsi de l'argent que représentait pour lui le gage du dernier jour des sept mois restants qui eux en ont trente et un. Il n'y a pas de petit profit, même pour les riches, c'est bien connu. On dit *pour le chat* en Allemagne, *pour des cacahuètes* en Angleterre, *pour un évêque* en Espagne, *pour la gloire* en Italie (elle a bon dos !), *pour un coup de langue et rien du tout* en Norvège. Bref, pour des clopinettes !

Vendre la mèche

Née au milieu du XIXe siècle, cette expression du langage militaire, est une reprise légèrement modifiée d'une plus ancienne : *éventer ou découvrir la mèche*. Mais la mèche de quoi ? D'une lampe à huile ou plus précisément de celle que des artificiers de mines laissaient à l'air libre afin de la faire exploser, selon le principe des pétards ou des feux d'artifice. De l'idée qu'il fallait la laisser à l'air, par extension, le sens est passé à « ébruiter », « divulguer », « découvrir les dessous ». Elle s'est, par la suite, transformée en vendre la mèche où le verbe veut dire livrer, trahir un complot, un secret. Tout traître n'est-il pas un *vendu* ? Les Anglais parlent pour leur part de *laisser le chat sortir du sac* ou de *renverser les haricots*. En Argentine, pour reprendre l'idée de la lumière, on dit *déboucher la marmite*, ce qui peut faire tout péter… Attention !

Chapitre 9

Des expressions pour en voir de toutes les couleurs…

Dans ce chapitre :
- Les couleurs, comme vous ne les avez jamais vues…
- Oh, la belle bleue ! La belle rouge ! La belle jaune !
- Un feu d'artifice, ma foi !

Mais de quelles couleurs parle-t-on, de celles de l'arc-en-ciel, le jaune, le rouge, l'orange, le vert, l'indigo et le violet ? On ne peut faire le tour des couleurs et en ressortir indemne, car que je vous en fasse *voir des vertes ou des pas mûres*, l'expression garde toujours le même sens : causer des tracasseries à l'autre, le mettre dans l'embarras. Alors saurons-nous un jour pourquoi on dit chez nous *voir rouge* là où l'Italien est *noir de rage*, *rire jaune* quand l'italien *rit vert*, *être vert de jalousie*, *avoir une peur bleue*, etc.

Les couleurs nous donnent à voir le monde

Mon but n'est pas réellement, vous vous en doutez, de vous mettre à l'épreuve et de vous en *faire voir de toutes les couleurs*, au sens figuré, s'entend. Je vais juste essayer de balayer devant vous tout le spectre des couleurs de nos expressions pour que vous ne puissiez plus *parler* ou *juger d'une chose comme un aveugle des couleurs*, c'est-à-dire sans la moindre connaissance.

C'est blanc bonnet et bonnet blanc

D'origine incertaine, cette expression se dit de deux choses présentées comme différentes, mais qui sont en réalité très similaires. Qu'il s'agisse de bonnet d'homme ou de femme, de bonnet de nuit quand c'en fut la mode ou même du bonnet d'âne, l'expression, basée sur une figure de style proche du chiasme (répétition de deux termes en construction croisée), est plutôt *stricto sensu* une antimétabole (ou réversion) soit la permutation simple et systématique de deux termes dans un syntagme (voire une proposition).

L'expression veut dire : c'est du pareil au même, ou en plus familier *kif kif bourricot* ! Chez nos amis les Allemands, on dit « *c'est veste comme pantalon* », aux États-Unis, contrée plus pragmatique, « *c'est six de ceci, une demi-douzaine de cela* », « *se faire mordre par le chien ou par le chat* » chez les Néerlandais. Les Belges ont fait plus court : « *c'est tout pareil* ».

Tant il est vrai que bonnet blanc et blanc bonnet n'ont pas de peine à s'accorder ! Et cette histoire de bonnet n'est qu'un prétexte !

Montrer patte blanche

C'est fournir un signe de reconnaissance ou un mot de passe attendu, afin d'accéder à un lieu qui resterait autrement interdit, en rappel de la fable de La Fontaine, *Le loup, la chèvre et le chevreau* (1668) : « *Montrez-moi patte blanche ou je n'ouvrirai point* », y dit le biquet au loup qui, incapable de s'exécuter, doit repartir bredouille.

N'y voir que du bleu

C'est ne rien comprendre du tout, *ne voir que du feu*. Et pourtant comment est-ce possible ?

On appelait jadis **contes bleus** d'anciens récits et romans fabuleux par allusion à la Bibliothèque bleue des XVIIe, XVIIIe et XIXe siècles qui était composée de petites brochures à la couverture de papier bleu. Les histoires naïves qui y étaient racontées ressemblaient à des sornettes. D'où l'expression qui naquit en 1837, *en dire de bleues*, pour dire qu'on raconte des illusions. Le bleu y devient le symbole de l'imagination. Victor Hugo a bien tenté une autre variante en « *n'y voir que de l'azur* », mais sans succès.

Être un cordon bleu

La croix de Malte, signe de distinction aristocratique des chevaliers de l'ordre du Saint-Esprit pendant les guerres de Religion au XVIe siècle, était accrochée à un ruban bleu ciel. Depuis, un autre type de cordon, de même couleur, récompense ceux qui s'activent derrière les fourneaux… L'expression s'emploie pour désigner et féliciter un fin cuisinier…

Se faire avoir comme un bleu

C'est se faire surprendre et tromper comme un novice, comme un débutant. Depuis la fin du XIXe siècle, on appelle dans l'armée « un bleu » le petit nouveau qui découvre ce nouveau milieu. Tout nouveau conscrit arrivait portant une blouse bleue et on se rappelle que l'uniforme des soldats de la Première République française était également bleu. Tout autre est le symbolisme de l'image retenue aux États-Unis où on parle d'être *une corne verte* sans doute par allusion à la jeunesse et l'inexpérience qui va avec. La Suède pour sa part retrouve dans sa formulation la couleur bleue en parlant de *se faire avoir comme une myrtille*, quand l'Italie traite *de premier poil* toute nouvelle recrue de l'armée ou de n'importe quelle autre profession du reste.

Être fleur bleue

Dans son roman resté inachevé, *Henri d'Ofterdingen* (1811), Novalis, jeune poète romantique allemand, raconte la quête d'une fleur bleue, symbole d'idéal et d'harmonie, auquel on ne peut accéder qu'en rêve. Cela revient à dire : être sentimental, romantique, voire naïf.

Rire jaune

Souvent les hépatiques, malades du foie, sont de mauvaise humeur, et lorsqu'ils se forcent à rire, la bile colore leur visage d'un jaune pas franchement éclatant. Les Italiens, eux, *rient vert*, comme leur bile ! Pour le rire, il en va donc comme du citron, vert ou jaune...

Rire jaune, c'est donc avoir un rire forcé, contraint ou contrit qui peine à cacher une gêne ou un dépit. Un rire qui fait la grimace...

Être dans le rouge

Les anciennes caisses enregistreuses, ancêtres des calculettes, inscrivaient les nombres négatifs en rouge – cela explique peut-être pourquoi les banquiers, aujourd'hui, voient rouge quand leurs clients dépensent plus qu'ils ne gagnent...

On emploie l'expression pour dire de quelqu'un qu'il a des dettes et se met en danger.

Un petit quizz rouge ?

Être la lanterne rouge : Il en faut toujours un pour jouer ce rôle, celui du bon dernier Mais bien évidemment, on est tous pareils, on préfère que ce ne soit ni vous ni moi...

Se fâcher tout rouge : c'est se fâcher sérieusement ou s'emporter au point de voir tout rouge d'avoir les yeux injectés de sang. On dit aussi en pareilles circonstances : *le rouge lui monte au visage* (de honte ou de colère).

Être sur liste rouge : c'est être inscrit sur une liste de personnes qui refusent de donner leurs coordonnées téléphoniques. Peu importe la couleur, le résultat est le même : ce n'est pas toujours pratique pour les autres !

Dérouler le tapis rouge pour quelqu'un : Au sens propre, c'est le recevoir sur un tapis d'apparat rouge sang ; au sens figuré, c'est recevoir quelqu'un en y mettant toutes les formes et les plus grands égards. Les grands de ce monde connaissent ce cérémonial dans les hauts lieux du pouvoir ou dans les plus grands festivals du monde.

Tirer à boulets rouges sur quelqu'un : c'est l'attaquer sans le moindre ménagement par allusion aux boulets qu'on faisait rougir autrefois, avant de les mettre au canon, pour qu'ils mettent le feu là où ils frappent.

Avoir des idées noires

Au XIXe siècle, on disait de la mélancolie que c'était la maladie du siècle. Étymologiquement, le mot *mélancolie* veut bien dire « bile noire ». Du reste, on soignait ses symptômes – langueur, insatisfaction de tout, désir d'ailleurs – par des traitements physiques tels que ventouses, saignées, ou pire encore. Je passe... C'est le mal des romantiques : voir tout en noir, être triste et pessimiste.

Être une éminence grise

Le Cardinal de Richelieu fut le principal ministre de Louis XII : à la tête d'un groupe de moines capucins vêtus d'une bure brune ou grise, il était tenu informé des affaires les plus secrètes du royaume. C'est ainsi qu'on qualifie tout conseiller intime agissant dans l'ombre d'un personnage puissant.

Voir la vie en rose

En 1946, Édith Piaf enregistre la chanson, *La vie en rose*.

Apparue au début du XIXe siècle, l'expression va alors faire le tour du monde : « *Quand il me tient dans ses bras, qu'il me parle tout bas, je vois la vie en rose...* ».

C'est voir les choses du bon côté, être optimiste. Mais ne vous réjouissez pas trop vite. Point n'est ici question du minitel rose, ce service interactif de messagerie coquine et érotique. Vous ne m'amènerez pas sur ce terrain-là...

En être tout chocolat !

C'est se retrouver face à un événement tout étonné, tout baba d'admiration... refait, en sorte ! Le rapport avec le chocolat, qu'il soit blanc, au lait ou noir, aucun en fait ! C'est la couleur seule qui compte ! L'origine de cette expression remonterait aux débuts du XXe siècle, quand deux clowns occupaient la scène du Cirque de Paris. L'un nommé Footit bernait sans cesse l'autre Chocolat et ponctuait chaque fin de scène en disant : « *Il est Chocolat* ». Et l'autre, ahuri, stupéfait d'avoir été ainsi joué, ne savait que répéter : « *Je suis Chocolat* ». Les titis parisiens s'emparèrent de l'expression et la transformèrent en nom commun. On l'emploie pour désigner un idiot, un éberlué.

C'est ma bête noire

C'est ce que l'on dit pour parler de la personne ou de la chose qu'on déteste le plus. Tout le contraire de celle qu'on qualifiera de *bonne bête*, même si elle est de peu d'esprit et sans malice aucune. Surtout même si c'est *une bête à concours*, cet élève anormalement studieux qui n'a d'autre but dans la vie que d'être reçu aux examens. On le dit souvent boutonneux et *fort en thème,* c'est-à-dire en thème latin ou grec, épreuves redoutables imposées autrefois dans les examens, et qui, je vous rassure, ont presque disparu de nos jours. *Les forts en thème* vont donc eux aussi disparaître…

Avoir la main verte

L'expression date de la seconde moitié du xxe siècle et coïncide avec l'engouement, chez les citadins, pour les plantes, les fleurs, les jardins et, plus généralement, pour l'écologie.

« *Avoir la main* », c'est être habile, « *avoir la main verte* », c'est donc être doué pour s'occuper des plantes vertes… sans pour autant se transformer en petit homme vert, venu de Mars ! Le sens de l'expression est aimer cultiver son jardin, au propre comme au figuré. En intérieur comme en extérieur. Surtout quand on a le talent pour !

Un festival de couleurs

On connaît l'adage classique issu du latin des scolastiques du Moyen Âge : *De gustibus et coloribus non est disputandum* voulant dire que « des goûts et des couleurs, il ne faut point disputer », car chacun est libre de penser comme il lui plaît et que tous les avis sont dans la nature, et du reste *Quot homines, tot sententiae* (« autant d'hommes que d'avis »). Pour autant, connaît-on le sens des expressions suivantes avec le mot couleur ?

Un mélange explosif de couleurs !

À elle toute seule, cette expression et surtout ses variantes valent bien un détour que je dirai visuel : *franchir la ligne rouge*...

Cette expression connue dans l'histoire de la diplomatie mondiale, vient du **Red Line agreement**, accord conclu en 1928 entre les plus grandes compagnies pétrolières britanniques, américaines et françaises sur les reliques de l'Empire ottoman. On raconte qu'au moment de la signature, comme aucun des Occidentaux ne connaissait vraiment les frontières de cet empire avant son effondrement, un certain Arménien du nom de Calouste Gulbenkian, qui touchait autant au commerce qu'à la politique, aurait tracé d'un crayon rouge, arbitrairement et énergiquement, les frontières supposées de l'ancien Empire ottoman.

L'expression est maintenant encore employée dans le monde entier. *Franchir la ligne rouge*, c'est donc franchir la limite qu'il ne fallait pas dépasser sinon il y a danger ! C'est comme *franchir le Rubicon*, par allusion à César qui, passant outre la défense du Sénat, choisit d'un pas décisif et irréversible, de franchir à la tête de␣ses hommes cette rivière interdite.

...jaune

Allez savoir alors pourquoi les Français eux seuls ont choisi de dire franchir la ligne jaune ? C'est parce qu'autrefois le marquage routier de l'interdiction de dépassement était une ligne continue de couleur jaune.

...blanche

On parle maintenant de *franchir la ligne blanche* : cela, on le sait est inscrit dans le Code de la route, car la couleur blanche a remplacé le jaune sur nos chaussées et nos routes.

Dans les trois cas donc, quelle que soit la couleur, il s'agit toujours de vouloir aller trop loin ou de passer outre un interdit.

Annoncer la couleur : c'est expliquer clairement de quoi il retourne, être clair dans ses propos et, comme au jeu de cartes, indiquer son choix entre les couleurs noires comme trèfle et pique ou les couleurs rouges, carreau et cœur. L'expression remonte à 1930 au jeu du bridge où les joueurs choisissent dans quelle couleur forte, dite à l'atout, ils décident de jouer la partie.

Cette expression, dans la langue commune ,signifie qu'on déclare sans détours ce qu'on pense. Maintenant si on est prêt à jouer « tout atout », là la couleur n'a plus autant d'importance ! Il faut juste *être cash*...

Changer de couleur : c'est changer de teint, devenir pâle.

En faire voir de toutes les couleurs à quelqu'un : c'est le faire passer par toutes sortes d'épreuves et de tracasseries, ne pas le ménager en tout cas.

Être haut en couleur : c'est être très coloré, voire même de manière outrancière et exagérée, ce qui crée le pittoresque.

Hisser les couleurs : c'est montrer haut et clair de quel bord on est.

Peindre l'avenir sous de belles couleurs : c'est le présenter sous de bons auspices.

Prendre des couleurs : c'est se hâler le teint et avoir bonne mine.

Rêver en couleurs : c'est se faire des illusions (l'expression est du Québec).

Les non-couleurs

On entend souvent dire que le blanc et le noir sont des non-couleurs. C'est à la fois vrai et faux. Tout est question de point de vue : pour un artiste qui tient en main sa palette de couleurs, le noir comme le blanc, font bien partie des tons, teintes, coloris des tubes dont il dispose. Le scientifique, en revanche, estime que la couleur est une notion qui se rattache à la perception de la lumière en tant que telle. À cet égard, le noir et le blanc ne sont donc pas des couleurs.

Que cela ne nous empêche pas pour autant d'examiner les expressions qui nous parlent du noir comme du blanc. *Noir c'est noir...* comme le dit la chanson de Johnny Hallyday (1966). Oui, mais blanc, est-ce toujours blanc ? Je vous renvoie au sketch de Coluche sur une certaine lessive : « *blanc, je connais, je vois ce que c'est, moins blanc que blanc aussi, c'est gris, mais plus blanc que blanc, ça vient de sortir !* »

Dire blanc et noir, c'est dire tout et son contraire...

Aller du blanc au noir, c'est passer d'une opinion à l'opinion contraire. Cela s'appelle encore *virer sa cuti*, changer de manière d'être et de penser du tout au tout. C'est souvent par pur opportunisme !

Voir tout noir ou tout blanc, c'est envisager les choses de manière catégorique, sans la moindre nuance, en jugeant de manière parfois simpliste du mal et du bien.

Mettre du noir sur du blanc, c'est poser de l'encre sur du papier : de là à dire que cela fera de vous un écrivain, c'est *une autre paire de manches* !

Écrire noir sur blanc, c'est composer, rédiger, s'exprimer nettement et directement.

L'expression ***travail au noir*** s'emploie pour parler d'un travail effectué par un ouvrier, pour son propre compte, en dehors de son lieu de travail officiel et en cachette. Le *marché noir* désigne lui aussi un marché clandestin.

Le langage des lettres

L'heure n'est-elle pas à l'emploi (presque excessif) des sigles ?

Prouver quelque chose par A plus B : c'est faire une démonstration solidement argumentée, en mettant tout dans l'ordre ; A précède logiquement B, etc.

Être marqué au B : B comme bigleux, borgne, boiteux, bref être d'un physique difforme ou bien peu gâté par la nature, en tout cas !

Ne parler que par B et par F : c'est user de jurons commençant avec la lettre B comme bordel ou F comme foutre ! Bref, c'est ne point avoir une expression très châtiée !

Le système D : c'est l'art de se débrouiller, en accord avec la syllabe initiale d'un « débrouille-toi », par exemple.

Le point G : c'est ainsi qu'on appelle le point de sensibilité érotique d'une femme du nom de son créateur Gräfenberg !

L'heure H désigne dans les faits l'heure de l'attaque, l'heure de l'action, l'heure décisive : *zero hour* en anglais, *die Stunde X* en allemand.

La bombe H : c'est la bombe à hydrogène. Je ne vous dis pas l'effet produit !

Droit comme un i : comme un cierge en serait un autre équivalent figuratif.

Mettre les points sur les i : c'est vouloir assurer une communication parfaite avec quelqu'un et donc, pour être explicite, ne négliger aucun détail, aussi minime soit-il, être d'une netteté absolue. Fixer ainsi les choses sans détours. Un i peut-il du reste se passer de son petit point ?

Le jour J désigne le jour fatidique, le jour tant attendu, le jour où il va se passer enfin… quelque chose d'important. Le grand jour, *le D day* !

Le langage des lettres (suite)

Pas de coquillages les mois sans R : on est superstitieux ou on ne l'est pas. On est gourmets ou pas... Bref, il n'est pas conseillé du tout de consommer des coquillages les mois qu'on dit sans R, soit de mai à août. Heureusement que pour la baudruche de Noël, c'est bon. On est bien dans les temps !

Le temps T : ce n'est ni le temps d'hier, ni celui de demain, ni le bon temps, ni le mauvais d'ailleurs, c'est l'instant du temps avec un grand T.

Faire le V de la victoire, c'est faire un geste explicite qui montre bien le signe d'une victoire d'une réussite avec l'index et le majeur en forme de V. Ce signe remonterait au xvie siècle, peut-être même avant. Il a surtout été immortalisé durant la Seconde Guerre mondiale : il est devenu le symbole de la lutte patriotique contre les nazis.

Un film X : c'est un film classé X, dont le visionnage est interdit aux moins de 18 ans. Pourquoi avoir choisi cette lettre ? Pourquoi pas S comme sexe, puisque c'est de cela dont il s'agit, ou Z comme zob, etc. Plusieurs réponses ont été apportées. Le X est un symbole d'extrême, d'exclusion aussi donc d'interdiction. Ce serait en fait le code américain qui aurait prévalu en la matière : les *General audiences* étaient pour tous publics, les *Mature audiences* pour tous publics avec autorisation des parents, les *Restricted audiences* pour un public restreint et contrôlé. Enfin, les *X audiences* étaient interdites aux moins de 17 ans.

Les pilules d'X : ce sont les pilules d'ecstasy pour se shooter.

Une plainte contre X : c'est une réclamation contre un inconnu, un anonyme.

Être fait comme un Z : c'est vraiment ne pas être gâté par la nature, avoir un physique bien disgracieux et ingrat, tout biscornu.

Taille S M L XS XL : en l'occurrence, les correspondances nous viennent là d'outre Atlantique : S comme *small*, M comme *medium*, L comme *large*, XS comme *very small*, et XL comme *very large*.

Troisième partie

Les expressions bien de chez nous, d'hier et d'aujourd'hui…

Mange, tu ne sais pas qui te mangera !

Dans cette partie...

La vieille mourait, elle apprenait encore. Je l'ai tant entendue cette expression, de la bouche même de ma mère, et pourtant je n'arrive pas à en trouver l'origine dans aucun livre spécialisé en expressions d'autrefois ! Je dois peut-être me rendre à l'évidence : c'est le fruit de sa propre invention !

Non, tout n'est pas à jeter dans les expressions du passé. Surtout pas même. Car pour être obsolètes parfois, elles n'ont rien perdu de leur charme. Qu'elles soient de nos grand-mères ou remontent à un âge encore plus reculé, elles pimentent toujours notre langue. Explicites, elles le restent à y regarder de près. C'est juste qu'on a préféré les remplacer par d'autres plus « branchées ». La langue se renouvelle à ce prix comme la vie humaine : une naissance vient toujours relayer un départ !

Et si on pouvait encore l'espace d'un (pas trop court) instant faire cohabiter toutes ces expressions qui appartiennent à notre patrimoine collectif ? Je vous invite à venir avec moi à cette foire à la brocante.

Vous avez sûrement entendu parler de la *querelle des Anciens et des Modernes* qui opposa, au XVIIe siècle, les partisans d'un retour à l'Antiquité et à ses auteurs cités en modèles et ceux qui, au contraire, prônaient l'ouverture sur leur époque. Je me trouve, toutes proportions gardées, moi-même prise en étau entre deux générations : *entre le marteau et l'enclume.*

Partons ensemble à la rencontre de ces expressions d'hier et d'aujourd'hui. Le vivre ensemble passe aussi par le partage et l'échange des expressions, entre les jeunes et ceux qui le sont moins. Ainsi *personne ne restera-t-il à quai*, comme le disait le commentateur sportif Roger Couderc. Tout le monde pourra participer.

Chapitre 10
Les expressions d'hier

Dans ce chapitre :
- Les expressions qui datent vraiment de Mathusalem…
- … et celles de nos grand-mères… plus proches
- Sont-elles si désuètes ?

Vous connaissez bien évidemment l'expression *Vieux comme Hérode* ! Pour sûr, tout en vous demandant peut-être mais de quel Hérode me parlez-vous ? Hérode le Ier, ce roi de Judée qui ordonna le massacre de tous les nouveaux-nés de Bethléem, par crainte qu'il y eût parmi eux, celui qu'il redoutait tant, le « roi des Juifs » tant attendu, susceptible de lui faire ombrage ! Ce sera d'ailleurs le cas… Une variante est l'expression *vieux comme Mathusalem* par référence à ce patriarche qui mourut à un âge avancé. Cette dernière s'emploie même plus volontiers pour parler des personnes que des choses.

Ainsi va la vie : les êtres qui nous sont chers disparaissent et souvent s'envolent aussi avec eux les expressions qu'ils utilisaient. Nostalgique de certaines, je trouve qu'elles méritent d'être redécouvertes. D'où ce petit retour, non pas à *Howard's End*, mais dans un passé, plus ou moins proche !

Celles qui ont vraiment pris « un petit coup de vieux » !

Certaines d'entre elles, je le sais, laissent les jeunes pantois. Ils ne les connaissent pas et donc ne les comprennent pas toutes. Que veulent-elles dire ? Le savez-vous ?

Avoir le béguin pour quelqu'un (e)

Être amoureux : on disait autrefois s'embéguiner ou être embéguiné de quelqu'un ou de quelque chose, comme on dirait « s'en coiffer », car le béguin désignait une coiffure de religieuses appelées « béguines ». Saurez-vous refuser la « biguine » que Marc Lavoine vous propose de danser avec lui ?

C'est Byzance

C'est merveilleux ! C'est magnifique ! C'est luxueux comme à Byzance, anciennement appelée Constantinople, du nom de l'empereur Constantin qui y établit son empire. Après, à chacun sa référence : les Anglais disent *c'est le jardin d'Eden*, les Espagnols lui préfèrent un petit village d'Andalousie, *Jauja* ou *Xauxa*, pour désigner leur *El Dorado*. Ne dit-on pas encore chez nous, *c'est le Pérou* ou plutôt sur un mode négatif : *ce n'est pas le Pérou* quand on a trop exagéré la valeur de quelque chose dont on s'aperçoit, à l'arrivée, que *ça ne casse pas trois pattes à un canard.*

L'expression popularisée par une pièce de théâtre itinérante où un personnage disait « *Quel luxe ! Quel stupre ! Mais c'est Byzance !* » n'aura à présent pour vous plus rien de *byzantin*, comme peut l'être une querelle ou une dispute qui porterait par exemple sur le sexe des anges, qu'on sait inconnu pour le bataillon !

Sans ambages

Si on vous demande de vous expliquer *sans ambages*, il vous faudra le faire *de but-en-blanc*. Du latin *ambages* (ambi-ago) : subterfuges, l'expression veut dire sans détour, directement, franchement, tout de go.

Peu me chaut

Du verbe « chaloir », cette expression impersonnelle signifie peu m'importe, c'est sans importance à mes yeux.

Faire florès

D'origine incertaine, l'expression signifie briller, par allusion au héros du roman *Florès de Grèce* qui eut beaucoup de succès au XVIe siècle. *Faire florès*, c'est donc briller, réussir d'une manière éclatante, *fleurir*, aussi.

Sans coup férir

Sans porter de coups, du verbe latin *ferire* « frapper ». On emploie cette vieille expression pour dire remporter une victoire sans avoir à combattre, quasiment. On disait alors *férir de l'épée* en relation avec l'expression *ferire gladio* que l'on peut traduire par « englaiver », « passer au fil de l'épée ». Le participe passé de ce même verbe, « féru », se retrouve dans l'expression *féru d'amour*, frappé d'amour, passionné, mordu.

Aller (habiter) au diable vauvert / au diable vert

C'est aller fort loin, jusqu'« au fond de l'inconnu », mais pas pour y trouver du nouveau ! Jusqu'à se perdre, disparaître, par allusion à l'ancien château de Vauvert (Val vert) près de Paris, château du roi Robert le Pieux, devenu une véritable cour des miracles, qui passait pour être hanté du diable depuis qu'il avait été habité par Philippe Auguste après son excommunication. *Auvert* puis *vert* sont des « corruptions » du *Vauvert* primitif. On dit encore, par apocope, *au diable vert… à tous les diables !* Qu'ils se trouvent derrière la lune, dans le trou du cul du monde, au fin fond de nulle part, voire même dans le cinquième cercle de l'enfer !

Aller cahin-caha

C'est aller de manière inégale, tant bien que mal. On a bien vite oublié l'origine que donnait de cette expression le grammairien Ménage, prétendant qu'elle remonterait au latin *qua hinc, qua hac,* « par deçà et par-delà ». On songe plutôt de nos jours à établir une parenté avec le nom « cahot ».

Apparue au XIVe siècle, sous la forme *kahu kaha*, l'expression s'emploie couramment avec des verbes de mouvement tels aller, marcher, etc.

On peut rapprocher cette expression de sa voisine *couci-couça*, qui s'écrivait au XVIIe siècle *coussi-coussi* (transcription de l'italien *cosi cosi*) qu'on transforma en *couci-couça* par analogie avec « comme ci, comme ça ! ».

Aller son petit trantran / aller son traintrain / aller son train

C'est marcher fort doucement, mais toujours régulièrement pour parler d'une chose ou d'une affaire. On disait à l'origine *trantran* qui signifiait et signifie toujours : sonnerie du cor de chasse pour remettre les chasseurs sur la bonne voie puis marche régulière d'une chose, la routine donc ! Le verbe *trantaner,* au XVIe siècle, signifiait bien « se promener régulièrement ». De là, sous l'influence du mot *train*, est née la nouvelle expression aller son train puis par corruption son *traintrain* par simple réduplication syllabique. On emploie d'ailleurs l'expression *un train de vie* pour qualifier une manière de vivre en rapport avec ses moyens.

À la bonne flanquette

Cette expression est vraisemblablement une déformation d'une autre : *aller à la bonne franquette* pour dire franchement, librement, sans aucune façon ou manière. La consonance plus douce en « flanquette » (par allusion au mot « flanc ») en a assuré la survie. Elle évoque toujours une idée de sans gêne en même temps que de simplicité. C'est recevoir sans cérémonie... sans tralala.

À brûle-pourpoint

L'expression est d'abord un terme militaire : « tirer sur quelqu'un » voulait dire tirer sur lui un coup de fusil de si près qu'on lui brûlait le pourpoint, le tuer, comme on dit encore, à bout portant.

L'expression s'emploie de nos jours dans un tout autre contexte pour dire qu'une action se fait brusquement, sans ménagement, ou bien fort à propos, fort à point, au moment M.

Avoir maille à partir

Sommes-nous en train de faire du tricot ? La maille va partir et nous aurons tout à refaire ? Du verbe latin *partiri* (partager), l'expression veut dire entretenir avec quelqu'un des rapports difficiles. La clé de l'explication réside dans le mot ancien « maille », issu du bas-latin *medialia* (diminutif de *medius*, demi) qui désigne une toute petite pièce de monnaie au Moyen Âge. On ne saurait donc partager le si peu, vous en conviendrez !

Attacher le grelot

C'est La Fontaine qui a popularisé dans sa fable *Conseil tenu par les rats* (II, 2) cette expression en souvenir d'Eustache Deschamps, parlant lui-même de pendre la sonnette au chat dans le refrain d'une de ses ballades. Elle signifie faire le premier pas dans une entreprise hasardeuse ou difficile.

(Boire) à tire-larigot

Cette expression apparue au début du XVIe siècle était associée au verbe « boire ». Elle signifiait vider le vin d'une bouteille ou d'un fût et ce d'une traite. Mais qu'est-ce donc que ce larigot ? Toutes sortes d'hypothèses ont été échafaudées. La plus vraisemblable est de penser qu'il s'agit d'une flûte. Rabelais, Ronsard ou Saint-Amand en ont parlé. Mais en quoi les flûtistes seraient plus que d'autres des ivrognes buvant comme des trous ?

Le dictionnaire Larousse fournit au XXe siècle une autre explication : la cathédrale de Rouen avait une très grosse cloche nommée « La Rigaud'(e) » du nom de son donateur présumé, l'archevêque Eude Rigaud. Elle était si lourde que les sonneurs devaient boire vite et fort pour pallier la fatigue de leurs efforts. De boire « à tire la Rigaud' », on serait passé à tire-larigot…

De mauvaises langues en donnent une interprétation paillarde : on imagine sans peine ce que pouvait vouloir dire « *tirer sur une flûte* » quand on fait le rapprochement avec une « turlute », abréviation de *turlututu*, autre flûte…

À tors et à travers / à tort et à travers

Cela veut dire au hasard, sans discernement. Il s'agirait d'une déformation populaire d'une vieille locution s'appliquant à l'origine à des filandières ou fileuses qui tordaient le fil, le mettaient donc *à tors* avant de conduire la trame de travers « *par voies torses et obliques* ». L'expression s'emploie généralement en matière de correction de l'expression : « *C'est un homme, à la vérité, dont les lumières sont petites, qui parle à tort et à travers de toutes choses* », dit Molière de son *Bourgeois gentilhomme* (1670).

(Aller) à vau-l'eau

C'est se perdre comme l'eau dans un val ou vau (c'est-à-dire dans la vallée). Peut-être connaissez-vous ces termes toponymiques : Les Vaux de Cernay dans le 78, la région Val de Loire ou le département du Val d'Oise. Évoquons encore cette autre expression « par monts et par vaux ». Au figuré, cela veut dire aller à sa perte, péricliter. Mener une existence à vau-l'eau, tel est le sort de l'employé de bureau médiocre Jean Folantin, personnage d'un roman de J. K. Huysmans, *À Vau l'eau* (1882).

Avoir ses Anglais

Pour une fille, cela veut dire « avoir ses règles », ses écoulements menstruels, souvent douloureux. C'est ce qui explique qu'on ait choisi, pour en parler en mal, nos voisins d'outre-Manche qui, au cours de l'histoire, n'ont pas toujours été nos amis…

Courir l'aiguillette

Cette vieille expression s'appliquait aux femmes dites de mauvaise vie qui couraient les rues sollicitant les passants.

La veille de la grande foire de Beaucaire, elles célébraient la fête de sainte Madeleine en faisant une course où la plus agile gagnait un paquet d'aiguillettes. Mieux vaut croire qu'il s'agissait pour elles de courir après les gentilshommes et officiers pour leur prendre les aiguillettes, sortes de tresses ou de cordons aux couleurs vives, qui attachaient leurs pourpoints et hauts-de-chausse. Faut-il rajouter, petit détail croustillant de l'histoire, que *nouer l'aiguillette* revenait à empêcher la consommation d'un mariage ? En effet, les braguettes des hommes étaient fermées au moyen d'aiguillettes elles aussi : ainsi avoir une aiguillette nouée était souvent un signe d'impuissance !

Courir le guilledou

Cette expression s'employait au XIXe siècle pour parler d'hommes qui voulaient tenter leur chance en amour et cherchaient des aventures galantes dans des lieux de débauche. Cela viendrait du collectionneur de femmes, Gilles, seigneur du Guildo en Bretagne. De nos jours, cela se passe sur *Meetic*… Le choix y est sans doute plus vaste que de *courir la Calabre*, qui en est la variante italienne. Plus récemment, Mouloudji l'a employée pour parler d'une femme qui était l'héroïne de sa chanson : « *Mais n'allez pas surtout cueillir le guilledou avant de prendre époux…* ». Elle signifie alors que la jeune fille doit conserver sa virginité avant les épousailles : après, tout est permis !

Croquer le marmot

Cette expression jadis populaire n'a plus cours. Elle remonte à une coutume qui voulait qu'un vassal, pour rendre hommage à son suzerain absent, embrasse le marmot, alias le heurtoir de la porte, en récitant une formule. L'Italien ne dit-il pas *mangiare i catenacci* « manger les cadenas » ?

Chanter le los de quelqu'un

L'expression vient du mot latin *laus-laudis*, désignant la gloire, la louange, qui a aussi donné l'adjectif laudatif. *Chanter le los de quelqu'un*, c'est en fait célébrer ses louanges. L'expression apparaît en vieux français, dès le XIe siècle, dans *La Chanson de Roland*, geste héroïque s'il en est. On comprend pourquoi. Les récits épiques vantent toujours les qualités des héros.

De but en blanc

Tout droit, direct. Sans la moindre précaution ni formalité. Du producteur au consommateur, pourrait-on presque dire pour prendre une autre image que celle qui est à l'origine de l'expression. Le but, ou butte, désignait le lieu d'où les militaires s'entraînaient à tirer à l'arc ou au canon. Quant au blanc, c'est la cible dont le centre blanc était visé !

En son for intérieur

Rien à voir avec le fort militaire qu'on aurait en soi. Point n'est ici question de l'adjectif issu du latin *fortis, fortis, forte*. Le mot *for*, masculin singulier, vient du latin *forum*, « enclos de la maison » ou « enceinte de sépulture » puis « place de marché et des tribunaux » et enfin « tribunal ». L'expression s'emploie pour signifier le jugement de la conscience intérieure. Au plus secret de sa pensée… Ce que l'on préfère garder pour soi.

Entrer en lice

C'est entrer dans la compétition, dans la lutte. L'expression remonte à l'époque moyenâgeuse où les tournois se tenaient dans des champs clos, fermés par une palissade ou barrière nommée *lice*. Nous entrons en lice « *à notre naissance, nous en sortons à la mort* », écrit J.-J. Rousseau.

Être sous la houlette de quelqu'un

On appelait houlette, du néerlandais *hollen,* un bâton muni à son extrémité d'une petite pelle ou plaque de fer ou d'acier inoxydable, avec laquelle les bergers conduisaient à distance leurs bêtes en leur lançant des mottes de terre ou des cailloux. L'expression fit son apparition dans les pastorales des XVIe et XVIIe siècles, où bergers et moutons occupaient la première place.

Être sous la houlette de quelqu'un, c'est donc être sous sa direction et plus si affinités, lui obéir et *se plier à ses (quatre) volontés*.

Être réduit à quia

C'est se trouver dans l'impossibilité de répondre aux questions qu'on vous pose ou ne trouver à dire que « quia, quia », faute de mieux. Par extension, l'expression veut dire se trouver dans un dénuement extrême. Rappelons-nous le vieil adage :

> « *Pour ne pas aller à quia*
>
> *Garde-toi de saligia.* »

Ce qui veut dire « pour ne pas mourir, garde-toi des sept péchés capitaux » :

- S comme *Superbia* (orgueil), A comme *Avaritia* (avarice), L comme *Luxuria* (luxure), I comme *Ira* (colère), G comme *Gula* (gourmandise), I comme *Invidia* (envie) et A comme *Acédia* (paresse).

Faire le mariole (mariolle)

C'est faire le pitre, le rigolo, le malin, le roublard pour se faire remarquer. Le sens en est clair. Le mot « mariol » remonterait au XVIe siècle et serait d'origine italienne à en croire Henri Estienne : *mariolo* y veut dire « coquin ». De là à passer au sens de « malin », il n'y avait qu'un pas. Dans bien de nos régions, le petit filou n'est-il pas toujours finaud et rusé ? Reste cette autre explication abracadabrantesque : un sapeur de Napoléon au XIXe siècle, du nom de Gaye-Mariolle, aux exploits notoires, aurait présenté les armes avec un canon à bout de bras. « Mariol » ce mec-là, aurait pu dire Coluche !

Quoiqu'il en soit, l'expression veut dire « *faire le zèbre* ».

Faire la nique

Voilà bien une expression ancienne qui a retrouvé une nouvelle jeunesse. Faire la nique à quelqu'un ou à quelque chose voulait autrefois dire se moquer ou ne pas se soucier. Elle venait du verbe « niquer » voulant dire faire un signe de mépris ou de dérision. Je me suis trouvé tout niquedouille !

Aujourd'hui, le verbe a pris un tout autre sens, plus cru que l'original. N'est-ce pas, NTM ?

Ferrer la mule

C'est acheter une chose pour quelqu'un et la lui compter plus cher qu'elle n'a réellement coûté. Les laquais, dit-on, gardaient les mules de leurs maîtres qui vaquaient à leurs plaisirs et en profitaient pour les faire ferrer en grossissant le prix des ferrements. À chacun son truc pour survivre !

(Tout) de guingois

Soit tout de travers. Le mot s'écrivait au Moyen Âge « gingois » sans doute en rapport avec le nom *gingue* ou *gigue* qui désignait la « jambe », et du même coup avec l'adjectif « dégingandé ».

C'est, paraît-il, l'une des expressions françaises favorites de l'acteur américain Johnny Depp à en croire Fabien Bouleau dans *Chienne de langue française* (2014) : elle serait, selon lui, à l'image de notre langue française. Sacrée accroche pour capter nos jeunes fans !

Il y a belle lurette (heurette)

L'expression signifie : « il y a bien longtemps ». Au début, on disait « il y a belle heurette », c'est-à-dire il y a une bonne petite heure. Puis elle s'est corrompue en belle lurette (selon la prononciation locale). Le sens du mot s'est également répandu et, de l'heure, on est insensiblement passé au moment, au temps. Bien des auteurs comme Anatole France ou Jean Giraudoux n'ont pas craint d'employer l'expression sous ses deux versions.

Jeter sa gourme

Pour un jeune homme, c'est se livrer à mille et une frasques, souvent amoureuses ou sexuelles. *Se lâcher*, dirait-on aujourd'hui. Il est bien connu, n'est-ce pas, que les femmes, elles, n'ont pas droit à la gaudriole, ni même à l'erreur ! La gourme, chez le poulain, était une maladie se manifestant par un écoulement nasal.

Jeter son bonnet (par-dessus les moulins)

Jusqu'au XVIIIe siècle, l'expression signifiait qu'on renonçait à une entreprise ou qu'on changeait d'attitude. Elle a pris une connotation péjorative, allant jusqu'à vouloir dire mal se comporter. Elle s'applique surtout aux filles qui, dans leur quête d'émancipation, se moquent du qu'en-dira-t-on.

Rien avoir avec les bonnets rouges…

Connaissez-vous le sens des dix expressions qui suivent avec le mot « bonnet », outre *Blanc bonnet et bonnet blanc* déjà vu plus haut ?

Être un gros bonnet : être une personne d'importance.

Prendre sous son bonnet : prendre dans sa tête, inventer.

Avoir mis son bonnet de travers : être de mauvaise humeur, s'être mal levé.

Opiner du bonnet comme on dit encore du chef : approuver l'avis des autres comme faisaient jadis les membres d'un conseil qui ôtaient leur bonnet pour marquer leur adhésion à l'avis de l'orateur.

Parler à son bonnet ou *à son béret* : se parler à soi-même.

Avoir la tête près du bonnet : être prompt à se fâcher, vif, emporté.

Ce sont deux, trois têtes dans un bonnet : tellement d'accord qu'elles n'en font pour ainsi dire qu'une.

C'est d'un homme dont il ne faut parler que le bonnet à la main : un homme digne de respect, de considération, d'égards.

Triste comme un bonnet de nuit : très ennuyeux.

Loger le diable dans sa bourse

C'est n'avoir pas un sou en poche. Cette vieille expression pittoresque semble aussi vieille que la langue française : le diable y désigne le mauvais esprit, le Malin, du grec *diabolos* « le calomniateur ». En voici l'explication : très longtemps les pièces de monnaie présentèrent d'un côté la tête du roi et, de l'autre, une croix dont la seule vue mettait en fuite le malin. Ce dernier ne pouvait donc se loger que dans des bourses vides, ne contenant pas un seul sou vaillant.

Mesurer les autres à son aune

On dit encore *juger les autres à sa toise*, instrument de mesure, de taille. L'aune est une ancienne mesure de longueur qui valait 3 pieds, 7 pouces, 10 lignes 5/6 soit, pour être précis, 1,18844 m, abolie seulement en 1834. On emploie cette mesure pour parler, par exemple, d'un nez fort long ou d'une bouche fort large, aux dimensions exagérées en tout cas. « *Les gens d'ici (Paris) mesurent tout à leur aune* », disait Montesquieu, montrant la tendance qu'a l'homme à pratiquer l'ethnocentrisme en se prenant pour le nombril du monde.

Noir comme jais / comme geai

D'un noir intense. On peut juste se demander comment le nom de l'oiseau qui n'est pas noir du tout, mais gris bleu, a pu prendre la place du mot *jais* qui désigne une « substance bitumineuse », une lignite d'un noir luisant qui se taille à facettes et est utilisée en bijouterie…

Peu ou prou…

Peu ou prou : de l'ancien français *prod* issu du latin *prode* signifiant beaucoup, beaucoup trop. Peu ou prou est devenue une expression lexicalisée après le XVIIe siècle dans le sens de : plus ou moins !

Rompre la paille avec quelqu'un

C'est se brouiller avec quelqu'un, lui déclarer qu'on cesse tout rapport avec lui. Cela remonterait à un usage ancien qui consistait à rompre une paille et à la jeter pour signifier qu'on renonçait à l'alliance ou au service de celui dont on voulait se séparer :

> « *Pour couper tout chemin à nous rapatrier,*
>
> *Il faut rompre la paille ; une paille rompue*
>
> *Rend, entre gens d'honneur une affaire conclue.* »
>
> (Molière, *Le Dépit amoureux*, 1656)

Stipuler, dans le langage juridique, remonte à l'époque où un brin de paille (*stipula*) intervenait dans les pactes et contrats. *Une paille*, quoi !

Sens dessus dessous / sans dessus dessous / cen dessus dessous

Bien des graphies semblent convenir à cette expression, ancien gallicisme, signifiant en gros tout à l'envers, et dans un grand désordre.

- Il n'y a pas de dessus, pas de dessous donc **sans** *dessus dessous*.
- Ce qui devrait être dessus ou en haut se trouve dessous ou en bas, d'où le sens est **sens** *dessus dessous*.
- Une confusion entre l'orthographe de *sen*(s) et *cen* explique la troisième formulation, bien plus ancienne.

Ça tombe sous le sens, non ?

Sortir de ses gonds

Du latin *gomphus* et du grec *gomphos* « cheville », le mot « gond » désigne un morceau de métal coudé et rond, une charnière, autour duquel tournent les pentures d'une porte. Ôtez-les et c'en est fini de la stabilité : votre porte vous reste entre les mains. Par analogie et au sens figuré, l'expression veut dire s'emporter et donc perdre la maîtrise et le contrôle de soi. Pour vous, il n'en sera rien, bien évidemment !

Tirer à hue et à dia

C'est mener à droite et à gauche en cahotant et, par extension, tirer en tous sens, forcément contradictoires. À l'origine, les deux monosyllabes « hue » et « dia » mimaient sans doute les cris du charretier ou du laboureur.

Un « fort en thème »

L'expression s'applique à toute personne instruite et douée, capable dans le cadre de ses études, de faire une traduction du français en latin ou en grec. Petit bémol : souvent elle est boutonneuse et sa science un peu scolaire. *Une tête,* autrement dit.

Valoir son pesant d'or / son besant d'or

L'expression se dit de quelque chose ou de quelqu'un de parfait, d'excellent, sur lequel il n'y a rien à redire. L'origine en est encore de nos jours incertaine. Certains persistent à y voir l'ancien participe présent du verbe « peser » en rapport donc avec le sens de poids, quand d'autres y notent plutôt une déformation populaire du mot *besant* (ancienne monnaie d'or de l'Empire byzantin qui eut cours en France sous les Capétiens). Sans chercher à réconcilier les deux clans, je me contenterai de dire qu'au final, c'est *peser lourd dans la balance !*

Plus près de nous... les expressions de mamie Yvette !

Ma mère, comme toutes les personnes de sa génération – « *je vous parle d'un temps que les moins de vingt ans ne peuvent pas connaître –*, avait son franc parler ; elle utilisait surtout des expressions bien à elle.

C'est la fin des haricots !

Ou la fin des fins. Quand il n'y a plus même de haricots, plat du pauvre, dans l'assiette, c'est qu'il ne reste vraiment plus rien à *se mettre sous la dent*. That's the end, my friend ! C'est la *fin des figues,* comme on dit dans le Sud, régionalisme oblige. L'image des haricots nous va bien, vu qu'ils sont bien de chez nous, ces haricots, qu'ils soient de Vendée ou de Tarbes !

Tu vas te casser la margoulette !

Me sachant plutôt maladroite, dès que ma mère me voyait monter sur une chaise pour attraper quelque objet au sommet d'un placard ou d'une armoire, elle me disait : « tu vas te casser la margoulette ! » À l'origine, le mot renvoie à la « gueule » (goule), puis à la personne elle-même.

Encore un ou une... que les boches (les Prussiens) n'auront pas !

Certains de nos anciens ne vouaient pas une grande amitié à ceux qui sont désormais devenus nos plus proches alliés, bien avant la chute du mur de Berlin. On peut comprendre. Deux guerres contre l'Allemagne, sans même parler de la guerre de 1870, avaient marqué leur jeunesse et leur début de vie d'adultes ! Le mot *boche* est une contraction d'*alboche*, altération d'*allemoche* (allemand en argot).

Mange, tu (ne) sais pas qui te mangera

C'est le conseil qu'on donne à tous ceux qu'on aime. C'est en fait l'équivalent du *carpe diem* cher à Horace. L'expression, construite sur un rapport de force, préconise d'être plutôt actif et dominant que passif et dominé. Du pur bon sens, non ?

Être en carmagnole

Se dit d'une personne qui est habillée plus ou moins n'importe comment. L'expression est en corrélation à la fois avec le costume que portaient les danseurs et danseuses du Piémont lors de leurs rondes tournoyantes à 4 ou 8 danseurs des deux sexes... Mais qu'on se le dise, on peut être en carmagnole de par son accoutrement un peu bariolé et pas toujours de très bon goût, sans même danser ! On pense aussi à la chanson anonyme révolutionnaire créée en 1792, au moment de la chute de la monarchie, qui devint l'hymne des sans-culottes, au son du :

> « *Dansons la carmagnole, vive le son, vive le son,*
>
> *Dansons la carmagnole, vive le son du canon !* »

Tu ne trouverais pas de l'eau à une rivière

Même face à l'évidence, certains ne voient pas les choses pour ce qu'elles sont. Quel manque de clair...voyance donc !

J'ai mangé à m'en faire péter la sous-ventrière

Par gourmandise aussi, surtout quand on a connu des périodes de vache maigre, certains aiment à profiter de bons plats mijotés avec amour par une bonne cuisinière. Ma mère en était une. Sans aller forcément jusqu'à abuser, quand elle aimait quelque chose, elle mangeait un peu plus que de raison et aimait à employer cette expression renvoyant à la sangle passant sous le ventre du cheval attelé.

Ça te passera, avant que ça me reprenne !

Comment mettre un terme à une altercation entre deux personnes ? La plus intelligente suggérera préventivement à l'autre de lâcher l'affaire, ce qui mettra du même coup un terme à toute éventuelle riposte. S'il suffisait...

Restez donc dîner à la fortune du pot

C'était une expression coutumière à la maison. Ma mère était très hospitalière et chaque fois que quelqu'un passait à la maison, un ami à elle ou l'un de mes copains, à l'heure stratégique d'un déjeuner ou dîner, elle lui proposait de se joindre à nous et de partager notre repas, aussi modeste fût-il. Car quand *il y en a pour deux*, vous le savez bien, *il y en a pour trois* ! On trouvait toujours à grignoter un petit quelque chose !

Je suis tout(e) flagada

Très fatigué(e), flapi(e) (autre mot vieilli, mais tellement expressif). *HS,* dit-on de nos jours pour « hors service ».

> *« Flagada flagada*
> *Je suis tout flagada*
> *Quand je vais quand je vas*
> *Tous les soirs c'est comm'ça »*
>
> Henri Dès (*Flagada*, 1980)

Il y a des coups de pied au c.. qui se perdent !

L'expression est triviale, j'en conviens. Ma mère ne mâchait pas ses mots, comme on dit. Quand quelque chose ne lui plaisait pas, ou qu'elle estimait que quelqu'un n'avait pas été suffisamment sanctionné pour une erreur ou une faute, elle employait cette expression, presque sur le ton du regret, appelant de ses vœux une sanction méritée qui n'avait pas été administrée.

C'est du pipi de chat

Lorsqu'à table, le vin qui était servi était un peu trop léger à son goût ou ne tenait pas assez au corps de la jurançonnaise qu'elle fut ou de la bordelaise d'adoption qu'elle devint, elle répétait cette expression dévalorisante. L'expression s'emploie donc pour parler d'une boisson fadasse, légère et de piètre qualité. De la roupie de sansonnet, quoi !

Toujours moqueuse voire méprisante, elle a son équivalent en « de la crotte de bique » !

Il y a les jours avec et les jours sans

Avec une certaine philosophie de la vie, une certaine amertume et aigreur surtout, Yvette savait que tout n'est pas toujours rose dans la vie et que moments de bonheur et de malheur s'enchaînent inexorablement tout au long d'une vie. L'esprit de cette expression se veut à la fois lucide et désabusé. Ce qui ne marche pas un jour peut avoir des lendemains heureux.

Tu as la danse de saint Guy ou quoi ?

Au lit, petite, souvent, j'avais les jambes qui sautaient de manière incontrôlable. Yvette me disait alors : « tu as la danse de saint Guy ! » Je n'ai jamais demandé à l'époque d'explication sur cette expression. Il s'agit des symptômes connus d'une maladie nerveuse touchant les enfants (chorée de Sydenham) comme les adultes (chorée de Huntington). Elle se manifeste par des mouvements brusques, désordonnés et incontrôlables. Au Moyen Âge, on croyait que ces malades étaient possédés par le démon et on les brûlait vifs.

On raconte qu'un certain Vitus (équivalent latin de Guy), né en Sicile, fut martyrisé dans son pays par son gouverneur, Valérien, parce qu'il refusait d'adorer les idoles. Provoquant des guérisons miraculeuses, il fut ensuite amené devant l'empereur Dioclétien qui lui fit subir diverses choses peu agréables causant son décès. C'est au IXe siècle, parce qu'il se produisit des miracles au cours du transfert des reliques de saint Guy de Saint-Denis, en France, vers la Saxe, que le culte de saint Guy, protecteur des épileptiques et des malades atteints de chorée, se développa.

Bizarrement, ces malades souffraient de troubles variés s'amplifiant à l'approche de la fête de la saint Guy, et ils se rendaient alors en pèlerinage dans l'une ou l'autre église qui lui était consacrée pour y danser, afin, en théorie, de se libérer de leurs angoisses et de leur mal.

Juste pour la petite histoire, si cela peut vous rassurer de l'apprendre, je n'ai plus la danse de saint Guy !

Ça coûte la peau des fesses !

Serait-ce à dire que cette partie de notre corps qu'est notre fondement, a, plus que toute autre, un prix ? On employait cette expression pour dire que quelque chose était d'un prix exorbitant (les yeux, à présent !). Les variantes en sont multiples : *tu me coûtes un bras et une jambe, un rein, le blanc des yeux* quand ce ne sont les yeux tout entiers ! D'où cette variante : *coûter les yeux de la tête !* Mais quelle abomination, quand on y pense, que ce trafic d'organes !

C'est grand comme un mouchoir de poche

Cela revient à dire que quelque chose est bien petit. L'antithèse de pensée entre « grand » et « poche » illustre clairement, avec une certaine ironie, le caractère dérisoire de l'expression. Autrefois, dans la haute société, on portait des mouchoirs de poche, ce bout de tissu qui servait à se moucher. Qu'il soit rond, carré ou de forme rectangulaire, il s'est imposé comme un objet tant vestimentaire qu'utilitaire.

Je suis du bois dont on fait des flûtes

Le paradoxe, dont je souris encore, voulait que ma mère employait cette expression à tout bout de champ, elle qui était l'indocilité même !

> « *On était du même bois*
>
> *Un peu rustique, un peu brut*
>
> *Dont on fait n'importe quoi*
>
> *Sauf, naturellement, les flûtes.* »
>
> Georges Brassens, *Auprès de mon arbre*, 1983.

L'expression s'emploie pour parler d'une personne docile, extrêmement complaisante. C'est en fait une variante en date du XVIIe siècle de l'expression antérieure « *être du bois dont on fait des vielles* », bois souple utilisé pour fabriquer des instruments de musique au bois travaillé, sélectionné, noble et rare !

Yvette savait en revanche *faire flèche de tout bois,* c'est-à-dire employer toutes les ressources pour parvenir à ses fins. Et cela est souvent encore plus redoutable que d'*être* juste *du bois dont on fait les flûtes*.

« Je suis du bois dont on fait les flûtes », dixit le dieu Pan, selon Alexandre Breffort dans *Contes du grand-père Zig*, 1946.

Chaque pot a son couvercle

Il s'agit en fait de redonner à chaque pot son couvercle, de reconstituer l'ensemble qui s'accorde. C'est l'équivalent de trouver ce dont on a besoin, son âme-sœur, bref, *chaussure à son pied*. Au risque de choquer, je vous livre cette boutade trouvée sur le net : lorsque la première est dans le deuxième, les deux prennent le premier...

Ne nous le cachons pas, l'expression a sans nul doute une connotation sexuelle. Un pied entre dans une chaussure, il s'y glisse, il s'y fourre, etc. Le pot qui se fait recouvrir prend le problème par un autre bout... mais parle de la même chose.

Si ma tante en avait, on l'appellerait mon oncle

Bel exemple d'impossibilité, sur le modèle, *avec des si, on mettrait Paris dans une bouteille*. En effet, une tante sera toujours une tante, et un oncle, un oncle. Quoique... les progrès de la génétique pourraient venir bouleverser le champ des possibles et remettre un jour cette expression en cause ! En tout cas, présentement, l'expression s'emploie pour pointer du doigt une évidence, *mettre les points sur les i*.

Chapitre 11
Les expressions d'aujourd'hui

Dans ce chapitre :
- Les nouvelles expressions qui « déchirent » chez nos contemporains !
- Le parler « branché » des *djeun's*

Le grammairien Jean-Loup Chiflet, auteur de nombreux ouvrages sur la langue, a mené la chasse contre bon nombre d'expressions modernes qui, selon lui « *polluent, irritent et agacent notre langue au quotidien* ». Il propose même de les « *f... à la poubelle* », car elles lui donnent des boutons. Je ne suis pas aussi sévère que lui : je trouve même que certaines d'entre elles méritent tout notre intérêt. Elles sont pour la plupart simples et transcrivent au naturel des moments de notre vie dans lesquels tout un chacun peut se reconnaître. Je vous livre quelques exemples de ce *lexiquado*… Vous aurez décrypté : lexique pour ado…

Mode d'emploi des expressions « branchées » et non branchues !

À y regarder de près, les expressions du moment respirent un certain laisser-aller de la langue, une certaine désinvolture aussi, tout à fait à l'image de la nouvelle génération. Mais est-ce pour autant néfaste à la langue ?

Ne pourrait-on essayer de définir au moyen de critères simples le nouveau mode d'expression de nos jeunes ? J'ai essayé d'étudier leurs recettes : un mélange d'anglicismes, de mots raccourcis et / ou de verlan. Il est amusant pour les plus anciens de se tourner vers ce lexique branché, non qu'il soit relié à quelque secteur électrique. Ainsi resteront-ils au *courant* de tout ce qui est à la mode, dans le vent !

L'utilisation de l'anglais

« Pas de souci » se prononcera, à l'anglaise (mais par dérision plus que par réelle anglophilie) : « no soussaille ». *Cool* semble couler de source. *OK*, au même titre que *K.O.*, est devenu monnaie courante. Je *sniff*, je *trip*, je *bad* (très fort, cet emploi d'un adjectif comme forme verbale !), aussi. Le verbe « s'enjailler » pour dire faire la fête est une francisation du verbe *enjoy* sur le modèle peut-être du verbe « s'encanailler »... *Avoir le swag* est une expression qu'ils emploient encore pour dire se pavaner, plastronner, crâner ou dans une meilleure acception : avoir de la classe, celle d'un voyou que tout le monde n'a pas. Mais il ne sera pas dit que je contribuerai à la franglisation de notre langue. Je m'en tiendrai donc là. *Stop. Over my dead body*, il faudra me passer sur le corps, si vous en voulez davantage !

L'utilisation du verlan

Depuis la chanson de Renaud, *Laisse béton* (1977) ment dit « laisse tomber », bien des expressions ont fleuri que vous n'aurez pas de peine à identifier :

- *C'est chébran !* pour « c'est branché », « c'est *in* ».
- *Les remps* pour les parents.
- *C'est chelou* pour « c'est louche ».
- *Chez chanmé* pour « c'est méchant », c'est-à-dire épatant !
- *Zy va à donf* pour « vas-y à fond ».
- *Se faire pécho* pour « se faire choper ».
- *T'as l'air zarbi* pour « t'as l'air bizarre » (écourté !).
- *Sur la tête de ma reum* « de ma mère ».

Le verlan : un truc de ouf…

Le verlan, qu'est-ce que c'est ? Qu'es' a co ? Kézako ? C'est une expression argotique qui consiste à inverser les syllabes de certains mots : le mot « verlan » provenant bien lui-même d'une verlanisation de « à l'envers ». En fait, on est toujours le verlan de quelque chose !

On trouvait déjà au Moyen Âge des exemples de ces métathèses de lettres ou de syllabes : en 1690, Antoine Furetière atteste déjà d'un « verjus » pour jus vert ! Mais c'est Auguste le Breton qui dans son roman policier, *Du Rififi chez les hommes* en 1953 introduit le « verlen » qui deviendra « verlan » en 1968, dans le langage écrit et oral des milieux populaires.

Relayé dans et par la banlieue, ce mode d'expression est très vite devenu un langage identitaire, sans doute sous l'influence des populations maghrébines qui avaient pour habitude d'élider les voyelles des mots : *arabe* devient *reubeu* puis *rebeu* puis *beur* !

Le film *Les Ripoux* de Claude Zidi, en 1984, contribuera à démocratiser le verlan qui se voulait à l'origine un mode d'expression cryptique fait pour les seuls initiés : en voici d'ailleurs une réplique significative ;

« *Dites donc, ça veut dire quoi ripou ?*

– Ah tu connais pas le verlan ? Tu inverses les syllabes des mots. Ripou pourri, pourri ripou.

– Ah oui, oui, oui…

– Tu comprends biledé, par exemple ?

– Biledé… Dé… Débile !

– Voilà, tu y es mon petit bonhomme ! »

Le verlan, pour qui veut l'étudier, est une expression très codifiée. Sans vouloir trop entrer dans les détails, il obéit à quelques règles :

– ajout ou suppression de la dernière voyelle d'un mot : flic ; *flikeu* ;

– découpage syllabique du même mot : énervé ; *v-éner* ;

– inversion des syllabes : flic ; *keufli* / méchant ; *chanmé* / bizarre ; *zarbi* !

Et, en plus, parfois :

– troncation ou élision d'une syllabe du nouveau mot formé : c'est ainsi que n'importe quoi est devenu *nin-port'koi* puis *portnin-oik* et *port'nawak* / *portnawoiq* et *nawoiq* seul ! Le verlan du verlan, quoi !

Retrouverez-vous le sens des paroles de cette chanson de Jacques Dutronc passées inaperçues en 1971 ? *J'avais la vellecère qui zéfait des gueuvas…* Si ce n'est pas le cas, vous faites *vegra tiep* ! En revanche, il ne vous a pas échappé que notre Stromae n'est pas à mettre seulement en rapport avec l'ouragan (« *storm* ») qu'il a déchaîné autour de sa personne, mais aussi avec l'inversion de « maestro ». C'est *auch* !

Des jeux de reprises sonores

Je pense à des *Un peu mon neveu !* ou à l'expression *En voiture Simone !,* que l'on doit à une certaine Simone Louise de Pinet de Borde des Forest, première femme à avoir obtenu son permis de conduire en 1929 et à faire des courses automobiles jusqu'en 1957 ! L'expression s'est popularisée en 1962 dans le cadre de l'émission *Intervilles* présentée par Guy Lux et Simone... Garnier, sous une nouvelle forme : « *En voiture Simone, c'est moi qui conduis, c'est toi qui klaxonnes !* » On emploie toujours cette expression, depuis peu relayée par *En voiture Arthur !* pour dire qu'il est temps de s'en aller !

Je pense encore à toute la *smala*... des expressions qui déclinent des prénoms comme :

- *Tranquille, Émile.*
- *Relax, Max.*
- *À la tienne, Étienne.*
- *Fonce, Alphonse.*
- *Cool, Raoul.*
- *À l'aise, Blaise.*
- *Arthur, du bois dur.*

« *Quand je pense à Fernande, je bande*

Quand je pense à Félicie, je bande aussi

Quand je pense à Léonore, je bande encore,

Mais quand je pense à Lulu,

là je ne bande plus. »

Georges Brassens, *Fernande*, 1972.

Sans commentaire !

Des formules familières et impersonnelles à la fois

Nous avons des tics de langage, des phrases toutes faites, qui à peine prononcées, en disent déjà long sur notre humeur, à nos interlocuteurs.

Celles qui révèlent un pessimisme déconcertant

Quand tout est très vite jugé *pourri* : un plan, des vacances, une idée, une sortie, etc, à croire qu'ils ont lu la pièce de Tchekhov, *Platonov* (1878), où figure cette réplique : « *Tout est dégoûtant, sali, pourri, souillé* » !

- *Ça me prend la tête* veut dire « ça m'énerve ».
- *Ça me gonfle* veut dire « ça m'ennuie ».
- *Ça me saoule et ça me fane* veut dire « j'en ai assez ».
- *Ça craint :* « c'est risqué », ça fait peur. C'est *craignos*…
- *Ça le fait !* Ça, quoi ? Le, quoi ? Fait, quoi ? On ne sait que répondre à ces questions et pourtant, bizarrement, ça le fait ! Ça marche ! Voilà, du reste, c'est déjà fait !
- *Ça te la coupe !* La langue, le sifflet, la chique, l'envie peu importe ! Tu restes ébahi, abasourdi, *comme deux ronds de flan* ! Tu ne sais plus quoi dire ni quoi faire.
- Ou *j'ai les boules* (expression à double sens du reste) : « j'ai peur » ou « je suis en colère ». Parfois c'est le sens sexuel qui prend le dessus, si j'ose dire.
- *Je suis dègue* veut dire « je suis dégoûté ». *J'ai le seum* de l'arabe *semm (*venin / haine), en est une variante où s'ajoute l'idée d'une frustration.

Tous les états d'âme de ces jeunes têtes transparaissent en fait dans ces expressions très révélatrices de leur mentalité sombre : citons encore le « *on se plante* » pour dire « on se trompe » et l'expression « *perdre les pédales* », c'est-à-dire *péter les plombs, lâcher les élastiques, péter un câble !*

Celles qui révèlent un optimisme béat et insouciant

- *On bulle* pour dire qu'on ne fait juste rien. Permettez-moi le pastiche : *elle est retrouvée, quoi ? L'éternité* (*Une Saison en enfer*, 1873). On se la coince, quoi ? la bulle ! Mais de quelle bulle parlent-ils donc ? Car c'est mission impossible de caler une bulle. Entre deux quoi ?

- *On assure :* On s'occupe de tout. On ne demande qu'à le croire. Ce serait bien, non ?
- *C'est cool* pour « c'est épatant ».
- *Tu m'étonnes !* mais pas tant que ça (au contraire), je m'y attendais !

Être bien dans ses baskets

C'est se sentir bien où l'on est, comme on est, aussi bien dans son corps que dans son esprit. Il s'agit d'atteindre une décontraction et une aisance qui nous rendent heureux. Prendre la vie du bon côté, en mettant toutes les chances de son côté. De nombreux programmes proposent, pour atteindre ce bien-être, des exercices de relaxation, une hygiène de vie contrôlée, des plaisirs personnels à s'accorder, le tout pour être bien dans sa peau... et pouvoir dire *I feel good !*

Celles qui disent l'inverse de ce qu'on pense

Ainsi trouvera-t-on pléthore de litotes ou d'antiphrases dans la bouche d'un jeune damoiseau pour décrire sa demoiselle :

- *J'ai rencontré une fille d'enfer* (alors qu'il la trouve vraiment merveilleuse). Le « *Va, je ne te hais point* » de Chimène pour Rodrigue n'est pas loin (*Le Cid*, 1660) ! Vous en avez là la version modernisée.
- *Elle est canon, cette fille-là.* L'expression veut dire que vous en pincez déjà pour elle, car elle est belle, *elle a du chien.*

Ou encore le « *Ça va faire très mal* » pour se convaincre par avance que le succès d'une affaire est assuré et conjurer par là un hypothétique mauvais sort.

J'ai vu une méchante veste dans la boutique pour se conforter dans l'idée qu'au contraire elle est trop belle et qu'il vous la faut à tout prix !

Ainsi préféreront-ils employer la formule *ne pas cracher sur quelque chose* plutôt que d'avoir à reconnaître qu'ils aiment passionnément ce même quelque chose !

C'est qu'elle n'est pas toujours simple la jeunesse, pour ne pas dire qu'elle est compliquée !

Pour preuve encore, cette dernière expression que vous jugerez peut-être limite, mais que je ne peux passer sous silence. Un jeune demande à un autre : qu'est-ce que tu as fait ce week-end ? Et la réponse est : je me suis touché… pour dire je n'ai rien fait, en tout cas pas travaillé, pas fait ce que je devais faire. *Je me suis juste fait plaisir, plaisir perso'*, tout le monde avait compris. Elle est pas belle, la vie ? Rien à voir en tout cas avec l'autre expression : *je me tâte*, pour dire « j'hésite ».

Des exagérations propres à la jeunesse

Elles viennent compléter ce tableau de chasse :

- *Rien à battre* ou *à cirer* pour dire « rien à faire » ;
- *Trop* ou *trop pas !* « *c'est selon* » ! mais *c'est toujours trop… énorme ! C'est trop dar même!*
- *Ça décoiffe ! Ça dégomme !* pour dire que c'est exceptionnel, hors du commun, ça vous renverse même les cheveux !
- *Ça déchire :* C'est grandiose. C'est violent aussi. Ça vous secoue, vous transperce ! Ça vous fait *un effet bœuf !*
- *Ça urge :* cette expression ancienne est revenue à la mode chez nos jeunes pour dire qu'une affaire presse, n'attend pas ou n'attend plus. Comme une urgence médicale, en quelque sorte. Et quand ça urge, il y a le pansement dont je dois taire le nom mais que vous identifierez facilement, en quatre lettres, U..O !

Des expressions fourre-tout

Pour gagner du temps, on monte des mots images entre eux, on fait du **collage** artistique à partir des domaines d'activité de la vie quotidienne : des expressions compactées en quelque sorte.

Ainsi en est-il de *la pause café*, des *fiches cuisine* des magazines, d'un *match retour*, après le match aller, dans le domaine des sports, d'un *accro internet*, d'un *capital beauté/ santé/loisir* (dans les revues et magazines appropriés).

L'affirmation de soi avec l'emploi systématique du je

On se démarque des anciens, des vieux, des vioques qui se défendaient de cet emploi trop narcissique, qui ainsi n'ont plus qu'à se taire, comme :

- *Je gère* : je sais ce que je fais, je m'en occupe, t'inquiète… et surtout ne t'en mêle pas.
- *J'ai un plan* : je sais ce que je veux faire.
- *J'hallucine* : je n'en crois pas mes yeux, c'est trop énorme, je rêve debout.
- *Je kiffe* : j'aime trop, serait-ce que la langue même est sous influence ? Sous haschich, en tout cas. C'est le pied, donc, le *méga trip…je kiffe grave !*

Je vais me le faire, cet encadré !

Je rattache à cette rubrique l'expression *se faire* et toutes ses variantes. Elle veut dire *faire pour soi* (un ciné, un resto, etc.). La construction en est ancienne. Elle remonte à un « datif éthique » employé à côté d'un verbe pour préciser que l'action est faite pour, dans l'intérêt de celui qui la fait. La publicité de la colle *Perfax* en offre un bon exemple : *pour se la coller douce*, jouant de surcroît de l'à-peu-près, que chacun aura rétabli, *se la couler douce*. Citons pour finir l'inénarrable « *il se la pète* », petit bijou d'invention langagière. Maintenant, si vous entendez un homme dire qu'il veut *se faire une fille*, c'est un tout autre programme !

Se faire larguer. Ici, l'action est bien moins plaisante. L'image est empruntée au vocabulaire de la marine. Tout comme un bateau largue ses voiles pour prendre de la vitesse, la personne qui se retrouve abandonnée a été lâchée par sa moitié…

Personne ne doit venir empiéter sur le territoire de nos petits jeunes, sinon c'est la guerre ouverte, même avec leurs contemporains :

Chapitre 11 : Les expressions d'aujourd'hui

- *Tu me saoules* (et de quoi grands dieux !) pour dire : tu m'énerves, tu m'exaspères et sa variante plus argotique : *Tu me gaves*... qui rabaisse l'interlocuteur au rang d'oies ou de canards !
- *Tu me fêches* (plus subtil, faut le dire vite, pour « *tu me fais c...* »).

D'ailleurs avez-vous vu comme ils se parlent ! *Salut vieille branche !* Mais savez-vous pourquoi on parle de branche à l'adresse de quelqu'un ? Comme le terme « pote » (issu de *poteau*), « la branche » évoque quelque chose de solide auquel on peut se raccrocher ; si elle est vieille, alors c'est que la camaraderie est ancienne.

Sachez-le, il est encore une nouvelle manière de s'interpeller : dites *Wech* (ou sous sa forme francisée « ouech ») à quelqu'un, et le tour est joué. C'est une sorte d'interjection familière *Wech gros* s'emploiera pour dire « salut mon pote »!

Ce vieux bois, les jeunes en font de la récup... *Salut ma vieille chine*, en anglais (*Hello me old China*) ou *Salut ma vieille maison !* en allemand en sont les équivalents, *Hallo altes Haus*.

On dira *un truc* pour un machin, une chose, un « machin truc chose » si on veut vraiment en dire le moins possible... par le plus !

C'est vrai, *c'est quoi ce bins* : c'est quoi ce bazar, ce souk, pour ne pas dire ce bordel ! Si si, ils le disent : c'est quoi ce sbeul (zbeul). Excusez-moi du peu.

Sans oublier la foultitude d'**apocopes** (simplification pure et simple des finales) : c'est vrai, pourquoi faire long quand on peut faire plus court !

- *À plus !* Cette expression d'adieu est « apocopée » : on a enlevé l'adverbe « tard ». Elle signifie au revoir, à bientôt, à la prochaine (fois) ! Notre société pressée aime à raccourcir beaucoup de fins de mot. C'est *la cata*... non ? Comme apocopes populaires, citons encore : *À toute* pour à tout à l'heure, *bon app'* pour bon appétit, du *champ'* pour du champagne, une *occase* pour une occasion, un *ciné* pour un cinéma, etc. Un « cassos » s'emploie pour désigner phonétiquement un « cas social » etc.

- Et les prénoms eux-mêmes de grossir cette liste : Ben pour Benjamin, Stéph pour Stéphane ou Stéphanie, Am pour Amandine, Max pour Maxime, Alex pour Alexandre. Vous en connaissez forcément dans votre entourage. C'est vrai que s'il fallait revenir à la formule : *à la revoyure,* ça « craindrait » tout de même !
- Rajoutons à cette rubrique quelques sigles que les jeunes affectionnent tout particulièrement : le TMTS « toi-même tu sais », ou le YOLO « *you only live once* », nouvelle version du *Carpe diem* si cher au cœur des latinistes !

Quelques classiques du genre (moderne)

Bonjour…

C'est désormais par ce seul mot, sec et impersonnel, sans couleur ni saveur, que débutent nombre de courriels dans les administrations ou les sociétés. La politesse et la civilité y ont beaucoup perdu.

Bonjour l'ambiance !

Vous débarquez impromptu dans une soirée mortelle. Tous les gens sont *coincés* (au sens figuré) et vous devinez déjà que la soirée ne s'annonce pas folichonne. Vous lâchez à haute voix un « *Bonjour l'ambiance !* » comme pour conjurer le mauvais présage. Comme si vous disiez bonjour à « Madame l'ambiance » qui règne dans la pièce ! Depuis, le « Bonjour » s'est accommodé à bien d'autres mots et figé dans bon nombre d'expressions telles que « *Bonjour l'angoisse* » ou « *Bonjour les dégâts* », quand quelque chose de mauvais vous tombe dessus. Le roman de Françoise Sagan, *Bonjour tristesse*, est peut-être à l'origine (lointaine) de l'expression.

Je te le fais « en mode » !

Voilà une expression toute droit sortie des réseaux sociaux. Chacun s'y raconte et décrit son état d'esprit du moment. Mais au lieu de le faire directement, on préfère passer par le truchement automatique de cet « en mode ». Par analogie avec un mode de fonctionnement propre à une machine, un robot, pour qui n'existeraient que deux modes : branché/débranché. Ainsi donc, dire ou écrire qu'on est en mode pressé, ou pété de rire, c'est contribuer à se déshumaniser soi-même ! Or, cette formulation semble accompagner tous les événements de notre vie quotidienne, c'est dire s'il convient de s'en inquiéter. Quant à la présence du « en », elle est censée conférer plus de poids, d'importance à la chose.

Ça ne passera pas par moi

La formule rappelle le slogan de la toute première campagne contre le Sida des années 1987, lui-même vraisemblablement emprunté au fameux slogan, *No pasarán !,* signifiant « Ils ne passeront pas ! », forgé par les partisans de la Seconde République espagnole (1936-1939) en lutte contre les rebelles nationalistes commandés par le général Franco. L'expression se décline désormais à l'infini : le Front National, la crise, le couple, ne passeront pas par moi.

Ferme ton Camembert...

L'expression s'emploie même sous sa forme elliptique *Camembert* pour dire : « Tais-toi », en référence à un excellent fromage au lait cru fabriqué en Normandie. Certains préfèrent du reste laisser le couvercle de la boîte fermée (rapport aux éventuelles mauvaises odeurs). D'où sa variante : *Ferme-la...*

Je te raconte pas...

Outre l'omission de la première partie de la négation, qui semble ne plus choquer quiconque, cette expression s'emploie, à la manière d'une **prétérition** – car vous allez le dire sans le dire. Elle permet en effet d'entretenir le suspens, de ménager l'intérêt de votre interlocuteur, de lui faire entendre que vous avez quelque chose d'extraordinaire, dont il ne se doute même pas, à lui communiquer et que les mots vous manquent. Mais que, s'il insiste un peu, il ne faudra pas beaucoup vous forcer la main – la langue – pour que vous lui révéliez tout. Et, de fait, vous finissez par *lâcher le morceau*, par révéler ce qui vous *brûlait la langue*. Confer *Je te dis pas mais je te le dis quand même* de la chanson de Patrick Bruel !

N'importe quoi !

Mais c'est n'importe quoi ! entend-on souvent dire dans la bouche de quelqu'un qui est exaspéré : on sent le reproche sous-jacent. Cette expression qui apostrophe reste pourtant dans l'indéfinition la plus totale. C'est du n'importe quoi, veut dire c'est nul ! *C'est de la m… !*

OK, ça marche !

Qu'est-ce qui se cache sous cette expression communément entendue à la fin d'un échange téléphonique ou au moment où deux personnes se quittent ? Qu'est-ce qui marche en fait ? Nos pieds qui avancent ? Un objet, un moteur, une machine qui vrombit ? L'expression, tel un talisman, veut dire OK, pas de souci, on fait comme on a dit, tout va bien. Elle solde positivement un échange sur une impression d'adhésion entre les deux interlocuteurs, du genre : je m'en occupe dès que possible.

Ça roule, ma poule

Pour reprendre une autre image, *ça marche comme sur des roulettes* en serait donc l'expression la plus aboutie. Je n'ai pas dit *à côté de ses pompes*, ni *à la baguette*, pas plus qu'*à la file* ou *sur des œufs*. J'ai bien dit comme sur des roulettes… ou sur des rails. Bref, le projet ou l'affaire va avancer dans le bon sens !

Cette conclusion heureuse à un échange est une façon de dire au revoir, là où les Grecs disaient *khaire* (« sois heureux ») et les Romains, *Vale* (« porte-toi bien »). OK, ça marche pour nous aussi !

On y va

Cette expression couramment employée signifie « Allez ! » ; c'est le moment du départ, il faut partir. On ne sait pas qui est concerné, ni où on projette d'aller, mais c'est un cri pour lancer le mouvement qui tarde à se manifester. Chacun de vous a dû un jour faire l'expérience de cette promenade familiale qu'on veut programmer après un bon déjeuner. L'un d'aller aux toilettes, l'autre de monter chercher un pull, un troisième d'hésiter à sortir, bref, on tarde et on ne sort pas toujours. Allez, on y va, cette fois…

Oublie et surtout sa variante « forget »…

Quelqu'un vous raconte une histoire et sitôt après l'avoir terminée vous demande de ne plus y penser. Histoire de vous dissuader d'y attacher un intérêt quelconque. Curieux, et même un peu contradictoire. Mais la personne doit avoir ses raisons… *Le jeu n'en vaut pas la chandelle*, en somme !

T'es où ? Ou en langage SMS : T où ?

Tel est souvent le premier mot qu'échangent nos contemporains sur leur portable. Juste après, et encore ce n'est pas sûr, un « *Bonjour, ça va ?* » Autrefois cette expression n'avait pas de raison d'être : en effet on s'appelait sur des téléphones fixes et on savait, en cas de réponse à l'autre bout du fil, où se trouvait son interlocuteur. Mais avec la nouvelle génération, tout a changé. Nous sommes des nomades permanents… en situation d'être surpris à l'autre bout du monde ou ailleurs !

Tout à fait

Cette expression qui fait florès un peu partout s'emploie à tout bout de champ à la place de « oui ». Elle signifie « entièrement », « exactement ». Elle fut popularisée par le duo des chroniqueurs sportifs, Thierry Roland et Jean-Michel Larqué. Ce dernier n'avait de cesse de dire « *Tout à fait… Thierry !* » pour signifier qu'il avalisait tel jugement de son compère. Elle s'emploie toujours pour dire qu'on est d'accord avec celui qui nous parle, qu'on se range entièrement à son avis.

Voilà !

« Voilà » est une interjection passe-partout. Elle se glisse à la fin ou au milieu d'un discours comme pour résumer ou appuyer ce qu'on vient de dire. À valeur conclusive, donc, elle devrait mettre un point d'orgue à un propos. Il est dès lors très surprenant de voir combien, de nos jours, elle s'emploie bien autrement. À tout bout de champ, même. Voilà... Et voici comment *Voilà* en vient à se substituer à tout discours, quand on se trouve dans une situation délicate, voire désagréable, et qu'on peine à dire quoi que ce soit. Alors, nous voilà bien !

Vous voyez ce que je veux dire

C'est ce qu'on dit souvent, quand on ne trouve pas ses mots. On prend son interlocuteur à témoin, on le responsabilise, voire le culpabilise. Comment, vous n'avez pas compris ! Mais moi non plus d'ailleurs parfois, mais je ne vous l'avouerai pour rien au monde. Embarras, gêne, lâcheté, voilà autant de raisons de vous servir de cette expression magique qui repousse le problème et vous évite d'avoir à tout dire. L'expression sonne creux et plus personne ne sait *à quel saint se vouer !* On a envie de répondre : pas de souci, pas de problème, tout va très bien, Madame la Marquise !

Sauf que parfois, l'autre ne voit pas du tout ce que vous voulez lui dire mais cela, il ne vous le dit pas ! *On ne nous dit pas tout...*

Faire le buzz

On dit cela quand un événement marche bien, attire du monde, qu'on en parle dans tous les *dîners en ville*. À l'origine, en anglais, le *buzz* désigne la sonnerie feutrée d'un téléphone qui va répandre une nouvelle avec l'effervescence et l'engouement qui l'accompagnent.

Chapitre 12
Les expressions de nos régions

Dans ce chapitre :
- Les gallicismes ou idiotismes de chez nous
- Quelques particularismes de nos régions…
- En mode « rose des vents ! »

J'ai mis à contribution beaucoup de personnes : ami(e)s, élèves, connaissances. Qu'ils en soient tous remerciés. À l'occasion d'un dîner, au risque d'ennuyer la compagnie, je mettais le sujet sur la table : et chacun de me confier les expressions de sa région qui lui venaient spontanément à l'esprit. C'est ce côté authentique, justement, qui me séduisait ! Certains, même quelques semaines plus tard, étaient heureux de m'en adresser de nouvelles par mail. À croire qu'on est fier de ses expressions, comme on peut l'être de ses enfants !

Notre cocorico national !

À chaque pays, ses tournures, sa manière, irremplaçable et inimitable, d'agencer les mots, les images et la syntaxe. Les gallicismes sont à la France ce que les germanismes sont aux Allemands, les hellénismes aux Grecs, les anglicismes aux Anglais, voire les belgicismes aux Belges, etc. On aurait envie d'ajouter à cela : à chaque région, sa façon de parler singulière, ses expressions fleuries au charme provincial.

Certains gallicismes touchent au vocabulaire même : heureusement, par exemple, qu'on n'emploie pas les expressions suivantes au sens propre : *donner un coup de téléphone à quelqu'un* pourrait être une réelle atteinte à autrui, *perdre la tête* – vous vous imaginez une seconde un homme sans tête – ; *une voiture qui marche bien* (avec quelles jambes, ma foi !) ; *sortir d'une maladie* comme d'un tunnel ou d'une boîte de nuit !

On ne me la fait pas ! Chacun comprend ce qui se dit là : je ne suis pas du genre à me laisser duper. Mot à mot, cependant, le sens échappe. Qui est ce *on* ? Ce *la* ? Qui fait quoi ? C'est un gallicisme syntaxique dont le sens général est passé dans l'usage. Ainsi en est-il encore des *comment que tu vas ?, Où qu'il est ? Des fois que ça l'amuserait, Même que je lui ai dit*, où l'outil passe-partout « que » est employé *à toutes les sauces*, et le plus souvent de manière incorrecte.

Le plus répandu des gallicismes est sans doute l'emploi de la tournure présentative : *c'est qui... c'est que*, qui permet de mettre un mot de la phrase en relief. Vient ensuite l'emploi de pronoms personnels, presque impersonnels en l'occurrence, car le référent y est systématiquement absent : je m'*en* fiche. C'est qui *en* ? Quelqu'un ? Quelque chose ? Mais vous n'*y* êtes-pas ! Où ça ? Ces formules sésames sont figées. Tout comme dans l'expression *l'échapper belle* pour dire *c'était moins une*, c'est qui ce *le* ? Un masculin ? Un féminin ? Un péril à coup sûr ! Citons d'autres constructions impersonnelles telles : *il fait jour, nuit, beau.*

Et si je vous dis : « *Ça te la coupe !* » Vous me direz, quoi ? La langue, le sifflet, la chique, l'envie peu importe. Tu restes ébahi, abasourdi, *comme deux ronds de flan*... quoi ! Tu ne sais plus quoi dire, ni quoi faire.

Je sens que je peux devenir un peu trop technique. Si *le cœur vous en dit*... d'en prendre ou d'en laisser ! *It's up to you* !

Les expressions pittoresques du terroir

Vous seriez étonnés de consulter une bibliographie de toutes les parutions sur le sujet, tant la liste est longue. Depuis 1989, il semble que linguistes, lexicographes et autres amoureux des charmes de la langue se sont donné le mot. Toutes les régions se retrouvent mêlées dans ces dictionnaires, anthologies ou livres d'expressions.

Je n'en ai retenues que certaines, un choix tout personnel, qui me paraissent, au-delà de leur particularisme, toucher au collectif. Chacun pourra ainsi s'y retrouver.

On ne crée des expressions que pour ce qu'on a besoin de dire et sur des sujets qui nous touchent au quotidien et on les forme donc sur des constatations ou des réalités tirées de notre vécu. Certaines de ces expressions sont très circonscrites à la région dont elles sont originaires, d'autres plus générales : une expression comme « *le nuage de Tchernobyl* » semble ne pas s'être arrêtée à des limites topographiques, même si on a voulu nous convaincre du contraire !

Chaque particularisme langagier, local, régional, national, apporte du piment à la conversation qui cesse alors d'être « *plate comme un trottoir de rue* ». Pour ne léser personne, j'ai fait chanter toutes les régions de France, du nord au sud, de l'est à l'ouest. Un petit florilège que j'espère goûtu… aux accents et saveurs de partout, comme on les aime, nous autres gourmets des expressions ! À chacun sa *madeleine* (de Proust).

Écoutons chanter nos provinces…

> « *Quelle chance vous avez, tous, d'habiter la France ! Y a-t-il beaucoup de pays dont les us et coutumes, les dialectes, les accents, les fromages et autres spécialités goûteuses sont aussi hétérogènes ?* »

Tel est le constat élogieux que fait Micheline Sommant, professeur de linguistique, de l'état des expressions de nos régions. On savait déjà que les mots ne sont pas les mêmes parfois alors qu'ils désignent la même réalité : une « poche » à Bordeaux se dira un « sac » à Paris, une « chocolatine » s'appellera un « pain au chocolat », un « tricot », un « pull-over », une « farde », un « classeur », un « chicon » du Nord, une « endive » ailleurs, une « ducasse », une « kermesse » locale, etc. Vit-on dans le même monde, oui ou non ?

Sans vouloir évoquer la fracture de la langue entre deux régions que tout oppose, le Nord et le Sud, *la langue d'oïl* pour dire oui au nord et *la langue d'oc* au Sud, je dois reconnaître que d'une région à l'autre, on n'entend pas le même son de cloche, au propre comme au figuré. À chacun son patois, ses expressions à lui !

Au Nord, c'était les corons...

En cette contrée, *être un cach'l'ambroule*, c'est être un râleur, celui qui vous cherche des noises, la petite bête.

Battre la berloque / breloque : dans cette vieille expression, d'origine militaire, signifiant battre un tambour de coups saccadés pour donner l'alerte, on retrouve le sens premier du verbe « berloquer » : s'agiter, bouger. Puis par une métathèse (inversion des lettres), la berloque est devenue breloque ! Et, au figuré, l'expression s'emploie pour dire de quelqu'un qu'il parle d'une manière incohérente, à bâtons rompus, sans fil conducteur, à croire qu'il a l'esprit dérangé comme peut d'ailleurs l'être un grenier dans lequel on a remisé le berloquin. Il délire ! Que ne *bat*-il plutôt *la chamade*, sous le coup d'une très vive émotion. *Chabada bada*...

Avoir une bonne tapette : non, l'expression n'est pas un conseil pour attraper chez vous des souris ou des mouches. Même si cette raquette d'osier pour battre les tapis, a pris familièrement le sens de « langue bien pendue » et signifie donc parler beaucoup, avant de désigner péjorativement et vulgairement les homosexuels.

Être à l'abbaye de Trappes : dans la capitale des Chtis cette expression veut dire être marié, aussi bien pour un homme que pour une femme, et vivre à la mode des trappistes, de manière stricte et réglementée. La vie d'un couple rangé, non ?

Mettre la boutique au grenier : c'est quand un homme a rangé ses outils... (sexuels) : il ne peut donc plus faire l'amour à/avec son épouse ! *Le combat cesse faute de combattants...* et d'armes lourdes !

Et tout le tremblement ! Cette expression signifie en Normandie : « et tout ce qui s'ensuit... » ; « tout ce qui va avec... » ; « tout le tralala ! ». Rien à voir ici avec un quelconque frémissement dû au froid ou à la peur : elle est synonyme d'une « très grande quantité » à rajouter à n'importe quoi.

La saint-glinglin : c'est ainsi qu'en Bretagne, Briochins et Briochines, les habitants de Saint-Brieuc, ont coutume d'appeler la plus grande place baptisée « Du Guesclin » où ils se donnent rendez-vous pour la foire de la saint-glinglin, bien sûr !

Nom de doué : telle est la variante bretonne phonétique de l'expression « Nom de Dieu ! » *Ma doué ! Ma doué Beniguet...*

S'peuchnauder : ce verbe caméléon composé de deux mots existants (*pitchenette* et *chiquenaude*) signifie en Bourgogne se titiller réciproquement, se faire des petites niques (agaceries) sans penser à mal.

Au Sud, c'était... non pas le charbon !

Elle est tarpin belle veut dire à Marseille *très, trop belle*, de *tarpin* qui veut dire « beaucoup » en gitan.

Changer l'eau des olives signifie, en Provence, faire la petite commission, uriner. *Égoutter la sardine* ou *déplier le boa* en sont deux variantes pour sexe féminin et masculin.

L'an pèbre est une expression qui s'emploie pour dire que quelque chose remonte à une période révolue, lointaine (pire même que l'an 40 avant le déluge !), par allusion aux épidémies de pébrine qui, au milieu du XIXe siècle, touchèrent l'industrie de toute la région avignonnaise et marseillaise : les élevages de vers à soie furent attaqués par des points noirs comme des grains de poivre (*peper*, en anglais).

Il fait ses trente-ans se dit à Toulouse en lieu et place de *il fête ses trente ans*. Si déjà les ans marquent à ce point à cet âge, je ne vous dis pas après...

Pour parler de beaucoup de voitures agglomérées à Lyon, on emploie l'expression : ***C'est en cuchon*** pour dire qu'il y en a beaucoup et en tas.

Avoir la gnaque / niaque s'emploie pour dire, toujours à Lyon, que vous avez une grande faim, une grande envie et énergie d'entreprendre quelque chose. *Avoir les crocs*, en sorte !

Être à l'abade : vous avez là une déformation francisée d'une expression occitane campagnarde, issue du verbe *badar* ouvrir, par allusion au bétail que l'on sortait des étables avant de le laisser vaquer en toute liberté. On emploie en Savoie cette expression plutôt péjorativement pour parler aussi d'une personne qui traîne loin et hors de sa maison ou d'une maison en complet désordre.

Mettre le diot au chaud : derrière la petite saucisse savoyarde habituellement cuisinée au vin blanc se cache ici, vous l'avez tout de suite compris, une allusion érotique. Ailleurs, on parle encore de « mettre le petit Jésus dans la crèche ». Vous me direz que c'est toujours la même histoire de Joseph et de…

Compter les chevrons de la ferme : en Aquitaine, on faisait souvent la sieste dans le grenier à foin à la pause après déjeuner quand la chaleur dissuadait de reprendre sa lourde tâche. Et là, on observait allongés la charpente du toit et on comptait… les moutons avant de s'assoupir !

Ça va castagner : c'est cogner de toutes ses forces, taper fort et dur. Car là, on ne se sert pas que de castagnettes. On y va à coups de poings. C'est la baston ! On se file *des châtaignes, des marrons* !

Avoir la pépie : c'est avoir grand soif. L'expression vient du mot latin *pituita* qui désigne cette pellicule au bout de la langue des oiseaux les empêchant de manger, mais pas de boire. On pépie donc comme des oisillons…

Se fendre pour quelqu'un : mais quoi grands dieux ! C'est ouvrir le porte-monnaie pour aider quelqu'un, ne pas hésiter à se couvrir de fentes, au sens propre. Subsiste toujours dans cette expression une notion d'effort, même s'il est consenti pour la circonstance de bonne grâce.

Serrer les affaires : cela n'est surtout pas à prendre à la lettre. Il s'agit juste de ranger et de mettre les choses en bon ordre.

Ça va barder : cette expression populaire signifie qu'une affaire va prendre une mauvaise tournure, violente. Le verbe « barder » signifie dans la terminologie de la marine, « drosser » par allusion aux courants ou au vent qui viennent déranger un navire dans sa course. Ne dit-on pas une

« embardée » pour l'écart brusque que fait un navire par rapport à son itinéraire – et maintenant une voiture ! Bref, *ça va se gâter, ça va chauffer !*

Faire chabrot :

> *« À la soupe ! À la soupe !*
>
> *Voici l'heure du chabrot.*
>
> *Nous, on a le vin en poupe*
>
> *Quand on a le bouillon tout chaud.*
>
> *On verse un'rasade*
>
> *de vin rouge bien costaud.*
>
> *Si, de plus on est malade,*
>
> *Pour guérir, faisons chabrot. »*

Tel est le refrain de la chanson composée par Roland Manoury, poète musicologue auvergnat, à la gloire de cette pratique ancienne de nos campagnes : en fin de repas, pour prolonger le moment de convivialité et surtout ne rien perdre des derniers morceaux qui restaient dans l'assiette, on retournait le plat creux et on y versait une bonne rasade de vin, souvent du rouge qui tâche !

Clin d'œil au Sud-Ouest !

Dans le Béarn, pour dire qu'on se rend au bout du monde, on dit « *je vais à Dache* » ou à Pimbo, et même l'ami Michel rajoutait : A hum de caillaou (« à la fumée de pierre ») c'est-à-dire « à toute vitesse ». Et si on rencontre quelqu'un sur sa route, on lui dit : *Mets-toi par côté* c'est-à-dire « Pousse-toi », « dégage », hors de mon chemin » !

À Bordeaux, il y a non seulement un micro-climat, mais il y a aussi un patois très spécial.

Avoir du mail, c'est avoir du taf, du travail.

Être pompette, c'est être ivre.

Avoir la pétoche, c'est avoir peur.

Un branquignol désigne un barjo, un barje, un fou.

Être mâché, c'est être abîmé.

Et le célèbre *Hé bè* qui vient marquer, toujours avec gentillesse la réprobation au détour d'une phrase.

Tu me dailles / Tu m'emboucanes / Tu m'escagasses / tu m'enfades : voici quatre manières de dire : tu me *tapes sur les nerfs*, tu me *portes sur le système*, tu m'e… !

L'expression *faire chabrol* ou *chabrot* vient de *fa chabrou* ou *biere a chabro* (boire à chabrot). Ce qui fait dire à l'écrivain Frédéric Mistral *boire comme une chèvre*, par référence au mot latin *capreolus* (petit chevreau). En Poitou, en Saintonge, et dans le Béarn, *faire godaille*, métathèse de *goulade*, veut dire *s'en prendre une bonne lampée* (goulée) ! Vous l'avez compris, « *boire un petit coup c'est agréable, boire un petit coup c'est doux* », même et surtout en fin de repas !

Via le Centre

Il y a belle queue ! Cette expression n'a rien de grivois, la queue ici désigne le bout… du temps qui passe. Elle signifie donc il y a beau temps, il y a longtemps. Cela ne vous rappelle-t-il pas une variante vue plus haut ? Laquelle ?

À moi la peur ! Tout le monde connaît l'expression qui veut dire « ça me ferait mal si les choses se passaient ainsi ». J'aimerais bien voir ça. C'est une manière de se refuser à obtempérer à quoique ce soit. Un *Dieu m'en préserve* en quelque sorte !

En Franche-Comté, *comme que comme* veut dire « de toutes les façons ».

Au bout le bout signifie qu'une chose vient après une autre, que cela se fait au jour le jour, petit à petit.

Écoute donc voir est une amusante association des deux sens auditif et visuel pour dire tout simplement : attends !

Pleurer la michotte, c'est faire son malheureux, chercher à se faire plaindre, être toujours à *piauner* quelque chose…

Avoir été bercé trop près du mur est plutôt un mauvais présage. Cela signifie en réalité qu'on a l'esprit endormi signe d'une déficience mentale.

Ça clair : il y a de la lumière à tous les étages.

Faire un froid de loup : cette expression trouve son origine dans les tuiles à loup qui équipent les toits des maisons de Franche-Comté. Ces dernières venaient à craquer quand des loups menaçaient les villages. À ce signal, il fallait donc tout mettre sous clef et se cacher.

Je suis en caisse est l'expression consacrée à Saint-Étienne pour dire qu'on est en congés maladie. D'où l'image de la caisse non mortuaire, mais celle où est traité notre dossier de Sécurité sociale.

Le patois de l'ami Mathias

À l'en croire,

Qu'est-ce que tu bouines ? veut dire dans la Mayenne : tu *glandouilles* du verbe « glander », tu perds ton temps. Ailleurs, on entendra même en plus vulgaire, qu'est-ce que tu f… ?

Eun'route bien piétante s'emploie pour parler d'une route en assez bon état pour y marcher à pied, cela va de soi.

Point se déchausser est ici l'équivalent de « ne pas prendre de gants », c'est-à-dire ne pas prendre de précautions, au risque de choquer. Faut le savoir !

Se faire sacter, c'est se faire morigéner, gronder… c'est-à-dire l'équivalent de se faire remonter les bretelles.

Honneur aux Corses !

Il y en a pour 36 Lucquois. Cette expression veut dire qu'il y en a en abondance en référence au « Conseil des 36 » qui dirigeait les habitants de la ville de Lucques.

Si on dit à un petit enfant « *On va t'amener chez Proserpine* », c'est parce qu'il n'est pas sage et qu'on veut lui faire peur en le menaçant de se retrouver en enfer !

Dieu le/vous bénisse ! Voilà ce qu'on dit d'un bel enfant pour lequel on veut conjurer tout éventuel mauvais sort !

Une petite idée sur ces équivalences ?

- *Comme une pomme dans un quiou :* comme un poisson dans l'eau (Picardie).
- *Du gâteau pareil au pain :* tout ce qui brille n'est pas d'or (Picardie).
- *Est à la farce qui croyait farcer* : tel est pris qui croyait prendre (Picardie).
- *Aller faire le chien* : tenir la chandelle (Bretagne).

- *Comme un poulet dans un bingot* : comme un coq en pâte (Normandie).
- *À feu de molaires* : à pleines dents (Aquitaine).
- *Ne pas se moucher avec un dail* (une faux) : ne pas se moucher du pied (Poitou-Charentes).
- *Fichu comme quatre sous de tabac* : être mal accoutré (Franche-Comté).
- *Et ta mamette !* : Et ta sœur ! (Languedoc)

La météo… de nos régions

Des expressions, en veux-tu en voilà, pour parler de la pluie et du beau temps ! Dieu seul sait si toutes les superstitions se valent pour interpréter les phénomènes cosmiques… Chacun y allant de la sienne propre !

Ciel pommelé et femme fardée sont de courte durée.

Noël au balcon, Pâques au tison.

Quand il pleut à la saint Médard, il pleut quarante jours plus tard, sauf si saint Barnabé lui coupe l'herbe sous le pied.

Petite pluie abat grand vent.

Mont blanc auréolé, mauvais temps annoncé.

Pluie du matin n'arrête pas le pèlerin.

Une hirondelle ne fait pas le printemps.

Lune dans l'eau pluie pour bientôt.

Et pour évoquer une autre météo, celle là plus intime et pour tous publics :

Araignée du matin, chagrin.

Araignée du midi, souci.

Araignée du soir, espoir…

Je ne résiste pas à donner, pour un public plus averti, cette dernière météo de l'ami Denis :

Gaule du soir, espoir !

Gaule du matin, chagrin !

Chapitre 13

Attention, détournement d'expressions !

Dans ce chapitre :
▶ Quelques expressions qu'on croit connaître
▶ Info ou intox ?

Il faut se méfier de bien des expressions, littéraires et historiques surtout qui n'ont jamais été prononcées ou pas exactement sous la forme où nous les connaissons. Faut-il croire par exemple Balzac quand il prête à Napoléon Ier l'expression : *laver son linge sale en famille* ? Pour sûr, on peut ici parler de famille ! Mais quid du linge sale ? Claude Gagnière, un pro des expressions, dans son *Grand bêtisier des mots* de 1996, en a recensé quelques-unes. Je vous les raconte et j'en ajoute d'autres.

Avoir la guigne ou porter la guigne

Point n'est ici question du fruit ressemblant comme deux gouttes d'eau à une cerise et nommé *guigne*. Point non plus du vaudeville d'Eugène Labiche représenté pour la première fois en 1875. Encore moins du cycliste Roger Pingeon surnommé « la guigne ». L'expression « **Porter ou avoir la guigne** » signifie « avoir le mauvais œil » et donc porter la poisse. Le mot *guignon* fait son apparition au XVIIe siècle avec le sens de « malchance ». Dérivé du verbe *guigner* signifiant « faire signe », il prend assez vite le sens de « loucher » ou « regarder de côté ». Il ne s'agissait donc au départ que d'un banal problème de vue ! Mais sous l'influence d'une autre expression « voir du mauvais œil » ou « jeter un mauvais œil », elle a pris une connotation fort négative, maléfique même, surtout pour les superstitieux !

Bis repetita placent

« Les choses répétées par deux fois plaisent » : voici la traduction exacte du vers 365 de l'*Art poétique* d'Horace, devenu un adage, sauf que l'intitulé exact en est en latin : *Haec decies repetita placebit*, qui veut dire « les choses répétées dix fois plairont encore ».

Il est des œuvres dont la répétition ennuie alors que d'autres, même répétées ou rejouées, plairont toujours, sans provoquer la moindre lassitude. C'est dire combien le génie en matière artistique ne se laisse pas analyser rationnellement.

Notons encore que l'usage moderne *bis repetita non placent* introduit même une négation non attestée dans l'original : on n'en est pas à deux déformations près, comme vous le voyez !

Cent fois sur le métier…

…entend-on communément dire. Souvent pour signifier qu'on n'a rien sans rien et qu'il faut sans cesse se remettre à la tâche. Mais le pauvre Boileau, à qui l'expression est de toute évidence empruntée, n'a jamais dit cela ; il a juste écrit :

« *Vingt fois sur le métier remettez votre ouvrage,*

Polissez-le sans cesse et le repolissez. »

Et de vous à moi, de 20 à 100 fois, il y a quand même une différence…

C'est bête comme chou

Faut-il voir dans cette expression une définition, parmi tant d'autres, de la cuisine ? Il ne sera pas question ici du légume, qu'il soit blanc, rouge ou vert. Le terme de *chou* désigne en effet en argot la tête – on retrouve d'ailleurs ce sens dans l'expression « *se prendre le chou* ».

Bête comme la paille d'haricots, dira-t-on en Allemagne, *facile comme une tarte* en Angleterre, *aisé comme un jouet ou un jeu d'enfant* en Grèce, bref, *easy de chez easy*. Je dirais même enfantin, pas de quoi en tout cas *se prendre le chou*, tellement c'est facile à comprendre.

Couper les cheveux en quatre

Avez-vous un jour essayé de vous livrer à pareille activité ? Couper oui peut-être, mais en quatre ? Et dans quel sens ? C'est un travail de précision qui nécessiterait une adresse hors du commun. À l'origine, on disait « *fendre les cheveux en quatre* » dans le sens de la longueur pour en faire comme des cheveux d'ange… peut-être, tout fins.

Cette expression qualifie le comportement d'une personne méticuleuse à souhait, qui ergote et pinaille sur tout. Qui surtout se complique bien inutilement la vie pour rien, sauf que parfois cela lui permet de faire prévaloir son point de vue sur celui des autres, à coup de distinctions très subtiles. La fin justifiant peut être parfois les moyens !

Courir la prétentaine

Je devine déjà vos sourires : vous croyez que l'expression s'adresse à tous ceux qui, dans leur jeune âge, avant la trentaine donc, aiment à folâtrer, à mener une vie de débauche, à rechercher les escapades érotiques ou autres aventures galantes. Erreur : vous avez mal entendu : *prétentaine* n'est pas *prétrentaine*… Il s'agit d'aventures galantes, et l'expression s'applique à des coureurs de tous âges, des *womanizers* comme on dit en anglais. Il s'agit toujours en tout cas de *courir la pouliche* en italien, *après sa bite* aux Pays-Bas, et ce, pour *aller au chemin d'amour*… La variante, *courir la Calabre*, pourrait faire songer à l'une des régions chaudes de l'Italie, pour peu que le mot *Calabre* soit écrit avec une majuscule sinon le terme désigne juste une catapulte… Ça peut le faire aussi ! On dit bien *courir la gueuse*…

Élémentaire, mon cher Watson !

Contrairement à ce que vous croyez, cette citation en l'état est un leurre. Le héros de Conan Doyle, Sherlock Holmes, ne l'a jamais prononcée. Vous aurez beau parcourir les soixante récits, vous trouverez ici : « Élémentaire ! », là : « *Mon cher Watson !* » l'acolyte du détective. Mais les deux employés ensemble, on les doit à une citation apocryphe, vraisemblablement popularisée par le premier film parlant en 1929, suivi de la série radio en 1939-1947. Élémentaire, cher lecteur !

Être au bout du rouleau

Et d'abord de quel rouleau parle-t-on ? D'un rouleau de cuisine, de tissu, de papier ? Veut-on parler du bout du bout ?

C'est avoir épuisé tous les moyens et toutes les ressources en pure perte, sans doute par allusion au quémandeur ou à l'orateur parvenu au bout de son rouleau… de papier et à court d'arguments. En effet, le mot « rouleau » qui désigne jusqu'au XVIIIe siècle la feuille enroulée servant de support à un texte écrit finit par désigner aussi les petits paquets de papier qui contenaient des pièces de monnaie. Quand il n'y a plus de rouleau, c'est qu'il n'y a plus de sous non plus.

On savait que la vie n'est pas un long fleuve tranquille et que, comme toute chose, elle a une fin.

Être comme mars en Carême

C'est à tort qu'on emploie l'expression pour signaler l'arrivée opportune de quelqu'un ou de quelque chose. De fait, le Carême, période de pénitence qui dure quarante jours entre le mercredi des Cendres et le Samedi saint, a bien place au mois de mars, mais on comprend mal pourquoi cela serait un événement heureux !

La véritable expression devait plutôt être « comme marée en Carême » : voir arriver en effet une quantité de poissons à un moment où l'Église interdisait de consommer de la viande (jeune du Carême oblige !) pouvait se révéler fort appréciable pour les pratiquants.

Quoi qu'il en soit, on persiste toujours à dire « être comme mars en carême » pour parler d'une chose qui arrive fort à propos !

Être comme deux ronds de flan

C'est être très surpris et avoir les yeux tout écarquillés sous le coup de l'étonnement. Quant au « flan », rien à voir avec un quelconque dessert, aussi succulent soit-il : le mot désignait au XVIe siècle une pièce de monnaie, un denier par exemple. Et alors, me direz-vous ? L'expression jouerait du double sens du verbe « frapper » : frapper une monnaie et être frappé de stupeur. On appelle encore « flan » un morceau de carton recouvert d'un enduit épais, destiné à recevoir en creux l'empreinte d'une composition et nécessaire pour fabriquer le cliché qui sert ensuite à la reproduction du livre. Mais alors pourquoi deux ronds ? Et s'il s'agissait tout bonnement d'une erreur d'orthographie du mot *flanc* ? On pourrait alors comprendre que ces *deux ronds de flanc* là seraient les fesses. Ne dit-on pas vulgairement *être sur le cul* quand on est ébahi devant quelque chose ? On reste bouche bée, *avec les yeux comme deux assiettes* en Uruguay, ou *les yeux d'une bestiole* aux États-Unis : *to be bug-eyed*. Quoi qu'il en soit, on n'en sort pas indemne !

Être copains comme cochons

C'est être très amis et complices. L'étymologie remonterait au mot *soçon* signifiant « camarade » puis *chochon* et *cochon*. Rien à voir donc avec notre ami le cochon, chez qui pourtant, dit-on, tout est bon ! *Être comme les deux doigts de la main* en est l'équivalent espagnol, à peine plus compréhensible, dans la mesure où nous avons tous cinq doigts et non deux dans une seule main. *Être amis à la vie à la mort* en italien ou *deux têtes dans un chapeau* en arabe tunisien montre encore mieux le lien entre les deux personnes. Pas besoin donc d'aller chercher l'expression très populaire chez nos amis les Chtis : *être comme c.. et chemise* ! Ne me dites pas que vous n'aviez pas deviné !

Être tiré à quatre épingles

C'est être littéralement mis (habillé) avec une élégance impeccable. Mais il y a plus, dans l'expression, que le soin scrupuleux avec lequel le tailleur a ajusté l'habit. Chaque pèlerin, jadis, devait attacher les quatre corsets de son manteau au moyen de quatre épingles. De plus, vers le XVe siècle, « épingle » désignait l'argent de poche que les femmes mettaient de côté pour leurs menus frais, leurs emplettes, leur « shopping » vestimentaire entre autres.

Faire des coupes sombres

Cette expression a fini par vouloir dire, au figuré, le contraire de ce qu'elle signifiait à l'origine et au sens propre. En langage forestier, on parle en effet de « coupe blanche » ou « coupe à blanc », ou bien encore de « coupe claire », pour parler d'une taille sévère, qui n'épargne rien, ni taillis ni baliveaux. La « coupe sombre » s'applique, elle, pour une première coupe qui n'éclaircit pas totalement la forêt.

De nos jours, on procède, hélas, à des coupes sombres, par exemple, dans l'administration ou le monde du travail en général. Et sombre porte bien sa couleur, en la circonstance. Quand un certain ministre de l'Éducation parlait de « dégraisser le mammouth », l'expression a marqué plus d'un esprit et ce de manière très claire !

Faire bonne chère

Vous pensez sans doute que cette expression veut dire : faire un bon repas, car vous associez le mot *chère* à la chair. Mais le saviez-vous, le mot *chère* vient du latin *cara*, la tête, la figure, le visage : aussi l'expression signifie-t-elle faire bonne figure (épanouie). Et la bonne chère désigne donc une bonne mine. Bien sûr qu'un bon repas y contribue ! D'où le passage de sens d'une expression à l'autre.

Faire feu de tout bois

L'expression s'emploie assez rarement au sens propre : savoir faire un bon feu et donc employer tous les combustibles appropriés. C'est aussi savoir utiliser tous les morceaux d'un bois pour en faire des projectiles pour atteindre un objectif en vue d'une réussite absolue. Bref, tout faire pour parvenir à ses fins. Et si on est *tout feu tout flamme,* soit plein d'ardeur, le résultat n'en sera que meilleur !

Faire un bœuf

Rien à voir avec l'animal rencontré dans les champs ou au Salon de l'agriculture. Du reste on aurait plutôt dit, faire le bœuf comme on dit le chat, le chien, etc. Cette expression nous ramène en fait aux années 1920, à une époque où les musiciens de jazz prenaient plaisir à se retrouver pour des sessions d'improvisation (de l'anglais, *jam*) dans des cabarets, tel celui du 8ᵉ arrondissement de Paris, appelé « Le Bœuf sur le toit ». Et voilà, le tour est joué : de « faire une *jam* au Bœuf (sur le toit) », on est passé à *faire un bœuf.*

Fier comme un pou, qu'il soit sur son fumier, une gale, une rogne, qu'importe !

Point n'est ici question de l'insecte parasite, plus souvent qu'à son heure nommé *pouille* et dont on débarrassait les « pouilleux » au Moyen Âge. Non, ce pou-ci, souvent orthographié *poul* ou *pol*, vient du *pollus* latin, qui a donné notre poulet. Il s'agit plutôt, à dire vrai, du jeune coq, ce « cochet » dont La Fontaine narre les aventures dans sa fable. Planté sur ses ergots, le maître de la basse-cour justifie la réputation d'orgueil qui lui est faite, à tort ou à raison. Du poulet au pou *en deux sauts de puce,* nous y voilà !

Il n'y a pas péril en la demeure

Non, l'expression ne veut pas dire qu'on ne risque rien chez soi, à la maison. En effet, le mot *demeure* ne signifie pas ici « maison habitée » mais vient du verbe *demeurer* et veut donc dire « action de s'attarder, retard, attente », comme c'était le cas dès le XVIe siècle.

Il n'y a pas de danger à rester sans rien faire. Cela reste encore à voir !

Mariage plus vieux, mariage heureux

Assistant à un mariage arrosé de pluie, qui d'entre nous ne s'est pas exclamé, « mariage pluvieux, mariage heureux ! », histoire de consoler les mariés ? Patatras, il n'y a aucun rapport avec la météo. Il faut plutôt entendre : mariage plus vieux, mariage heureux. À croire, mais rien n'est moins sûr, qu'un engagement conclu au terme d'une longue période de réflexion résistera mieux aux épreuves. S'il suffisait de cela, on attendrait tous de prendre de l'âge !

Mou comme une chique

Qu'appelle-t-on une chique ? On pense au *chicon*, au *chicot*, désignant un morceau de tabac qu'on aime à mâchouiller à l'intérieur de sa bouche. Mais l'origine de l'expression remonte plus vraisemblablement à une autre image, celle d'un morceau de tissu mou et de mauvaise qualité. Là encore, un mot en a remplacé un autre par seule consonance sonore et pas vraiment pour le sens. D'où la confusion ! De nos jours encore traiter quelqu'un de chiffe (molle), c'est le désigner comme un homme mou, faible, qui manque de *peps*, de tonus, dont on fait ce qu'on veut, qu'on pourrait même *retourner comme une crêpe*.

Mettre la puce à l'oreille

Nulle puce électronique, ici, placée sous la peau de votre animal chéri. Il s'agit de soupçons qu'on éveille, souvent involontairement. Quel rapport, me direz-vous, avec une puce ? Autrefois, l'expression voulait dire qu'on avait de terribles démangeaisons, comme seules les puces peuvent en donner. Il ne s'agissait pas, au demeurant, de n'importe quelles irritations, le dictionnaire de La Furetière évoquant, par euphémisme, « *quelque passion amoureuse qui empêche de dormir* »…

Se mettre sur son trente et un

À l'origine, on disait « se mettre sur son trentain » (du nom d'un drap luxueux tissé à partir de trente fois cents fils de soie). Le mot s'est trouvé par la suite déformé en « trente et un ». À moins qu'il ne s'agisse d'une allusion à un jeu de cartes où le chiffre trente et un assurait le point gagnant ? Mais c'est plus improbable.

L'expression signifie en tout cas revêtir ses plus beaux habits ou atours dans les grandes occasions (tous les deux mois, au mieux). Tout le contraire d'être habillé « *comme un as de pique* » ou, comme disent les Anglais, *comme un dîner de chien*…

S'en moquer comme de l'an quarante

C'est se moquer éperdument de quelque chose, car on ne lui attache aucune valeur et qu'on n'éprouve pas la moindre crainte à son sujet. Mais pourquoi parler de l'an quarante ? Il s'agirait plutôt d'une déformation phonétique populaire du mot *alcoran* : *al coran*, le Coran. Les chrétiens du Moyen Âge, pour dire qu'ils se moquaient de quelque chose ou de quelqu'un, prenaient alors l'exemple du livre sacré qui n'était pas le leur, la Livre des musulmans. *C'est saucisse pour moi*, dit-on en allemand ; *je m'en fiche comme d'un grain de cumin* en espagnol, *ce n'est pas une peau qui vient de mon nez* en anglais. Bref, *s'en moquer comme de sa première chemise !* Autrement dit, *n'en avoir cure.*

Se mettre en rangs d'oignons

L'expression est restée proverbiale. Mais sachez-le, elle ne se rapporte pas à des rangées d'oignons, plantés comme d'autres plantent des choux *à la mode de chez nous*, c'est-à-dire sur une même ligne. À l'origine, l'expression remonte à un certain baron d'Oignon, maître de cérémonie, chef du protocole de l'époque, chargé de donner à chacun la place qui lui revient, conformément à son rang. Du reste chez nos voisins allemands, les oignons deviennent… des oies, ou bien des perles sur un fil.

Tirer les marrons du feu

Si vous avez un jour essayé de sortir des marrons du feu, vous savez que c'est délicat, qu'on peut facilement se brûler. L'expression signifie donc, *a priori*, rencontrer des difficultés à faire quelque chose. On croit, à tort, que c'est profiter d'une situation ; en fait, c'est se donner du mal pour pas grand-chose, puisqu'un autre que vous va en profiter, comme l'affirme la fable de La Fontaine, *Le Singe et le Chat* (IX, 17). La prochaine fois, donc, vous pourrez vous exclamer : « *Caramba, encore raté!* » ou mieux, « *Encore marron !* » (privé de ce vous attendiez) !

Tomber en quenouille

L'expression s'emploie pour dire qu'une entreprise, une maison, une succession, tombées aux mains de femmes, ont périclité ! Voilà qui est bien méprisant pour les femmes dont la quenouille était l'emblème ! Même si vous avez à l'esprit la méchante reine qui dans *La Belle au bois dormant* endort Cendrillon de la piqûre de son rouet ! L'expression se dit aussi d'un homme qui tombe sous la coupe d'une femme…

Tomber dans les pommes

C'est s'évanouir. Mais oubliez les pommes ! L'expression correcte était « *tomber dans les pâmes* » de la pâmoison. Et quand le mot disparut de l'usage, on le remplaça par un mot voisin par le son, mais qui n'avait rien à voir pour le sens, et c'est ainsi que l'expression populaire vit le jour dès 1889 sous cette nouvelle forme.

Trois francs six sous

L'expression « *trois Francs six sous* » s'emploie de nos jours pour parler de quelque chose qui ne vaut pas grand-chose, tout comme on dit : cela ne vaut pas *un Kopeck*… Mais qu'en est-il vraiment ? Si je me fie à mes recherches, en 1900, « trois francs six sous », soit 3 francs et 30 centimes, valaient beaucoup puisque cela représentait une journée de travail pour un ouvrier. En 1941, un kilo de pain coûtait la modique somme de 3 francs 6 sous, tout sauf une peccadille donc !

En tout cas, ce n'est pas une expression *à deux, trois, dix balles,* comme on dit familièrement ?

Un remède de bonne femme

Non, je ne vous donnerai pas le nom d'une belle inconnue qui saura apporter du réconfort à vos maux, pour la simple et bonne raison que cette expression est la transcription phonétique du latin *bona fama* qui veut dire « de bonne réputation ». Retranscrite en vieux français en « de bonne fâme » (connu dans l'adjectif *fameux* ou dans son antonyme *infâme*), l'expression a glissé vers *de bonne femme*.

On appelle ainsi des remèdes populaires administrés par des personnes *a priori* étrangères à la Faculté mais au savoir-faire reconnu. Une certaine Mère Courotte était en son temps, en Côte d'Or, « aux herboristes du Moyen Âge ce que le rebouteux de Belleroche était au mire d'autrefois », à ce qu'on dit.

Parfois, il vaut mieux tout de suite mettre la main sur un remède de bonne femme qu'attendre un rendez-vous médical !

Vox clamantis in deserto

« La voix de celui qui crie dans le désert », voilà ce que l'apôtre Jean-Baptiste répondit aux juifs qui lui demandaient s'il était lui-même le Christ ou un simple prophète. Ceci, par allusion à ses nombreuses prédications dans le désert peuplé d'anachorètes (ermites), comme cela est rapporté dans l'Évangile de saint Matthieu.

C'est donc à tort qu'on prête à l'expression « *prêcher dans le désert* » le sens de parler dans le vide, puisque c'est, au contraire, se produire devant un large auditoire. Le saviez-vous ?

Chapitre 14

Les expressions familières, populaires, argotiques même !

Dans ce chapitre :
- Des expressions familières…
- … aux plus argotiques
- en passant par quelques jurons !

Allez, je vais vous *faire votre fête* avec les expressions de ce chapitre. Certaines se veulent incorrectes au sens où elles peuvent choquer des sensibilités. *Osez Joséphine !* À mes yeux, elles sont comme un bain de jouvence dont notre langue de tous les jours a bien besoin. Elles permettent, en effet, une transcription presque affective des données de communication. Et à ce titre, elles méritent de figurer ici. Et pour les plus familières et argotiques d'entre elles, il faudra me *passer l'expression !* Fin prêts ?

Accrochez vos ceintures !

Pour se donner du courage, prendre des mesures de sécurité, avant d'affronter un trajet, un périple, qu'on pressent mouvementé ou dangereux.

Sacré nom d'un juron ou pot pourri de jurons !

Un **juron** est une expression brève qui répond à un mouvement d'humeur ou d'émotion. Plus ou moins grossier, il apporte beaucoup d'intensité à un propos qu'il vient renforcer sans toujours viser quelqu'un en particulier. Colère, indignation, surprise sont les sentiments qu'un juron permet de transcrire. Ainsi au lieu de dire : « Ah ! La belle voiture ! », on choisira de dire : « Quelle putain de bagnole ! »

Socrate, dans l'Antiquité déjà, nous avait habitués avec son *Par le chien* qu'il décochait au Dieu égyptien Anubis ! Sans oublier les nombreux « *Par Zeus* » ou « *par Hercule !* », etc. Au siècle dernier, on déclinait toues sortes de jurons, allant de *sacristi* à *sapristi* ; de *saperlotte* à *saperlipopette*. Le nom de Dieu faisait place à des variantes plus fantaisistes les unes que les autres. C'est que le juron flirte très souvent avec l'insulte, l'anathème ou le blasphème même. Proche d'une transgression, on a trouvé moyen de l'altérer par divers procédés :

L'expression « **Nom de Dieu** », par exemple, aura pour équivalents *nom d'une pipe, nom d'un chien, nom d'un petit bonhomme !*

Sacré vingt dieux devient *crévindiou*, une fois étêté et occitanisé, *boudiou* est plus doux que *bon dieu*, *crédieu* compacte les deux précédents. *Crénom d'un chien* est un mot valise presque. *Nom de Dieu* s'atténue en *Madoué, Ma doué Béniguet*, etc. ou même *Milodiou* et *vaindiou* en occitan. Au XVIIe siècle, *mordieu* (altéré en *morbleu*) est bien la contraction de *Mort de Dieu* ! C'est ainsi encore que le sang de Dieu (« *palsambleu* ») s'affadit en **bon sang** et, sans doute par allitération, *en bon sang de bonsoir !* Chacun du reste y va de son juron : *Ventre-saint-gris* était, à ce qu'on dit, le préféré du roi Henri IV !

Diantre ! Le saviez-vous est encore un euphémisme pour faire cette fois un appel au diable.

Dans un tout autre registre, longue est la liste des **couillon, putain, ou autres noms d'oiseaux** dont on aime à *traiter les gens*. Tout le vocabulaire scatologique est alors mis à contribution : *merde, caca, pipi*, bref, tout ce qui est au-dessous de la ceinture est convoqué pour cette entreprise, non de démolition, mais d'affirmation de soi, du moins le croit-on. Les « *Merde* », et autres *chiottes* « *se répandent telle une lave* [dévastatrice aux yeux des puristes ou des pudiques] *dans les fissures du discours* » comme l'écrit la romancière Nancy Huston dans la thèse qu'elle soutint sous la direction de l'éminent professeur Roland Barthes.

Eh oui, les *caca, prout, pipi* (au secours, docteur Freud !) marquent une nette régression de l'homme au stade anal, que le *caca boudin* du sketch de Muriel Robin confirme. L'injurieux « *Je vous pisse à la raie* » est subverti par l'humour de la réplique : « *Non, Odile Deray* » (*La Cité de la Peur*, 1994).

> **Sacré nom d'un juron ou pot pourri de jurons ! (suite)**
>
> Je veux espérer que vous n'allez pas *faire un caca nerveux* à cause de cet encadré. C'était tout de même *diantrement cacapoum cacapoum !*
>
> *Putain con !* comme on dit dans mon Sud-Ouest !

À d'autres… mais pas à moi

Non, tu ne me la feras pas ! Tu peux bien raconter des histoires, des sornettes, moi tu ne me feinteras pas. *Chante beau merle, je t'écoute…*

À fond la caisse / les manettes

On entend aussi « *à fond les ballons* », par souci de la rime, sans doute ! La caisse désigne ici une voiture d'autrefois où les manettes servaient à diriger l'engin.

À perpète les oies…

Vous connaissez l'expression « *à perpétuité* », apocopée en *à perpète / perpette*. Vous avez également entendu parler de *Trifouillis-les-Oies*, ce bled perdu dans la campagne profonde. L'expression *à perpète les oies* mêle en fait les deux axes de coordonnées, temporel et spatial, pour créer cette impression d'« au milieu de nulle part » ! *À Pétaouchnok* en est une variante expressive, forgée sur le nom d'une ville russe si lointaine qu'on la croirait, à tort, imaginaire.

Appuyer sur le champignon

Cette expression, datant du début du XXe siècle, doit son origine au milieu automobile, à cause de la forme des premiers accélérateurs, tiges courbes surmontées d'une demi-sphère évoquant un champignon. De nos jours, « *appuyer sur le champignon* » signifie toujours, même hors du domaine automobile, chercher à aller plus vite.

Avoir la flemme

Au sens de « lenteur, placidité », le mot évoque le flegme, qu'on associe aux Anglais, et renvoie à l'une des quatre humeurs fondamentales de l'organisme (le sang, le flegme, la bile jaune et la bile noire). *Se la couler douce* est effectivement plus agréable qu'avoir à *reprendre le collier*.

Avoir le feu au derrière

C'est être très pressé, déguerpir sans demander son reste. L'expression s'emploie aussi, pardon pour le sexisme de l'expression, d'une femme portée sur la chose.

Avoir les foies

C'est familièrement *se faire du mauvais sang*, de la bile, du mouron, sous le coup de la peur. De quoi en avoir une crise… de foie !

Avoir x balais…

Vingt, trente, quarante, qu'importe ! On ne compte plus lorsqu'on aime ! Pourquoi des balais, pour parler de son âge ? Nombreuses sont les hypothèses. Il était de coutume de changer de balais une fois par an. Donc autant de balais, autant d'années. À condition de les conserver pour pouvoir les compter ! L'expression, qui est apparue dans le dictionnaire il y a tout juste quarante ans, quarante balais donc, vient en prolonger une autre : « j'ai dix ans *et des poussières*… ». Il fallait bien un balai pour pousser la poussière sous le tapis. L'explication étymologique est sans doute la plus vraisemblable : le mot *balai* remonterait au terme gitan *babel* signifiant « en arrière », « en dernier », « plus tard ».

Pour ma part, je préfère la version plus poétique : j'ai vingt printemps ! C'est beau de le croire…

Chapitre 14 : Les expressions familières, populaires, argotiques même ! 197

Avoir plusieurs fers au feu

La technique était bien connue des repasseuses d'antan, qui faisaient chauffer en alternance leurs fers en fonte, de façon à perdre le moins de temps possible. C'est mener de front plusieurs projets, mais dans un sens positif, par opposition à l'expression : *courir plusieurs lièvres à la fois*, qui est un signe de dispersion, d'inefficacité.

Ça va barder !

Je vous donne tout de suite son équivalent aux États-Unis, pour annoncer la couleur : *ça va chier dans le ventilo !* Cette expression, issue du domaine militaire, signifie qu'on doit effectuer un travail pénible. Elle vient en effet du mot *bard* qui désignait une civière ou un chariot pour porter des charges souvent lourdes. Il va donc y avoir des étincelles, du grabuge. *Ils vont apprendre ce que coûte un peigne* comme on dit en Espagne. Bref, *ça va chier au Maroc !*

Ça va loin, très loin !

Après un grand verre d'eau, bu d'un trait, pour étancher une soif d'enfer, vous direz : « Ça va loin, très loin ». En fait, « ça » ne va pas plus loin que d'habitude, mais tout est une question de ressenti, comme on dit aujourd'hui.

Cause toujours, tu m'intéresses...

Cette expression, qui fait le titre d'un film d'Édouard Molinaro en 1978, s'emploie, quand à l'occasion d'un échange avec quelqu'un, on veut marquer son indifférence envers lui sans le lui dire directement : on fait mine d'être à son écoute, et en même temps on sait qu'on ne tiendra pas compte de ce qu'il dit, il peut toujours parler. Une fin de non recevoir, en quelque sorte.

C'est à prendre ou à laisser

Au terme d'une longue transaction, l'un des deux négociateurs décide de ne plus faire la moindre concession : c'est à prendre ou à laisser, sans autre forme de procès. *Ce soir ou jamais*, en somme.

C'est dans la poche

Telle est la transcription française de la version anglaise *It's in the pocket...* que l'on emploie pour dire que c'est du tout cuit, que l'affaire est faite, que c'est dans le sac, autrement dit c'est gagné d'avance.

C'est la fête du slip !

C'est la porte ouverte à tous les délires, désirs et autres fantaisies. Il semblerait que cette expression, surtout en vogue chez les jeunes, tire son origine des organisations de chambrées à l'armée où l'ordre doit être impeccable. Rien bien évidemment ne saurait dépasser et encore moins les sous-vêtements ! Pourtant parfois, en signe de rébellion, quand la quille approchait, les libérables s'autorisaient un certain relâchement, allant jusqu'à exhiber leurs sous-vêtements pour mieux défier l'autorité. L'expression s'emploie surtout à la forme négative, pour signifier que ce n'est pas la fête du tout, que chacun ne fait pas ce qu'il lui plaît. Bref, Ce n'est pas *open-bar*.

C'est parti, mon kiki

Tout le monde sait ce que signifie cette expression aux consonances plutôt rigolotes : on y va, en avant, c'est parti, en route donc ! Mais s'est-on un seul jour demandé qui était le kiki en question ? Certains pensent que l'expression s'est greffée sur une autre : *Vas-y mon poussin*, qui servait à signifier le début d'une chose, arguant du fait que le mot *kiki* désigne en argot une volaille. D'autres préfèrent une explication plus historique et sociologique : les prostituées dans les années 1930 interpellaient ainsi dans la rue les clients pour les inviter à les rejoindre dans leurs chambres d'hôtel, le mot *kiki* (contraction de « chéri ») s'employant alors aussi bien pour désigner un mari qu'un amant.

C'est où tu veux, quand tu veux, comme tu veux...

Belle proposition ! Comment y résister ? Voilà ce qu'on dit à quelqu'un pour lui montrer qu'on accepte sa proposition ou qu'on se rend disponible à tous égards, surtout qu'on ne veut pas le contrarier.

C'est pas de refus

Au lieu de répondre ouvertement « oui » à une question ou une demande, on préfère passer par une litote et présenter sa réponse sous une forme négative. L'expression se veut plus polie, moins « rentre-dedans », mais signifie tout pareillement qu'on est d'accord.

C'est la totale

Lorsque tout va mal et que tout s'y met (comprenez, contre vous), comme un fait exprès, on dit : « C'est la totale ». *C'est le bouquet*, le comble du malheur ; on atteint le paroxysme. Bref, ça peut difficilement être pire ! *C'est le pompon*, quoi !

C'est l'hôpital qui se fout de la charité

On appelait « charité » un hôpital administré par les frères ou sœurs de la Charité, ordre religieux. Autrement dit, un hôpital est l'équivalent d'une charité.

L'expression, sans doute d'origine lyonnaise, signifie donc que l'un pas plus que l'autre ne saurait se moquer de l'autre, tant ils se ressemblent. C'est donc se moquer d'un défaut qu'on a soi-même. *Le chameau ne voit pas sa bosse*, dit-on en tunisien, ce qui n'est pas sans rappeler notre dicton, d'origine biblique : *voir la paille dans l'œil du voisin mais non la poutre dans le sien propre*. L'espagnol plus expéditif choisit de dire que *le mort se rit du décapité*.

Plus familièrement, on y verra une correspondance avec ces variantes bien plus prosaïques : *C'est le Brie qui dit au camembert qu'il pue* ou encore *C'est le chaudron qui dit à la cafetière qu'elle a le cul noir...* (le cul d'un plat).

Ce n'est pas de la petite bière

Ne pas *compter pour du beurre*, ne pas être quantité négligeable. L'expression s'entend d'elle-même, si l'on sait qu'au sens propre on distingue la double bière, la bière forte et la petite bière, qui est la moins alcoolisée des trois et, partant, la moins chère.

C'est simple comme bonjour

Se dit de quelque chose de très aisé, d'accessible, de naturel presque, comme le fait de saluer quelqu'un, le matin. Simple *comme deux et deux font quatre*, entend-on aussi.

C'est la zone !

À l'origine, la zone désigne un endroit somme toute assez *craignos* (voir plus haut), peu recommandable, à la périphérie des grandes villes. En effet, *zona*, en grec ancien, est une « ceinture » : d'où les appellations de petite et grande ceintures pour qualifier les abords des agglomérations de nos métropoles. Toutes les zones (à aménager, à défendre, etc.) ne sont pas des « zones », qu'on se le dise !

C'est son truc

C'est vraiment son affaire, sa spécialité, son rayon ; dans le domaine, il/elle s'y connaît plus qu'aucun(e) autre. Il faut lui en laisser la prérogative. Le mot truc ici n'a pas du tout le sens flou qu'on lui connaît par ailleurs pour désigner un objet et même une personne dont on n'arrive pas à se rappeler le nom ; on dit alors « *machin truc chose* » ou « *truc muche* ».

Chapitre 14 : Les expressions familières, populaires, argotiques même !

Déconner à plein(s) tube(s)

Pour le premier mot de l'expression, je n'ai nul besoin d'expliquer, le terme étant passé dans le domaine public. Pour la suite, à pleins tubes, on devine, car on connaît les variantes : *à plein pot, à plein gaz*, etc. La métaphore est toujours en liaison avec une idée de vitesse et de puissance. Pour être exact, on devrait dire *à plein badin*, du nom de cet officier français, inventeur de l'anémomètre permettant de mesurer la vitesse d'un aéronef par rapport à l'air. L'expression s'emploie pour dire qu'on dit, ou pire, qu'on fait, de grosses bêtises, *à fond de train, à toute vibure*… !

En avoir gros sur la patate

Le terme patate, issu de l'espagnol *patata*, est l'autre nom familier de notre pomme de terre à nous. L'expression signifie en *avoir gros sur le cœur*, être tout chagrin et malheureux. Être révolté, aussi, dans certains contextes.

Elle est bien bonne !

Se dit d'une blague, d'une plaisanterie, d'une parole qui a été appréciée en société. Dans un registre graveleux, sans l'adverbe, « *elle est bonne* », dans la bouche d'un homme, se dit d'une femme qui est une bonne affaire au lit.

Envoyer quelqu'un aux pelotes / sur les roses

C'est l'envoyer promener. De quelles pelotes parle-t-on ? Pas de celles dont on s'enrichit, mais de celles qu'on subissait à l'armée. Le peloton disciplinaire recevait les soldats punis qu'il soumettait à des corvées, appelées « pelotes ». On dit encore en argot *envoyer chez Plumeau*, pour dire *au diable*, nulle part. Plumeau serait le nom dérivé d'un célèbre barbier Plumepette ainsi que celui d'un marchand de vêtements, d'où l'expression équivalente : « *aller se faire rhabiller* ». Le plumeau au sens basique désigne aussi un ustensile servant à épousseter, à faire le ménage, d'où le sens de renvoyer, éconduire, *envoyer bouler*, paître. *Dans les roses*, sûrement pas, ce serait trop agréable, sauf si on pense aux épines !

Être à l'ouest

Cette expression récente est sans origine précise. Faut-il y voir la francisation de l'expression anglaise : *to go west*, employée lors de la Première Guerre mondiale, voulant dire « mourir » ou « être tué » ? Plus vraisemblablement, on songe à ces comédiens du début du XXe siècle qui, après avoir quitté les théâtres dans l'Est parisien, regagnaient très fatigués leurs logements à l'ouest de la capitale. La dernière hypothèse, la plus amusante mais aussi la moins convaincante, concerne le professeur Tournesol, alias Tryphon, l'ami de Tintin. Dans *Le trésor de Rackham le rouge*, son pendule lui indique de chercher toujours plus à l'ouest...

Dans tous les cas, il s'agit d'un déphasage, d'une désorientation (*on a perdu le nord*), d'un état second, anormal, quelle qu'en soit la cause (distraction, extrême fatigue, inattention, etc.). *Être sonné* vous dira un Américain, *dans la lune*, un Suisse, *marcher au ciel* un Hongrois.

Bref, *être à côté de la plaque* ! Et ne me demandez surtout pas de quelle plaque il s'agit !

Être paf

Être ivre, jusqu'à en tomber par terre, et donc faire *paf*, du nom d'une eau de vie d'alcool qui vous assommait ! *Être rond* quoi, comme quand tout semble tourner devant les yeux du buveur, tout aviné ou alcoolisé, rond comme une balle, une futaille, « *plein comme un œuf* », « *saoul comme un Polonais* ». De quoi ne plus *être rond en affaires*, n'être plus bon qu'à aller *faire des ronds dans l'eau*...

Être raide (comme un passe-lacet)

Il y a deux manières d'entendre le terme « raide ». Au sens propre, c'est se tenir droit, dans une posture compassée et bien peu naturelle, le lacet qui resserre le vêtement ou même les chaussures pouvant donner cette allure tout à fait guindée. On sait aussi qu'un « lacet » désignait la cordelette dont les gendarmes attachaient les mains des repris de justice. Dès lors le « passe-lacet » pouvait servir de périphrase pour désigner tout représentant de la loi.

Au sens figuré, en argot, être « raide », c'est *ne plus avoir un sou vaillant*, être sans argent, et donc socialement mort ? En Espagne, on dit être *tondu*, et en Belgique wallonne : *être chargé d'argent comme un crapaud de plumes*.

Et mon cul, c'est du poulet !

Cette expression, déformation d'une phrase bretonne fort ironique : mad ket'ch y a poulenn qui signifie « demain il fera beau », pour qui connaît le temps pluvieux de la région, marque le doute de quelqu'un face à un interlocuteur : « oui c'est cela, tu te moques un peu de moi, non ? »

Et patati et patata

Telle est la variante occitane de l'expression latine *etc./et caetera/cetera*. Connue dès 1923, cette expression ne présente pas à ce jour d'explication certaine. Remonte-t-elle au mot *patin*, vieille pantoufle qu'on devait mettre pour marcher sur des parquets cirés de peur de les abîmer ? Ou au *patatin*, terme onomatopéique évoquant le bruit d'un cheval au galop ? L'origine la plus probable semble être *patin-couffin* (*patin* comme *pantoufle* ; *couffin* comme *corbeille de bébé*), pour désigner les paroles jugées sans intérêt (par qui ? J'ai une idée sur la question, mais *je dis ça, je dis rien*) qu'échangent les femmes dans leurs conversations qui portent sur leurs enfants (couffin) ou les menues choses du ménage.

Cette expression péjorative (parce que misogyne ?) désigne donc un long bavardage sans intérêt, du *blablabla*.

Et que ça saute !

Et plus vite que ça ! Mais de là à vous dire qu'est-ce qui saute ! Le couvercle d'une casserole ? Un aliment dans la poêle ? Ou le petit sifflet tournant des cocottes minute ! En tout cas, c'est l'expression la plus explosive que je connaisse. Ça déménage !

Être mal barré

C'est être mal en point, mal engagé, comme cela se passe quand, à bord d'un navire, il y a erreur de pilotage.

Faire des chichis

On appelait « chichis » à la fin du XIXe siècle des cheveux postiches, sans doute en rapport avec « chic » et « chiqué ». Par extension, on en vient à des manières, des simagrées peu sincères. Cette expression s'emploie maintenant à propos de toute personne qui se plaît à faire des protestations, des embarras, des manières ! En termes moins galants, on dira à quelqu'un qui se complique trop la vie : *Pas besoin de tortiller du cul pour chier droit !*

Faire la nouba

Cette expression populaire veut dire faire la fête, la *bringue à tout casser*. Le mot *nouba*, d'origine algérienne, désignait la musique des tirailleurs qui donnaient à tour de rôle des concerts devant les maisons de leurs officiers. En d'autres lieux, *faire la java…* quoi !

Faire marcher quelqu'un

L'origine de cette expression populaire apparue au début du XIXe siècle vient d'un jeu de marionnettes où le montreur manipulait des fils qui actionnaient des personnages à son gré. Ici « marcher » veut dire agir, s'engager dans une affaire, faire gober à quelqu'un tout et n'importe quoi.

Attention, ce n'est pas *marcher dans la combine*. C'est se laisser abuser : certains marchent, d'autres, encore plus crédules, courent, galopent ! En anglais, on tire la jambe de quelqu'un, pour le faire marcher. Pour la petite histoire, cette plaisante anecdote : à un ami qui lui demandait s'il devait placer des capitaux dans une affaire, Alfred Capus aurait répondu : *Oui, mais sur la pointe des pieds*, pour filer la métaphore…

Faut pas rêver !

Ce n'est ni *open bar*, ni *la fête du slip* (voir plus haut) ! Ainsi fait-on comprendre à quelqu'un qu'il ne faut pas qu'il prenne ses rêves pour des réalités. Restons les pieds sur terre et n'attendons pas que tout vous tombe du ciel, ou sur un plateau.

Grimper aux rideaux

Pour une expression familière voire argotique, c'en est une. Elle signifie atteindre le point culminant du plaisir sexuel, autrement appelé orgasme. On dit encore « *prendre son pied* ». *Aller jusqu'au plafond* (du nirvana), comme les Anglais le disent, en est une autre variante. Dans une autre acception, l'expression signifie se mettre dans un état second, s'alarmer même.

Il/elle s'appelle « reviens »

Vous prêtez à un ou une ami(e) un livre ou un DVD. Et puis le jour où vous en avez besoin, vous ne le trouvez plus. Vous fouillez votre appartement de fond en comble, car vous ne vous souvenez plus de votre aimable prêt…

Aussi, la prochaine fois, parce que *chat échaudé craint l'eau froide*, un peu pour taquiner votre nouvel emprunteur, tant que vous y pensez encore, vous lui jetez à la volée, mine de rien : *il/elle s'appelle « reviens »*, pour lui signifier que prêter n'est pas donner !

J'en parlerai à mon cheval

C'est dire si on va le faire ! On emploie cette expression pour évincer quelqu'un, et lui laisser croire qu'on va s'occuper de sa demande ou qu'on s'intéresse à son cas, alors qu'il n'en est rien. Cette expression est donc hautement ironique. En version modernisée, elle se poursuit même, humour oblige, par : *il a un téléphone sous la queue…* À l'absurdité, on rajoute même l'anachronisme !

Lâche-moi les baskets !

Même chose que plus haut. Ce qu'on dit à quelqu'un qui nous ennuie et dont on veut se débarrasser à tout prix. Cela revient à dire : « Laisse-moi donc tranquille ! » Arrête de me serrer, de me coller, de t'agripper à mes basques (mes habits), à mes baskets, dans la version moderne et anglicisée. L'expression « *Lâche-moi la grappe* » est, quant à elle, plus populaire. Mais elle vise des parties plus hautes !

La quille bordel !

À l'époque du service militaire obligatoire, les jeunes conscrits comptaient avec impatience les jours qui les séparaient de la « quille » ; comprenons leur retour à la vie civile.

On présume que les bidasses toujours en folie aimaient à tracer des petits bâtons sur un mur qu'ils alignaient droits comme des i jusqu'au jour de leur libération tant attendue. Comme la dernière quille d'un jeu qui vient à tomber. L'étymologie offre aussi quelques pistes : le verbe *quiller* signifiait « quitter » ou « partir ». La « quille » désignait aussi une bouteille, celle qu'on s'empressait de vider, une fois définitivement quittée la caserne. Dès le XIXe siècle, l'expression « *jouer des quilles* » voulait dire s'enfuir avec ses quilles, c'est-à-dire *les jambes à son cou* ! De par sa forme (phallique ?), enfin, la quille taillée dans le bois se prête à toutes sortes de fantasmes sexuels…

Laisser pisser le mérinos

C'est laisser aller, laisser faire, tout naturellement. Mais pourquoi le mérinos ? Cet ovidé connu pour sa laine (en Arles ou à Rambouillet) urinerait-il plus qu'un autre ? L'expression remonte à celle employée au XIXe siècle : « laisser pisser la bête ». Ceux qui menaient les bêtes, mérinos ou pas, sur les routes d'autrefois, devaient s'arrêter pour laisser leurs animaux faire leurs petits besoins, sachant que pour la « grosse commission », ils pouvaient le faire en marchant. Habitude était donc prise de rester détendus et de savoir attendre pour le bien-être de ses bêtes ! L'expression s'est alors généralisée dans le langage commun.

L'avoir dans l'os / dans le c..

C'est se faire tromper, ou posséder, au propre comme au figuré. Mais de quel os parle-t-on ? Ici le mot désigne le fondement de l'homme, en référence aux deux os, le sacrum et le coccyx. N'entend-on pas parfois dire de manière fort grossière, j'en conviens, « *se le faire mettre (bien profond !)* » ?

Heureusement que d'autres langues ont choisi des références moins paillardes : les Allemands parlent d'*être faits dans l'œil*, les Hollandais d'*être cousus d'une oreille*, et les Anglais d'*être enveloppés de fourrure*...

Le jeu n'en vaut pas la chandelle

Cela n'en vaut pas la peine, car la chose est sans importance ; c'est-à-dire que cela ne justifie ni les frais envisagés pour mener à bien une affaire, ni les problèmes qui risquent d'en découler.

Cette expression, sous une forme très approchante, date du XVIe siècle. Il ne faut pas oublier qu'à cette époque Dame électricité n'existait pas encore et que ceux qui s'adonnaient aux jeux durant les soirées (cartes, dés...) devaient s'éclairer à la chandelle, considérée alors comme un objet de luxe.

Il était d'ailleurs d'usage, dans les endroits modestes, que les participants laissent quelque argent en partant pour dédommager du coût de cet éclairage. D'ailleurs, lorsque les gains étaient faibles, ils ne couvraient même pas le prix de la chandelle... C'est dire !

Tiens ta bougie… droite !

Cette réplique déjà culte, tirée d'un film de 1943, *Marie-Martine*, d'Albert Valentin, est dite par Saturnin Fabre au jeune Bertrand Blier, a pris toutes sortes de connotations, morales puis sexuelles, évidemment. Mais laissez-moi plutôt vous parler de chandelles. Aucune expression comprenant le mot *chandelle* ne semble bien réjouissante. Ainsi *tenir la chandelle,* au sens de favoriser quelqu'un dans une entreprise galante en jouant par exemple le rôle du tiers (qui s'ennuie !), ou *moucher la chandelle,* l'éteindre en coupant la mèche brûlée, ou *s'éteindre comme une chandelle* – à petit feu donc – quand ce n'est *souffler sa chandelle* pour signifier mourir, car la vie s'éteint d'un coup comme une chandelle qu'on souffle. Moins grave et plus dérisoire : *faire des économies de bouts de chandelles* pour épargner sur des petits riens. Seule l'expression *devoir une (fière) chandelle à quelqu'un*, est positive, renvoyant au temps où on offrait un cierge à la divinité.

Le monde est petit !

Vous partez à l'autre bout du monde ! Et voilà que, hasard suprême, vous vous trouvez nez à nez avec quelqu'une de vos connaissances dans un endroit tout à fait improbable pour se retrouver. C'est le titre d'un roman de David Lodge traduit de l'anglais (*Small World*, 1984).

Mettre la pédale douce

Ralentir au volant ? Oui, mais pas que. L'origine de l'expression est musicale. Elle fait allusion aux instruments de musique comme piano et orgue, où il arrive que l'interprète abuse de la pédale. En dehors de ce contexte concret, dans un sens figuré, l'expression veut dire être capable de se modérer dans ses paroles comme en tout, *lever le pied, la mettre en sourdine*.

Mettre les petits plats dans les grands

Non, ce n'est pas un jeu de poupées russes, consistant à empiler les petits plats dans les grands ! C'est se mettre en frais, quand on reçoit, c'est assortir le contenu et le contenant. Pas d'œuf au plat, donc, ce jour-là ! C'est sans doute que *le jeu en valait la chandelle !* Sinon *à quoi ça sert que Ducros se décarcasse ?*

Mettre quelqu'un au parfum

Issue de l'argot, cette expression datant des années 1950 devient populaire en 1965 lorsqu'à l'issue du procès Ben Barka, on a appris que la police a été *mise au parfum*, ce qui veut dire tenue au courant. On l'emploie pour dire qu'on met quelqu'un dans la confidence.

Minute papillon !

Attends-donc un peu. Laisse-moi un peu de temps, de grâce ! L'expression remonterait au siècle dernier. Certains pensent qu'elle s'explique par allusion au comportement des papillons qui ne se posent que rarement et battent sans cesse des ailes. D'autres font remonter la source à un serveur, qui travaillait dans un café fréquenté par les journalistes du *Canard Enchaîné* d'avant la Seconde Guerre mondiale. Papillon, tel était son nom, ne cessait de répéter : « Minute, j'arrive ». D'où le surnom qu'on lui aurait donné.

N'en avoir rien à secouer

C'est n'en avoir « rien à faire ». *S'en soucier comme de sa dernière chemise.* Quand plus rien n'a d'importance à vos yeux, *vous lâchez du lest. Vous lâchez l'affaire.* D'ailleurs vous secouez quoi au juste ? Des branches pour en faire tomber les fruits ? On dit encore n'avoir *rien à braire/ à cirer*, bref, *n'en avoir cure*. On se moque de tout, *du mort comme de celui qui le veille,* dit-on même en Catalogne.

Ne pas être sorti de l'auberge

C'est au sens propre, n'être pas parvenu à trouver l'issue, la sortie. Au sens figuré, l'expression veut dire qu'on a parfois du mal à s'extraire des problèmes et des difficultés qu'on peut rencontrer dans la vie de tous les jours. Cela laisse aussi sous-entendre qu'il reste encore un sacré *parcours du combattant* à accomplir avant de réussir ce qu'on a entrepris. *On n'a pas le cul sorti des épines*… autrement dit !

Ne pas faire dans la dentelle

Qu'elles soient renommées et proviennent du Velay, de Bruxelles, de Valenciennes ou d'Alençon, les dentelles restent des ouvrages délicats, le fruit d'un travail sophistiqué et méticuleux, avec leurs découpes savantes en forme de dents qui leur donnent leur nom.

L'expression s'emploie pour parler de quelqu'un qui, dans son travail ou dans la vie de tous les jours, manque totalement de doigté, de raffinement, de délicatesse.

Ne pas faire de vagues

L'expression s'emploie plus volontiers sous cette forme négative pour dire qu'on ne veut pas créer de remous, au sens propre, engendrer de difficultés au sens figuré. Bref, le principe philosophique antique de l'ataraxie ou absence de troubles. « *Qu'il est doux quand les vents agitent les plaines de la mer, de contempler depuis la terre le dur labeur d'autrui* », écrivait Lucrèce pour parler de la félicité du sage épicurien. C'est à ce prix qu'on n'est pas inquiété soi-même et qu'on ne scandalise personne ! On choisit le calme et non l'agitation, on préfère jouer profil bas que provoquer de trop vives réactions. C'est un signe de modération et de sagesse, quand ce n'est pas de lâcheté.

Ne pas lâcher le morceau

On ne sait pas de quel morceau on parle, mais l'important est de ne surtout pas le céder, de le garder coûte que coûte. Si c'est un secret par exemple, on ne le dévoile surtout pas. « *Cracher (le morceau) ; cracher au bassinet* », c'est lâcher les cordons de la bourse, casquer, raquer, mais à contrecœur, à la demande de quelqu'un. C'est aussi, dans des contextes liés à la police et au banditisme, avouer, voire balancer.

Nettoyer au Kärcher

C'est à l'ancien président Nicolas Sarkozy qu'on doit cette expression décapante. En visite en banlieue, il aurait bel et bien parlé de Kärcher pour « nettoyer » les quartiers. Je vous pose la question : est-ce vraiment avec de tels propos qu'on fait avancer une société ? Voltaire, dans *Candide*, parle, lui, de la guerre comme d'un moyen d'ôter de la surface de la terre quelques *dix mille coquins qui en infectaient la surface*.

Parle à mon cul, ma tête est malade

Pour couper court à un échange ou interrompre une réprimande, on emploie cette expression vulgaire qui veut bien dire ce qu'elle veut dire. On refuse d'écouter avec son esprit, on délègue à son fondement, qui n'est pas *a priori* fait pour pareille activité. Cela se dit aussi pour marquer son agacement face au silence obstiné d'un interlocuteur qui ne daigne pas nous répondre.

Passer quelqu'un à tabac

Cette expression récente du XIXe siècle vient probablement de l'argot : filer, fourrer, coller du tabac signifie « jeter du tabac dans les yeux de celui qu'on s'apprête à terrasser » pour l'aveugler. Son origine étymologique vient de la racine *tabb* qu'on retrouve dans des verbes tels que « tabuster » ou « tabasser ». C'est battre quelqu'un pour qu'il *soit à bas*, en faisant un calembour phonique de liaison comme on en connaît d'autres : à l'École normale supérieure, les *talas* sont les élèves qui von*t à la* messe !

En tout cas, il s'agit de rouer quelqu'un de coups, de lui donner une bonne raclée. L'équivalent allemand, le « *battre vert et bleu* », est très expressif : il en aura vu de toutes les couleurs, le pauvre homme qui en fait les frais ! Passer quelqu'un à la moulinette en est dès lors une variante atténuée...

La version romancée de l'expression va sûrement vous plaire : on raconte que l'ancien bagnard devenu chef de la police de Paris, un certain Vidocq, récompensait par un paquet de tabac ses sous-fifres s'ils réussissaient à extorquer des aveux. L'expression s'emploie toujours pour parler des interrogatoires musclés de la police.

En tout cas on ne vous somme de vous rendre nulle part. Carabiné, ce passage à tabac !

Pédaler dans la semoule

D'origine plus qu'incertaine, cette expression s'emploie pour signifier la difficulté qu'on rencontre parfois à se sortir d'un mauvais pas. On ne progresse pas ; on est totalement dépassé par les événements. On piétine. En vieux français, le verbe « pédeler » sur la racine latine *pes-pedis*, le pied, voulait dire « tasser du pied », « piétiner ». Les variantes se déclinent presqu'à l'infini : dans la choucroute, dans le yaourt...

Perdre le nord ou la boussole

C'est ne plus avoir tout à fait sa raison à soi. On perd ses repères. L'expression remonte au XVIe siècle : sans boussole, on ne savait plus où on était. Dans le Sud, on parle même comme variante de *perdre la tramontane*, par allusion indirecte à l'étoile polaire qui, pour les gens du Sud, apparaît au-dessus des montagnes situées au nord. Ce n'est que plus tard que l'expression a pris le sens figuré qu'on lui connaît. On dit encore *perdre ses billes* en Angleterre ; aux Pays-Bas, *perdre la piste* ; et, en Allemagne, *perdre la tête* !

Curieusement ou pas, d'ailleurs, l'expression s'emploie volontiers sur un mode négatif : *tu ne perds pas le nord, toi !* Elle veut dire que la personne suit la bonne direction, qu'elle a le compas dans l'œil, qu'elle suit bien son idée et qu'elle saura tirer profit d'une situation.

Pisser dans un violon

C'est faire quelque chose d'inutile ou d'inefficace ; perdre son temps, quoi ! *Pisser dans le vent* ou *faire un trou dans l'eau* en sont des variantes. Cela n'est pas sans rappeler le mythe de Sisyphe, ce roi légendaire de Corinthe condamné pour ses brigandages divers à pousser un énorme rocher en haut d'une montagne aux Enfers. À peine y parvenait-il, que le rocher dégringolait aussitôt la pente, obligeant ce fils d'Éole, dieu du Vent, à reprendre sans cesse sa tâche, pénible, laborieuse et vaine à la fois. Albert Camus a fait de ce supplice sempiternel la pierre de touche de sa philosophie de l'absurde. On songe aussi au supplice des Danaïdes condamnées à remplir incessamment un tonneau percé, qui, sitôt rempli, se vidait.

Prendre un TGV dans le buffet

J'ai entendu tout récemment cette expression dans une émission politique. Le buffet désigne ici non pas un meuble, mais la poitrine, l'estomac. Que vient donc faire le TGV, train à grande vitesse, au milieu de tout cela, me direz-vous ? Justement il n'a rien à y faire du tout, tant la collision entre les deux termes reste improbable et le choc surréaliste.

On entend encore dire, de manière moins imagée mais plus familière : « il se l'est *pris dans la poire* », pour parler d'une forte rebuffade, d'une réprimande, encaissées à son corps défendant.

Refiler la patate chaude

C'est se défausser sur quelqu'un d'autre d'un problème, d'une affaire embarrassante (*hot potato*, en américain), dont on ne veut plus entendre parler, parce qu'on *s'y brûle les doigts* (et peut-être plus que les doigts, d'ailleurs). On dit aussi « *refiler le bébé* », ce qui n'est guère plus constructif.

Roulez jeunesse !

« Roulez, roulez jeunesse
À fond la caisse.
Sur la voie express,
Faites-vous des caresses.
Donnez-vous des rendez-vous partout,
Dans les champs, dans les choux,
Dans les rues, sur les clous,
L'amour un point c'est tout. »

Cette chanson signée Louis Chedid rappelle que l'expression a peut-être pris naissance dans les fêtes foraines, sur les manèges des autos-tamponneuses lancées à toute vitesse. La jeunesse, pardon pour le cliché, aime la vitesse et aller de l'avant. *Avanti !* C'est dans l'ordre des choses. Les voyages forment la jeunesse, dit-on, mais comme ajouterait l'humoriste Alphonse Allais, ils « déforment les chapeaux » ! Allez, zou, *on (se) bouge !*

Sans souci la violette

Cette expression m'est tout naturellement venue à l'esprit. Certains de mes proches s'y reconnaîtront aisément, tant elle est de l'ordre du vécu. Elle désigne une personne dégagée de toutes les tracasseries de la vie, qui passe au travers des gouttes, l'esprit tranquille et serein. *Frais comme un concombre*, disent les Anglais pour qualifier cette attitude d'(Alexandre le) bienheureux… L'équivalent, en quelque sorte, de *tranquille comme Baptiste* par allusion, le saviez-vous, au personnage niais des parades italiennes, appelé Baptiste ou Gilles.

Secouer les puces à quelqu'un

Cette expression familière signifie qu'on se fâche tout rouge avec quelqu'un, qu'on le gronde, par allusion aux chiens et autres animaux qui se secouent pour se débarrasser de leurs puces. *Sonner les cloches* en serait son pendant, en prenant l'image cette fois des cloches qui autrefois retentissaient pour signaler à la population de graves événements comme un incendie, un accident, etc. *Souffler dans les bronches*, dont le sens est proche, se disait à l'Armée.

Se cailler (geler) la nénette

Alors qu'on dit « *être chaud comme une caille* », observation fondée sur le travail du naturaliste Buffon, notre présente expression signifie au contraire « *avoir très froid* ».

En belge, on dit *se geler à en perdre oreilles, mains, doigts, pieds, orteils, fesses, couilles*… Bref, tout le corps est atteint. Mais qu'est cette « nénette » ? Il pourrait s'agir de l'abréviation des mots « comprenette » ou « trombinette », pour désigner la tête. Ne nous cassons donc pas la tête, ou le bol : quand *il fait un froid de canard, on se les gèle,* en bon français.

Tremper son biscuit

On connaissait l'expression *s'embarquer sans biscuit* pour dire se lancer dans une entreprise sans avoir réellement pris de précautions. Un biscuit était alors un pain en forme de galette qui avait eu deux cuissons, d'où son nom (*bis/cuit*). Mais, pour l'heure, c'est d'une tout autre friandise qu'il s'agit, puisque la connotation se veut ici sexuelle. N'ayons pas peur des mots, le biscuit c'est le pénis masculin qui va pénétrer le corps féminin ; se désigne donc par là la consommation de l'acte de chair. On aura beau multiplier les références : *boudoir, bretzel* ou autres « biscuits », ça ne changera rien à la chose !

Tu m'en diras tant !

On fait mine de s'intéresser à une conversation à laquelle on participe et qu'on ponctue d'un « *tu m'en diras tant !* »… alors qu'on n'en pense pas un mot. Le ton de cette expression est, vous l'aurez bien senti, souvent moqueur. Un peu à l'image de « *tu m'en diras des nouvelles* » quand on fait goûter un produit rare et qu'on veut faire dire à la personne que la chose est absolument extraordinaire !

Un ange passe

Souvent dans une assemblée, il arrive que la conversation vienne à s'interrompre à l'arrivée de quelqu'un ou suite à une remarque qui plonge dans l'embarras. Cela jette comme un froid, plus personne n'ose rien dire : on dit pourtant alors, pour combler le vide et la gêne, *qu'un ange passe*, comme si une créature invisible et diaphane nous avait rendu visite et captait l'attention de l'assemblée silencieuse.

Va donc voir là-bas si j'y suis

Cette expression prend l'interlocuteur pour un idiot. Effectivement on ne peut être ici et là-bas, dedans et dehors tout à la fois. C'est une façon comme une autre de se débarrasser d'un importun, quand on est en colère ou que tout simplement on n'a pas vraiment envie de voir la personne à ce moment précis. On l'évince, on l'éconduit, mine de rien.

Vous habitez chez vos parents ?

Question vieille comme le monde, ou presque, qu'un jeune homme de bonne famille pose à une jeune fille de même bonne famille, avant d'entamer sa cour. À la manière du « Vous permettez, Monsieur, que j'emprunte votre fille... » de la chanson d'Adamo.

Vider son sac

De courses ? de sport ? à main ? C'est dire en tout cas tout ce qu'on a sur le cœur. Quand on vide une volaille, ou un poisson, c'est pour en retirer tout ce qui n'est pas bon à manger. Et parfois ça fait du bien par où ça passe, comme on le dit dans mon Sud-Ouest natal. Maintenant s'il s'agit de *vider un canon* (verre de vin), c'est une toute autre affaire, bien plus agréable, n'est-ce pas ?

Vider son sac, en tout cas, permet souvent de *crever l'abcès*.

Y a qu'à (yaka faut qu'on).

Rituellement, l'expression s'entend dans la bouche des hommes politiques, dans l'opposition, de préférence. Ils ont toutes les solutions, savent exactement ce qu'il faudrait faire… mais se sont bien gardés de mettre en œuvre ces mesures (souvent impopulaires) quand ils étaient eux-mêmes « en capacité » de le faire. C'est toujours plus facile à dire qu'à faire, en somme !

De même, quand quelqu'un est en bonne voie de réaliser quelque chose, on lui dit parfois : y a plus qu'à… comme si le plus dur était déjà fait. L'ironie n'est pas absente du propos, car réaliser une chose est souvent plus difficile que de la concevoir.

Mes expressions perso…

Certains de mes amis me reconnaîtront dans les deux expressions suivantes : ils me taquinent assez quand je les emploie. C'est qu'elles ne sont sans doute pas tout à fait conformes au bon usage :

L'été, quand nous avons des amis à déjeuner, il m'arrive très souvent d'enjoindre mon époux, le moment venu, de *lancer le barbecue*. Dans mon esprit, c'est pour le mettre en route, et non pas pour le jeter au loin…

L'hiver, j'aime bien également proposer à mes amis, à l'issue du repas, de quitter la salle à manger pour rejoindre les fauteuils du salon. *On bascule ?*, telle est alors mon expression. Pour moi, cette « bascule » générale désigne juste un déplacement dans l'espace – une translation, si je voulais être pédante.

Pour toutes les autres expressions qui resteraient à commenter – le puits est sans fond –, c'est à vous de vous tenir au courant, *ad libitum*, c'est-à-dire « selon votre bon plaisir ». Il n'est jamais bon de se déconnecter complètement du parler des Terriens.

Quatrième partie
Les expressions cultissimes

Dans cette partie…

Il faut à présent faire l'inventaire de toutes les expressions de notre patrimoine national. J'entends par là les expressions dont nous sommes redevables aux Anciens, grecs et romains, les expressions littéraires, historiques et religieuses d'hier à aujourd'hui, sans oublier de s'arrêter sur quelques-unes des expressions cultu(r)elles dont nous sommes redevables au cinéma, à la chanson, la télévision, la publicité même. Elles aussi concourent à bâtir le tissu relationnel de notre époque.

Je ne saurais être exhaustive. Comme la vie est un choix… j'ai dû trancher dans le lard et entre deux maux, qui n'en sont pas d'ailleurs, choisir non les moindres mais les meilleurs à mes yeux.

Chapitre 15
Le patrimoine gréco-latin

Dans ce chapitre :
- La parole est aux auteurs antiques…
- … plus que jamais modernes !

Une fois n'est pas coutume : je ne peux résister à l'envie de revenir sur le passé. Mais, pourquoi, me direz-vous, encore le grec et le latin ? Parce que Vivendi et à cause de Noos. De fait, *de facto*, contrairement aux idées les plus reçues sur la mort, mille fois annoncée, du grec comme du latin, jamais ces langues mortes n'ont été aussi présentes dans l'actualité : quand on est l'un des acteurs majeurs des médias et des communications, utiliser la forme latine *vivendi*, contraction de *modus vivendi* est une manière élégante de proclamer que la technologie se vit au quotidien. Et se réclamer du *noos*, esprit ou intelligence, ne peut que flatter les utilisateurs du service de messagerie électronique diffusé par une grande compagnie téléphonique.

Le grec comme le latin s'exportent, ma bonne dame. Notre culture française, qui baigne dans la culture gréco-latine, charrie encore, telles des pépites d'or et d'argent, des expressions anciennes qui enchantent nos conversations. Car, l'auriez-vous cru, ces expressions restent d'une actualité jamais démentie – *nihil novi sub sole* (« rien de nouveau sous le soleil ») !

Tous les chemins mènent à Rome…

Pour accéder à Rome, on avait construit plusieurs voies en étoile : ainsi marchandises comme personnes pouvaient arriver dans la ville éternelle de tous les coins du monde. Rome drainait tout à elle. L'expression signifie qu'il n'y a jamais qu'une seule façon d'atteindre son but, quand bien même les autres moyens possibles d'y parvenir seraient moins aisés ou directs ! GPS ou pas, on finit tous par arriver à bon port, surtout quand on parle de la ville éternelle !

Avoir une épée de Damoclès sur la tête

On emploie cette expression pour parler d'un danger imminent, qui peut s'abattre à tout instant sur quelqu'un, par allusion à la légende d'un certain Damoclès, l'un des courtisans du tyran Denys de Syracuse, qui vécut vers 400 av. J.-C. Cicéron, au livre V de ses Tusculanes, nous rapporte l'anecdote. Le tyran propose à Damoclès qui enviait son sort d'échanger sa vie contre la sienne. Il lui offrait cette cage dorée du pouvoir où, en échange du luxe et des honneurs, le tyran vivait avec une épée suspendue au-dessus de sa tête, retenue par un simple crin de cheval. Le naïf courtisan en lâcha sa coupe encore pleine et comprit que le bonheur d'un puissant était une arme à double tranchant et qu'il ne tenait souvent qu'à un fil !

Jouer les Cassandre

Cassandre, l'une des filles du roi Priam et de sa femme Hécube, avait été dotée par Apollon du pouvoir de prophétie. Mais comme elle ne lui rendit pas son amour autant qu'il le désirait, il décida que personne n'ajouterait foi à ses prédictions. On désigne donc par cette expression l'attitude de quelqu'un qui se livre à des conjectures qui sont toujours de mauvais augure et dont les prévisions pourtant souvent justes ne rencontrent que des incrédules.

(Ouvrir) la boîte de Pandore

Pandore fut créée sur ordre de Zeus et façonnée par le dieu forgeron Héphaïstos. Athéna lui donna ensuite la vie et l'habilla ; Aphrodite la fit belle et Hermès lui apprit le mensonge. Zeus offrit sa main à Épiméthée, frère de Prométhée, après lui avoir remis une jarre qui contenait tous les maux du monde, notamment le travail, la vieillesse, la maladie, les passions, en lui conseillant de ne surtout jamais l'ouvrir. Arriva ce qui devait arriver ! En proie au démon de la curiosité, Pandore ouvrit la jarre fatale et libéra les fléaux qu'elle contenait. Ne resta au fond de la boîte que… l'espérance. Platon raconte cette mésaventure qui n'est pas à l'honneur de la femme dans son traité du *Protagoras*.

L'expression se dit de ce qui, sous une apparence de charme ou de beauté, recèle beaucoup de vices cachés.

Une pomme de discorde

L'expression s'emploie pour parler d'un sujet de division ou de dispute entre deux ou plusieurs personnes, comme celle que Discorde jeta sur la table, aux noces de Thétis et de Pelée, et qui fut, rien moins que cela, à l'origine de la guerre de Troie ! C'est en effet l'histoire d'une pomme… mais cette fois pas d'Api !

Le talon d'Achille

L'expression signifie « c'est son (seul) point faible » comme on dirait « le défaut de la cuirasse ». En effet, Achille, l'un des héros grecs les plus connus de la guerre de Troie, aux côtés du non moins célèbre Ulysse, était un demi-dieu. Septième enfant de la déesse de la Mer, Thétis, et du simple mortel Pélée, roi des Mirmidons, il aurait été selon la légende trempé dans les eaux du Styx (fleuve des Enfers) pour devenir totalement invulnérable aux blessures humaines. Mais le hasard voulut que sa mère oubliât le point du talon par lequel elle tenait l'enfant. Et c'est précisément ce point « sensible » que touchera la flèche de Pâris, le fils du roi de Troie, Priam, causant ainsi la mort du héros Achille dont Homère nous fait le récit dans l'*Iliade*.

Le supplice de Tantale

C'est connaître une tentation et n'y point pouvoir céder. Et cela en rappel de l'histoire de ce roi de Lydie Tantale, fils de Zeus et d'une fille des Titans, qui n'hésita pas à tuer son propre fils, Pélops, avant de le servir en ragoût aux Immortels. Seule Déméter ne s'apercevant pas de la mauvaise plaisanterie dévora l'épaule tout entière de l'enfant. Atteints dans leur orgueil, les dieux ressuscitèrent le jeune Pélops. Tantale commit encore une autre faute en demandant à son fils de voler l'ambroisie et le nectar de l'Olympe pour le donner aux humains. La coupe était pleine ! Les dieux le précipitèrent aux Enfers et le condamnèrent à regarder de loin les fruits d'un jardin sans jamais pouvoir les attraper pour les croquer. Tu parles d'un supplice !

Passer sous les Fourches Caudines

Cette défaite notoire des Romains tire son nom des défilés de Caudium, là même où l'armée romaine, aux prises avec les troupes du général samnite Pontius Herennius, fut contrainte de passer sous le joug en 311 av. J.-C. Tout au long du IVe siècle av. J.-C., Rome dut lutter à trois reprises contre ces montagnards des Abruzzes.

Cette expression s'emploie pour caractériser toute concession onéreuse ou humiliante arrachée à des vaincus.

Remporter une victoire à la Pyrrhus

Ce célèbre roi d'Épire, qui dirigea une expédition en Italie contre l'avis de son sage conseiller Cinéas, remporta sur les armées romaines les victoires d'Héraclée puis d'Asculum en 279 av. J.-C., en partie grâce à la terreur que causaient ses éléphants. Ces succès furent cependant à double tranchant, car ils lui coûtèrent aussi très cher en vies humaines (15 000 morts dans ses rangs contre 15 pour les Romains). À ses lieutenants généraux venus le féliciter, il fit cette réponse devenue célèbre : « *Encore une victoire comme celle-là, et je suis perdu !* »

C'est ainsi qu'on caractérise donc un succès trop chèrement acquis qui laisse un goût vraiment très amer, même pour le vainqueur. L'histoire raconte que Pyrrhus poursuivi par le destin trouva bêtement la mort à la prise d'Argos en 272 av. J.-C. : une vieille femme lui jeta une tuile du haut d'un toit ! D'où l'expression « *c'est une tuile* » pour parler d'un accident (vraiment) bête !

Renvoyer quelque chose aux calendes grecques

Le terme *calendes*, bâti sur la racine *cal/kal*, désignait chez les Romains le premier jour du mois, pour rappel, divisé en trois parties : les calendes, les ides, les nones. Les mois grecs en revanche ne connaissaient point de calendes d'où l'aberration de cette expression ou plutôt son humour : *renvoyer* ou *remettre quelque chose aux calendes grecques* veut donc dire remettre la chose à une époque qui n'arrivera pas, puisqu'elle n'existe pas.

Tomber dans les bras de Morphée

Morphée, fils d'Hypnos, dieu du Sommeil et de Nux, déesse de la Nuit, est le dieu des Rêves et des Songes. Son nom même remonte à la racine grecque *morphè*, « la forme », « l'apparence extérieure ». Un songe est une représentation que l'on se fait la nuit. Si l'expression commune *tomber dans les bras de Morphée* semble tomber sous le sens, ce sens est pourtant impropre : c'est de rêves, plus que de sommeil, qu'il faudrait parler. On représentait ce dieu une fleur de pavot à la main. Tout naturellement, la morphine est devenue cette préparation opiacée utilisée comme stupéfiant dans le traitement des douleurs violentes ou pour endormir les malades en phase terminale.

Toucher le Pactole

L'expression signifie dans la langue familière « *décrocher le gros lot* » ou « *la timbale* », bref gagner beaucoup d'argent. Du nom d'une petite rivière de Lydie (l'actuelle Turquie) qui roulait des paillettes d'or et fit la fortune du roi Crésus, l'homme le plus riche du monde dans l'Antiquité. Cette rivière possédait cette propriété depuis le jour où le roi Midas, qui convertissait en or tout ce qu'il touchait, s'y était baigné. Ce dernier avait obtenu ce don de Dionysos pour avoir propagé son culte en Asie mineure, mais ce présent s'avéra être un cadeau empoisonné : riche et pauvre à la fois, Midas voyait tout ce qu'il touchait se transformer en or, même sa nourriture ! Il préféra transmettre ce précieux don au fleuve Pactole, véritable bénédiction des orpailleurs.

Un cheval de Troie

On désigne par cette expression une ruse de guerre, ou une manœuvre s'avançant masquée (*larvatus prodeo*, en latin). C'est en référence à un célèbre épisode de l'Antiquité grecque, la guerre de Troie qui opposa Grecs et Troyens, pour une histoire de rivalité amoureuse.

Pour couper court au siège de Troie qui s'éternisait, le général grec, Ulysse aux mille ruses, eut l'ingénieuse idée de fabriquer un immense cheval de bois qu'il abandonna sur le rivage. Sourds aux mises en garde de Laocoon, le prêtre d'Apollon – *Timeo Danaos et dona ferentes* (« Je redoute les Grecs, surtout quand ils apportent des cadeaux ») –, les Troyens firent rentrer le cheval à l'intérieur des remparts. De nuit, la poignée de guerriers grecs cachés dans le cheval fit irruption dans la cité, préludant ainsi à la chute sanglante de la ville.

De quoi *monter sur ses grands chevaux*, non ? En informatique, de nos jours, l'expression désigne un virus introduit dans un ordinateur à l'insu de son utilisateur, pour recueillir des informations.

Une macédoine

Par analogie avec la Macédoine, empire d'Alexandre et de Philippe le Grand situé au nord de la Grèce, et habité par des peuples d'origines très diverses, une macédoine désigne un mets composé de légumes ou de fruits coupés en menus morceaux. On parle de jardinière de légumes comme de salmigondis pour des restes de viande. Dans tous les cas, il s'agit d'un subtil mélange de saveurs et d'odeurs, pour un gourmet affamé d'expressions, ça tombe plutôt bien !

Vulgum pecus

Cette expression pseudo latine en elle-même en ce qu'elle juxtapose deux termes : *vulgus*, mot qui désigne « la foule » (*cf.* vulgaire, vulgariser), et *pecus*, « le troupeau », remonte à un vers d'Horace qui parle dans ses *Épodes* (de 41 à 30 av. J.-C.) d'un *servum pecus* c'est-à-dire « un troupeau d'esclaves ». On l'emploie toujours pour traduire le mépris de certains vis-à-vis de la masse ignorante. Dans une acception plus neutre, elle a fini par désigner le *commun des mortels*, nous tous donc, pour une fois réunis, qu'on le veuille ou non, *dans le même bateau*, pour ne pas dire *la même galère !*

Chapitre 16
Les expressions littéraires

Dans ce chapitre :
- Quelques mots d'auteurs *en file indienne…*
- Chacun bien dans l'air du temps !

Nos plus grands auteurs, d'hier à aujourd'hui, ont commis des expressions qui vont bien au-delà de leur œuvre première. Expressions d'hier, elles restent expressions d'aujourd'hui et même de toujours. Les entrées que j'ai choisies *ab ovo usque ad mala* – « de l'œuf jusqu'aux pommes » (citation empruntée au Sarde Tigellius, protégé de César) – vous mèneront, non pas jusqu'au bout de la nuit, mais au moins de l'entrée au dessert de ce chapitre.

Philosophes, poètes, romanciers de tous les âges vont se succéder comme autant de mises en bouche destinées à vous ouvrir l'appétit. Rien ne me paraît plus urgent que de transmettre aux générations montantes le précieux bagage culturel que représentent *for ever* ces expressions. Une occasion, en tout cas, de réviser ses classiques !

Carpe diem : cueille le jour

Cette devise épicurienne, extraite des *Odes* du poète Horace, invite une jeune fille prénommée Leuconoé à profiter du moment présent, plutôt qu'à reporter le plaisir au lendemain. Au lieu de rester chez elle à filer la laine, que ne participe-t-elle pas au culte de Dionysos ? L'ami Ronsard conseillera lui aussi à la jeune Cassandre, femme fleur, de jouir de la vie avant que ne flétrissent ses avantages : « *Cueillez dès aujourd'hui les roses de la vie.* »

Gnôthi seauton : connais-toi toi-même

Communément attribuée à Socrate, cette expression dont la variante en latin est *nosce te ipsum*, invite en fait à pratiquer l'introspection pour entrer en soi et se mieux connaître comme être pensant et agissant. Reprise par Platon qui en fait la clé de voûte de sa philosophie dans son traité *Le Charmide*, elle figure parmi les maximes des Sept Sages reproduites au fronton du temple d'Apollon à Delphes.

Eurèka, eurèka : j'ai trouvé, j'ai trouvé

Voilà ce que s'écria Archimède, inventeur géomètre né à Syracuse en 287 av. J.-C., en se plongeant ce jour-là dans l'eau de son bain. Ses membres perdaient du poids, ses jambes devenaient légères, il venait d'avoir la révélation d'un des plus féconds axiomes de l'hydrostatique. Le principe d'Archimède était né : « tout corps plongé dans un fluide subit de la part de ce fluide une pression verticale de bas en haut égale au poids du volume du fluide qu'il déplace ». Tout à la joie de sa découverte, notre homme se promena nu dans les rues.

L'expression, cri de ralliement des inventeurs de tout crin, s'emploie toujours pour saluer une heureuse trouvaille, même en des circonstances moins scientifiques.

In medias res : au beau milieu (au cœur) de l'action

Au mot à mot « au milieu des choses », autrement dit, en plein sujet, au cœur et milieu de l'action. On doit cette expression à Horace qui, dans son *Art poétique,* explique comment Homère jette de plein fouet son lecteur dans son œuvre, sans autres préambules. Cette technique depuis a fait mouche aussi bien dans le genre du théâtre que dans celui du roman. Elle permet d'entrer dans une intrigue d'une manière plus abrupte, sans exposition ou explication concernant les personnages. On connaît tous par exemple la phrase liminaire du roman de Camus, L'Étranger (1967) : « *Aujourd'hui, maman est morte.* » Drôle d'entame !

Ira brevis furor est : la colère est une courte folie

Le poète Horace l'écrit dans ses *Épîtres*. Avant lui déjà le stoïcien cordouan Sénèque, nous avait mis en garde contre les effets néfastes de la colère dans son court traité, *De Ira*, adressé à son frère Novatus. Cette expression est bien une sentence digne du grand moraliste qui ne fut pas par hasard le précepteur de Néron dont il encourut une rude disgrâce.

Memento mori : souviens-toi que tu es mortel

On glissait à l'oreille des généraux romains portés en triomphe dans les rues de Rome cette expression devenue proverbiale pour leur rappeler le caractère fugace et vain de toute victoire. Elle a longtemps désigné un objet de piété, crâne humain ou tête décharnée, devant lequel on méditait amèrement sur la brièveté de la vie, une de ces vanités ! Le *memento* (impératif futur du verbe *memini* « je me souviens ») une fois substantivé est devenu l'aide-mémoire que chacun connaît ou l'agenda / *mémorandum* dont vous vous servez pour voir passer les jours...

Nunc est bibendum : et maintenant à boire !

Voilà ce qui fut dit d'après Horace, dans l'ode nationale et patriotique qu'il prononça à l'occasion de la victoire d'Actium en 31 av. J.-C., remportée par Octave et Agrippa sur le couple mythique Antoine et Cléopâtre. L'expression décida du sort de l'Empire romain qui se livra à des libations collectives. De nos jours, c'est une façon familière de dire qu'il convient de fêter un succès, une réussite. On trouve toujours un prétexte ! Et le même poète de poursuivre dans ses *Épîtres* en rajoutant : « *Ils ne vivent pas les vers qui sont écrits par des buveurs d'eau* » ! Vous savez donc ce qu'il vous reste à faire, chers lecteurs ?

Panem et circenses : du pain et des jeux de cirque

Cette formule fut dictée au poète et satiriste Juvénal par le mépris que lui inspiraient ses contemporains : ayant perdu tout idéal de grandeur (à ses yeux du moins), les Romains réclamaient du blé au forum et toujours plus de spectacles gratuits dans les arènes du Colisée. Les démagogues de tout crin reprendront ce programme à leur compte. C'était l'opium du peuple d'alors !

Panta rei : tout coule

Telle est la traduction littérale de l'expression grecque du philosophe Héraclite d'Éphèse du VIe siècle au fragment 41 : *panta rei*. Loi commune de la vie où tout est dans un perpétuel courant et où rien ne reste semblable à soi-même. « *On ne se baigne donc pas deux fois dans le même fleuve* », écrit-il encore. Parménide d'Élée, né vers 450 av. J.-C. professera quant à lui tout le contraire, à savoir l'immobilité et la continuité de l'être avec sa formule antonymique *panta menei* pour dire « tout reste ».

LE SAVIEZ-VOUS ? Dans ces vers du *Pont Mirabeau,* Apollinaire met en regard ces deux théories opposées :

« *Sous le pont Mirabeau coule la Seine [...]*

Vienne la nuit sonne l'heure

Les jours s'en vont je demeure [...] »

Tout est rempli de dieux

On doit cette expression à Thalès de Milet, philosophe mathématicien grec du VIe siècle de l'école ionienne, le plus ancien et le plus illustre des Sept Sages. On connaît Thalès pour ses talents de prédiction (entre autres, l'éclipse de soleil de l'an 585 av. J.-C.), ses nombreuses connaissances en génie militaire sans oublier son sens des affaires.

On représente toujours ce personnage singulier comme un rêveur qui marche en regardant le ciel et va tomber dans un trou ouvert sous ses pas. Il est surtout l'auteur d'une doctrine cosmologique qui fait naître la Terre et toutes choses de la mer. Pourtant il n'exclut nullement la part du divin dans cette genèse, affirmant même que le monde est plein de divinités et qu'il y a eu un principe premier, qu'il appelle du nom savant d'*archè*, le Principe.

Si vis pacem, para bellum : si tu veux la paix, prépare la guerre

C'est à Végèce, historien latin de Constantinople du IVe siècle apr. J.-C. que l'on doit cette expression. D'apparence contradictoire, la formule tombe sous le sens pour les adeptes de la Realpolitik, c'est-à-dire les partisans de l'effet de dissuasion en stratégie politique et militaire. On appelait du reste *parabellum* un pistolet de fort calibre utilisé pendant la Première Guerre mondiale.

Ex nihilo nihil : rien ne vient de rien

Cet aphorisme résume à merveille la doctrine du poète philosophe Lucrèce, l'auteur du *De Natura rerum*, au Ier siècle av. J.-C., dont l'inspiration lui a été soufflée par son maître à penser grec, Épicure. Rien ne naît de rien, rien n'a jamais été créé, tout ce qui existait déjà et existera toujours – tels sont les grands principes de cette philosophie matérialiste et atomiste qui pensa l'origine du monde et surtout tenta de délivrer les hommes du poids de la terreur religieuse.

Exegi monumentum aere perennius : j'ai achevé un monument plus durable que l'airain

Voilà comment le poète Horace commence son *Ode* 3 du livre III. Il prétend faire par là œuvre durable et donner à ses vers l'immortalité, d'une matière / manière impérissable. Théophile Gautier, chef de file de l'école française du Parnasse au XIXe siècle, se souviendra de cette expression ciselée dans son poème *L'Art* :

« *Les dieux eux-mêmes meurent,*

Mais les vers souverains

Demeurent

Plus forts que les airains. »

La poésie comme anti-destin, beaucoup, surtout parmi les poètes, ont voulu y croire !

Fama volat

Elle court, elle court, la renommée... Et non pas la maladie d'amour ! Virgile, le célèbre poète dont la renommée n'a jamais eu à pâtir, use dans ce vers 121 du chant III de l'Énéide d'une personnification pour exprimer la rapidité avec laquelle un bruit se propage... une rumeur se répand... avant de se dissiper et de disparaître, comme ils sont venus. Sauf qu'il n'y a jamais tout à fait de fumée... sans feu !

Fugit irreparabile tempus : *le temps s'enfuit sans retour*

De manière inéluctable... Au troisième chant des *Géorgiques* ou *Travaux de la terre*, Virgile se fait à lui-même ce reproche : ses nombreuses digressions le retardent dans l'élaboration et la poursuite de son ouvrage. Or, le temps lui est, et nous est, compté. Il s'écoule inexorablement, sans espoir de retour. Cette expression est devenue le *topos* de la fuite du temps, un des lieux communs les plus féconds de la littérature universelle. « *Las ! le temps non, mais nous nous en allons* », comme Ronsard nous le rappelait dans son poème *Je vous envoie un bouquet* ou encore dans *Mignonne allons voir si la rose*. Les Romantiques au XIXe siècle s'empareront de ce thème qui leur ressemble tant !

Errare humanum est : l'erreur est humaine

Tout le monde le sait : « se tromper est le fait de tous les hommes , comme l'écrivait Sophocle dans son *Antigone* (441 av. J.-C.) au vers 1023, officialisant en maxime cette expression qui avait cours depuis déjà longtemps. Dans sa version latine, la formule se poursuit même par *in errore perseverare stultum*, ce qui veut dire « mais il est stupide de s'entêter dans l'erreur ». Dans une perspective chrétienne, on adoptera même la variante *perseverare tantum diabolicum* (« seule la persévérance dans l'erreur est le fait du diable »).

Vous l'aurez donc compris, une erreur passe mais deux... bonjour les dégâts ! Les errata désignent les fautes d'impression ou autres coquilles, recensées par l'auteur ou l'éditeur, portées à l'attention du lecteur, en tête ou en fin d'ouvrage. Espérons que je pourrais me prévaloir de cette expression, si d'aventure vous trouviez des fautes dans cet ouvrage !

Festina lente : hâte-toi lentement

Telle est la traduction en latin de l'injonction grecque « *speude bradeôs* », par laquelle l'empereur Auguste incitait ses généraux à la prudence, à en croire l'historien Suétone, au chapitre 25 de son ouvrage Vies des douze Césars (entre 119 et 122 apr. J.-C.). Mais est-il bien juste d'attribuer la paternité de cette expression à celui qui dans sa politique mit tout très vite en œuvre, parvenant en à peine dix-sept ans de règne à transformer de fond en comble Rome, sa politique et ses mœurs ?

Cette expression ne laisse pas de plaire et d'intriguer à la fois par l'alliance des deux termes contradictoires qui la composent. Il est vrai que parfois la réflexion permet de gagner du temps et d'obtenir plus vite un résultat convaincant.

De cet accouplement monstrueux de termes contradictoires qui a pour nom technique « oxymore » (du grec *oxus*, acéré, pointu et *moros*, mou émoussé) ont parfois jailli de belles images comme « cette obscure clarté qui tombe des étoiles » dans *Le Cid* de Corneille (1637).

Fluctuat nec mergitur : Il est battu par les flots, mais il ne coule pas

Telle est la devise de la ville de Paris dont l'emblème est un bateau qui a largement inspiré le texte d'une des chansons de Georges Brassens : *Les copains d'abord*.

> « *Non, ce n'était pas le radeau de la méduse ce bateau, qu'on se le dise au fond des ports, dise au fond des ports…* »

On ne manquera pas d'y voir une parenté avec le vers de La Fontaine tiré de sa fable *Le Chêne et le Roseau* : « *Je plie et ne romps pas…* »

Et vous, vous laisserez-vous submerger par cette vague… littéraire ?

Homo homini lupus : l'homme est un loup pour l'homme

C'est à l'auteur comique Plaute (250-184 av. J.-C.) qu'on doit ce vers de la pièce *L'Asinaire*. L'expression signifie que l'homme, au sens générique, est un animal sauvage, toujours prêt à faire du mal à ses semblables. Tour à tour les philosophes Bacon, puis Hobbes, dans son ouvrage *Le Léviathan* (1651) reprendront à leur compte l'expression pour illustrer une cruelle vérité : l'homme est le pire ennemi de son prochain.

Vision bien pessimiste mais lucide, il faut en convenir, de la nature humaine. Oublié, cet homme bon par nature dont rêvait Jean-Jacques Rousseau ?

Ad augusta per angusta : vers des résultats augustes par des voies étroites

Pour être en langue latine, cette expression a pourtant été forgée par Victor Hugo au quatrième acte de son drame romantique *Hernani* en 1830 et placée dans la bouche des conjurés complotant contre la vie du futur Charles Quint. Elle signifie qu'on ne parvient le plus souvent à des résultats grandioses qu'en passant par des voies difficiles. Vous aurez sans doute apprécié la proximité phonique des deux mots *augusta* et *angusta* qui a beaucoup fait pour populariser l'expression. Oui, étroite est la porte qui mène à la sainteté dans le récit d'André Gide, *La Porte étroite* (1909).

Sésame, ouvre-toi !

Telle est la formule magique qui permet d'ouvrir toutes les portes, même les mieux protégées ; et, au sens le plus large, d'accéder à tout ce qu'on désire. On la trouve dans l'un des *Contes des Mille et une Nuits*. Le pauvre artisan Ali Baba entend prononcer un jour le mot de passe cabalistique qui permet à quarante voleurs d'entrer dans la caverne secrète où ils stockent tout leur butin.

L'expression s'emploie donc pour, comme par magie, faire céder toutes difficultés. C'est le talisman idéal. Le *Abracadabra* d'hier !

Tout ce que je sais, c'est que je ne sais rien

Ces mots célèbres de Socrate qui figurent dans les *Académiques* (45 av. J.-C.) de Cicéron, sont d'abord une leçon de modestie et d'humilité : ils nous rappellent que la connaissance est infinie et que prétendre tout connaître est le comble de la prétention. En revanche, c'est bien la seule chose à éviter de dire le jour d'un examen !

Mais, où sont les neiges d'antan ?

Tirées du poème de François Villon, La Ballade d*es Dames du temps jadis* (1461), les « neiges d'antan », qui symbolisent celles d'entre elles qui ont disparu, expriment sous la plume de l'auteur le thème éternel de la fuite inexorable du temps. Cette expression fleure bon la nostalgie et rend hommage à toutes celles qui furent aimées du poète : Flora la belle Romaine, Archipiades ou Thaïs, sa cousine germaine, Écho, Helloïs…

La version moderne de cette expression ne serait-elle pas dans le texte nostalgique du succès de Patrick Juvet : « *Où sont les femmes.... / Avec leurs gestes pleins de charmes... / Où sont les femmes !* »

Revenons à nos moutons

À l'origine de cette expression, qu'on aurait pu croire en rapport avec les non moins célèbres moutons de Panurge de Rabelais, on trouve une comédie du XVe siècle, *La Farce du Maître Pathelin*. Le héros Pathelin y trompe le marchand Guillaume pour lui acheter à bas prix un drap. En effet, au moment de payer, il feint d'être mourant et de délirer si bien que le marchand Guillaume se demande alors si lui-même ne délire pas et si la vente a bien eu lieu. Peu de temps après le malchanceux va encore ensuite se faire berner par un berger qui lui vole tous ses moutons. Il décide de porter les deux affaires devant le juge mais finit par confondre les draps et les moutons. C'est alors que le juge le prie instamment de *revenir à ses moutons*.

L'expression a subsisté avec son sens originel : elle signifie « revenir au sujet dont on parlait » même et surtout après une digression.

Fais ce que voudras

Telle est l'invitation lancée par Rabelais au terme de son *Gargantua*. Au chapitre LVII, il décrit une abbaye bien différente de toutes les autres de son temps, l'abbaye de Thélème, du grec *thèlèma* : le bon vouloir. Dans cet édifice qui ressemble plutôt à un château de la Renaissance fastueux se retrouve une micro société d'hommes et de femmes qui font office de religieux et de religieuses. Car ici, une seule règle prévaut : *Fay ce que voudras*. L'utopie de l'auteur est grande : il veut croire *qu'entre gens libères, bien nés, bien instruits*, point n'est besoin d'établir de lois autres que celles qu'ils établissent eux-mêmes. C'est en fait seulement un semblant de liberté qui se cache derrière cet adage libéral et permissif. Cet idéal de vie a encore de nos jours des adeptes.

Être ou ne pas être, telle est la question

Dans cette alternative que se pose le héros de la pièce éponyme de Shakespeare, *Hamlet*, se trouve résumé tout destin humain : faut-il mettre un terme à ses jours ou poursuivre une existence sans grand attrait ? Hamlet choisit de vivre… autant par peur de la mort que par résignation.

Un cheval ! Un cheval ! Mon royaume pour un cheval !

Telle est l'exclamation que prête Shakespeare au roi d'Angleterre Richard III, dans sa pièce éponyme. Au cours de la bataille de Bosworth qui eut lieu en 1485 et où il trouva du reste la mort, le souverain dut terminer le combat à pied après la perte de son cheval. Sous le coup du désespoir, il aurait prononcé cette phrase par laquelle il regrettait de voir le pouvoir lui échapper puisqu'il ne pouvait plus combattre. L'expression s'emploie aussi de nos jours pour dire que, même dans le plus grand péril, il est déjà bien de pouvoir garder la vie sauve.

Cogito ergo sum : je pense donc je suis

Dans son *Discours de la méthode*, rédigé en français, le philosophe et mathématicien français René Descartes (1596-1650), après avoir procédé à l'examen méthodique et critique de ses connaissances, en arrive à fonder le socle de son existence propre sur sa seule pensée, indépendamment donc de toute référence à Dieu. Le *cogito* désigne le sujet pensant, pierre angulaire de la philosophie occidentale.

Faire la mouche du coche

Dans sa fable, La Fontaine met en scène des mouches qui s'en prennent à un équipage qu'elles harcèlent sur un long chemin sablonneux. Depuis on appelle « mouche du coche » toute personne qui prétend que lui revient le succès d'une entreprise à laquelle elle n'a que peu participé, éclipsant sans vergogne le travail d'autrui. Comme dans la fable où ce sont les chevaux qui, en se donnant de la peine, ont permis à l'équipage de gravir le chemin pentu :

> « *Ainsi certaines gens, faisant les empressés,*
>
> *S'introduisent dans les affaires :*
>
> *Ils font partout les nécessaires,*
>
> *Et, partout importuns, devraient être chassés.* »

Crier « Haro » sur le baudet

Dans l'une de ses fables, *Les Animaux malades de la peste*, La Fontaine met en scène divers protagonistes qui cherchent à savoir d'où vient le mal qui s'est abattu sur le pays, le pire des fléaux, la peste. Tour à tour ils se renvoient tous la balle jusqu'au moment où un pauvre âne va devenir le bouc-émissaire de cette sinistre farce.

Tuer la poule aux œufs d'or

C'est commettre la bêtise de ne pas savoir faire fructifier à l'avenir des biens présents, au seul motif de vouloir satisfaire d'autres intérêts immédiats dictés par l'impatience ou la pure avidité.

Cette expression du XVIIIe siècle est tirée d'une fable de La Fontaine, elle-même inspirée d'une morale d'Ésope, fabuliste grec de l'Antiquité. Pour rappel : c'est l'histoire d'un avare qui possédait une poule pondant des œufs d'or. Persuadé qu'elle contenait un trésor, il voulut la tuer pour en avoir plus mais se rendit alors compte qu'elle était comme ses autres poules. Agissant dans le court terme et avec empressement, il venait de se priver à tout jamais d'une source infinie de richesse à très long terme. Erreur ! Malheur !

Ce que l'on conçoit bien s'énonce clairement

Et les mots pour le dire arrivent aisément. C'est à notre théoricien de la langue française classique, Boileau, que nous sommes redevables de ces vers qui ont fait date et marquer l'art d'écrire du XVIIe siècle. Recommandant de subordonner la pensée à la forme, Boileau prônait là une expression claire, pure, naturelle, élaborée avec justesse et harmonie.

L'expression s'emploie de nos jours comme conseil à l'adresse de toute personne qui cherche à entrer en communication avec autrui. Maxime de bon aloi que certains pédants ont trop souvent tendance à oublier : un certain Acis, par exemple, que fustigera le portraitiste La Bruyère, au motif qu'il n'a pas compris que ce n'est pas après tout un *si grand mal d'être entendu quand on parle et de parler comme tout le monde* !

Il était une fois...

On doit cette formule liminaire de tout bon conte de fées qui se respecte à Charles Perrault qui l'utilise pour la première fois dans *Les Souhaits ridicules* en 1694. Il la reprendra pour ouvrir *Peau d'Âne* puis dans sept des huit récits en prose des *Contes de ma mère l'Oye*. Cette expression, devenue magique, opère comme un talisman pour nous transporter hors du temps réel et ouvre toutes les arcanes de notre monde imaginaire. Tout comme ces deux autres qui viennent en conclusion : « *Ils se marièrent et eurent beaucoup d'enfants* » ou « *Ils se marièrent et vécurent heureux* », sauf qu'elles ne figurent dans aucun de ses contes. *It's a kind of magic...* !

Tire la bobinette et la bobinette cherra

Dans son conte du *Petit Chaperon rouge*, Charles Perrault raconte les mésaventures d'une petite fille chargée d'apporter chez sa mère-grand des galettes et du lait. En chemin, elle fait la rencontre du méchant loup qui va dévorer sa grand-mère et se glisser dans son lit. Quand le petit Chaperon rouge sonne à la porte, le loup lui donne le sésame pour entrer : le code (secret) dirait-on de nos jours.

Anna, ma sœur Anne, ne vois-tu rien venir ?

Cette phrase intervient à un moment important de l'intrigue du conte de Perrault, *Barbe bleue*. Alors que ce dernier s'apprête à trancher le cou de sa femme qui lui a désobéi et lui ordonne de descendre, la malheureuse prie à un étage intermédiaire pour gagner du temps, tandis que sa sœur Anne, juchée en haut d'une tour, guette l'arrivée de leurs frères, qui tardent encore à venir pour empêcher l'exécution.

L'expression prise hors de son contexte s'emploie toujours pour dire qu'on attend un dénouement et qu'on est là à pister des éléments susceptibles d'apporter une solution et de donner une issue au problème.

Rodrigue, as-tu du cœur !

Corneille, dans le *Cid* (1637), campe en Rodrigue un héros généreux. Sollicité par son père Don Diègue qui vient d'être insulté, Don Rodrigue est prêt à aller venger l'affront avec sa bravoure légendaire, quitte à braver le père de sa bien-aimée. Ce courage qui peut lui coûter l'amour de sa vie aura raison de tout. Cette tragédie se termine bien en effet. De quoi expliquer qu'au bout du compte, « *Tout Paris pour Rodrigue a(ura) les yeux de Chimène* ».

On emploie cette expression pour donner à quelqu'un, quel que soit son prénom, du cœur à l'ouvrage face à l'adversité !

Que diable allait-il (donc) faire dans cette galère ?

On emploie cette expression quand quelqu'un vient de se mettre dans une situation difficile voire périlleuse, le plus souvent de son propre fait. On la doit à une pièce de Molière, *Les Fourberies de* Scapin (1671) dans laquelle Géronte apprend de la bouche de Scapin qu'il doit débourser des pistoles pour délivrer son fils prisonnier d'une galère (bateau) turque !

Le petit chat est mort

L'expression est tirée de la pièce de Molière, *L'École des Femmes* (1663). Alors qu'Arnolphe, vieux barbon jaloux, vient rendre visite à sa pupille Agnès qu'il tient recluse dans un couvent, au motif de la préserver du monde, la dite jeune fille qui vient d'avoir une entrevue avec un jeune homme, répond avec candeur à sa question : « *Quelle nouvelle ?* » voulant savoir s'il s'est passé quelque chose de particulier avec le jeune homme : « *Oui, il s'est passé quelque chose… le petit chat est mort* ».

Mais de quel chat parle-t-on ? Est-ce le chat de la maison, fait anodin et banal dont Arnolphe ne se soucierait guère, ou serait-il question de la perte du pucelage d'Agnès ? Non, elle est bien trop sage, mais le double sens peut prêter à confusion et reste comique.

Tout est pour le mieux dans le meilleur des mondes

Cette expression définit à elle toute seule toute la philosophie de Leibniz que Voltaire, autre grand philosophe du XVIIIe siècle, cherche à mettre en scène dans son conte *Candide* comme pour mieux la mettre à l'épreuve de la réalité. Le jeune et bien nommé Candide est à bonne école avec son maître Pangloss qui n'a de cesse de lui répéter que « *Tout est pour le mieux dans le meilleur des mondes possibles* ». Un peu à la manière d'un : « Tout le monde, il est beau, tout le monde, il est gentil ! » Cette philosophie optimiste résiste en fait bien mal à toutes les expériences auxquelles Candide va se trouver confronté. La démonstration par l'exemple de ce livre est remarquable à tous égards.

L'expression s'emploie toujours dans une conversation pour tenter d'adoucir la réalité et nous permettre ainsi de relativiser les choses les unes par rapport aux autres. Encore faut-il y croire !

Il faut cultiver notre jardin

C'est par cette expression que Voltaire clôt son roman *Candide* (1759). Après moult pérégrinations et mésaventures, le conteur réunit dans une métairie les personnages principaux : Candide, le héros éponyme, Cunégonde sa dulcinée, Frère Jacques, etc. Après avoir connu l'Eldorado, voilà que tout ce petit monde se retrouve à mener une vie en communauté, chacun trouvant là l'occasion d'exercer à sa hauteur ses talents propres. Et la petite terre de rapporter beaucoup…

L'expression s'emploie dans un double sens : au sens propre, chacun cultive le louable dessein de faire fructifier la terre, et au sens figuré, chacun s'occupe surtout de son propre jardin intérieur et ne cherche surtout pas à s'immiscer dans les affaires des autres. C'est peut-être l'une des clefs du bonheur social ! À méditer…

À nous deux, Paris !

Tel est l'anathème que lance à la capitale tout nouvel arrivant qui vient pour en faire la conquête et défier l'ordre social. C'est une reprise à peine modifiée de l'expression que lance Eugène de Rastignac dans le roman de Balzac, *Le Père Goriot* (1835). Après avoir assisté dans ses derniers instants le vieux Goriot qui a attendu en vain l'arrivée de ses deux filles à son chevet, Rastignac face à Paris, du haut du cimetière interpelle Paris dont il attend monts et merveilles.

Toute personne résolue et courageuse qui veut en quelque sorte se doper avant une entreprise d'envergure lance cette apostrophe d'arriviste ou d'ambitieux !

C'est la faute à Rousseau

Je suis tombé par terre,

C'est la faute à Voltaire,

Le nez dans le ruisseau,

C'est la faute à… [Rousseau]

Tel est le dernier couplet inachevé que le titi parisien Gavroche, venu porter secours aux insurgés en 1832, lance au cœur des barricades dans l'épopée hugolienne *Les Misérables*. Pour mieux narguer les soldats de la Garde nationale, le voilà qui s'avance pour aller récupérer les cartouches non usagées des morts qui s'amoncellent juste devant les barricades. Les références aux deux philosophes, Voltaire et Rousseau, pourtant ennemis sous bien des rapports, s'expliquent aisément dans la mesure où ils furent tous deux à l'origine des nouvelles idées révolutionnaires qui grondaient et qu'on peut donc, à juste titre, les accuser de tous les maux qui s'ensuivirent pour conquérir cette liberté nouvelle. La faute à pas de chance surtout, qui va faire de Gavroche le symbole de cette lutte meurtrière.

L'expression est devenu un cri de révolte ainsi que de ralliement des gens du peuples et des libéraux contre l'arrière-garde conservatrice.

Un seul être vous manque et tout est dépeuplé

On doit au poète romantique Alphonse de Lamartine la paternité de cet alexandrin, tiré de son poème *Isolement* du premier recueil des Méditations poétiques parues en 1820. Dédié à sa dulcinée Julie, le poète y exprime tous les affres de la séparation de l'objet aimé que cela soit pour cause de rupture ou de mort. Quand on est abandonné, on ressent toujours une immense tristesse, un manque que l'on croit ne jamais pouvoir combler. La perte de l'autre, épreuve insurmontable, pourrait pourtant être également envisagée comme une découverte de nouveaux partenaires. C'est sans doute ce qui fait dire au séducteur Paris dans la version que donne Giraudoux de *La Guerre de Troie n'aura pas lieu* (1935), pastichant l'inspiration lamartinienne : « *un seul être vous manque et tout est repeuplé* ».

L'expression s'emploie aussi pour insister sur la solitude qu'on peut toujours ressentir même au milieu d'une foule pour peu que la personne si chère à nos yeux ne soit pas ou plus là !

L'Arlésienne...

L'expression provient d'une nouvelle d'Alphonse Daudet (1886). Le personnage féminin, jamais nommé, est celle qui ne vient jamais, qu'on attend encore, la mariée que le pauvre Jan ne verra jamais arriver et qui causera tout son malheur. C'est *attendre jusqu'à la saint Juttemis* (du nom d'un saint des Pays-Bas qui n'existe pas), c'est encore *la journée de saint Jamais* au Brésil, c'est notre *saint-glinglin* à nous. Bref, c'est ce dont on parle beaucoup mais qui ne se produit jamais. Même s'il ne faut jamais dire *never* !

À la fin, je touche

Avec son panache coutumier, Cyrano de Bergerac, le héros de la pièce d'Edmond Rostand, clôt sa tirade des nez par un retentissant : « *à la fin, je touche* ». De semblable façon, c'est ce qu'on peut dire quand une entreprise vient à son terme et qu'elle est réussie.

Est-ce que ça vous gratouille ou est-ce que ça vous chatouille ?

Immortelle réplique, prononcée par Louis Jouvet, l'interprète du docteur Knock, dans la pièce de Jules Romains du même nom ! La question posée par le charlatan à ses patients (« *Ne confondons-pas : est-ce que ça vous gratouille ou est-ce que ça vous chatouille ?* ») est bien le comble de l'imposture médicale et scientifique. En tout cas, ça nous donne des idées, comme dans la chanson d'Annie Cordy.

S'il vous plaît, dessine-moi un mouton

Dans le roman universellement connu d'Antoine de Saint-Exupéry en 1943, le Petit Prince demande à un aviateur, qui a dû se poser en catastrophe dans le désert du Sahara, de lui dessiner un mouton. Surpris, l'adulte s'exécute, mais aucun de ses dessins ne convenant à l'enfant, il finit par griffonner une caisse, ce qui suffit paradoxalement au bonheur de son interlocuteur ! On peut voir dans cette demande insolite (un mouton, au milieu du Sahara !), un appel à satisfaire, par le recours à l'imagination, une curiosité, un désir.

Tu me fends le cœur

La Partie de cartes est un morceau d'anthologie, au théâtre comme au cinéma. Au début de l'acte III de la pièce Marius (1929) de Marcel Pagnol, César, Escartefigue, Panisse et M. Brun, en bons Marseillais, jouent, en trichant un peu (beaucoup) sur les bords. César joue ici sur le double sens du mot *cœur* (couleur aux cartes) et siège de l'affection.

> « *Panisse, outré : Eh bien, dis donc, ne vous gênez plus ! Montre-lui ton jeu puisque tu y es ! […]*
>
> *César : Quand tu me parles sur ce ton, quand tu m'espinches comme si j'étais un scélérat, eh bien, tu me fends le cœur.*
>
> *Panisse : Allons, César…*
>
> *César : Oui, tu me fends le cœur. Pas vrai, Escartefigue ? Il nous fend le cœur.*
>
> *Escartefigue, ravi : Très bien !*
>
> *Il jette une carte sur le tapis. Panisse la regarde, regarde César, puis se lève brusquement, plein de fureur.*
>
> *Panisse : Est-ce que tu me prends pour un imbécile ? Tu as dit : "Il nous fend le cœur" pour lui faire comprendre que je coupe à cœur. Et alors il joue cœur, parbleu !* »

Ciel mon mari !

Cette exclamation est devenue emblématique du genre du vaudeville. Dans les nombreux ménages à trois que met en scène ce théâtre léger, elle revient dans la bouche même de la femme pour signaler à l'amant le retour inopiné du mari. C'est là que la mise en scène se déchaîne et offre à l'amant toutes sortes de cachettes de fortune telles qu'un placard, le dessous d'un lit ou une fenêtre comme échappatoire !

Eugène Labiche comme Georges Feydeau dont les personnages, souvent en majorité des bourgeois, se retrouvent, pourrait-on dire, mis à l'épreuve des choses de la vie, sont devenus maîtres en la matière au XXe siècle. Leurs pièces comiques, légères et divertissantes, sont le plus souvent fertiles en intrigues et multiples rebondissements. Plus d'un personnage se retrouve au placard... Christophe Dechavanne dans son émission du petit écran, *Ciel, mon mardi !*, a redonné une seconde vie à l'expression. Mais sans le placard !

Si tu ne viens pas à Lagardère, Lagardère ira à toi

On doit l'expression à Paul Féval, auteur d'un très beau roman de cape et d'épée, *Le Bossu* ou *Le Petit Parisien* (1858) popularisé en 1959 par le cinéaste André Hunebelle. Le chevalier Henri de Lagardère porte secours un soir dans les fossés du château de Ceylus au duc Philippe de Nevers attaqué en traître. Il blesse à la main son agresseur, monsieur de Peyrolles, et lui lance au visage ce défi : « *Si tu ne viens pas à Lagardère, Lagardère ira à toi* », jurant ainsi de retrouver le meurtrier. Ce qui ne manque pas d'arriver. Reprendre l'expression à son compte, signifie qu'on est animé d'une résolution inébranlable.

Chapitre 17
Les expressions qui font notre histoire

Dans ce chapitre :
- Paroles d'hommes plus ou moins célèbres…
- De la petite histoire à la grande Histoire

Il est des hommes et des femmes qui font l'histoire. Il est aussi des expressions qui en ont fixé les traces pour mieux la faire revivre. D'hier à aujourd'hui, nombreux sont les acteurs de la scène du monde à avoir prononcé un jour une phrase dont on parle encore !

Même si, dit-on, l'histoire ne se répète pas – ou alors sur le mode de la farce, ainsi que l'affirmait le jeune Karl Marx –, il arrive souvent qu'une situation historique, différente de celle qui a donné naissance à l'expression d'origine, motive ou suscite des années, voire des siècles plus tard, son réemploi, sa réactualisation. On *repasse les plats*, comme on se passe le flambeau de l'expression.

Acta est fabula : *La pièce a été jouée*

Au mot à mot, la pièce est finie… Telles seraient, selon Suétone dans ses *Vies des douze Césars* (119-122 apr. J.-C.), les dernières paroles prononcées par l'empereur Auguste avant de mourir, semblant solliciter les applaudissements de son peuple après un (si) long règne. En effet, la formule s'employait dans le théâtre antique, à la fin des représentations, pour en annoncer le terme. L'expression de nos jours s'emploie pour dire que quelque chose vient bel et bien de se terminer, est définitivement accompli. *E finita la comedia*…

Alea jacta est : Le sort en est jeté

Le même Suétone attribue encore à César cette expression au moment même où il se préparait à franchir le Rubicon. Revenant de la guerre des Gaules, il passa outre l'interdit du Sénat et franchit la petite rivière qui séparait l'Italie de la Gaule cisalpine, quitte à être déclaré traître à la patrie et à se vouer aux dieux infernaux. Le mot *alea* désigne en latin un dé ou un jeu de dés puis le hasard qui y préside. Les Romains avaient l'habitude d'y jouer telle ou telle décision, de manière donc « aléatoire » !

Cette expression s'emploie pour qualifier toute décision hardie et déterminante, allant le plus souvent à l'encontre des règles et des lois, toute prise de risque froidement assumée, vous l'aurez compris. *Jamais un coup de dés n'abolira le hasard.*

« *Ils sont bavards à la gare de l'Est* », dira Pierre Desproges pour reprendre phonétiquement sur un ton amusé cette expression sacrosainte, dans son *Dictionnaire superflu à l'usage de l'élite et des biens nantis* (1985).

Ave Caesar morituri te salutant : Salut à toi César, ceux qui vont mourir te saluent

C'est ainsi que les combattants d'un spectacle naval donné en son honneur saluèrent l'empereur Claude. Lequel aurait répondu que la mort ne les attendait pas forcément, ce qui conduisit les gladiateurs à vouloir cesser le combat, ridiculisant par là-même l'empereur d'après Suétone.

Il semblerait qu'on ait prêté par erreur cette formule de salutation aux gladiateurs : car tous ne mouraient pas dans l'arène à l'occasion des jeux de cirque dont raffolaient les Romains, même si tous étaient frappés, comme La Fontaine l'aurait écrit.

Aut Caesar aut nihil : Ou César ou rien

Telle est la devise attribuée à César Borgia, cardinal florentin qui abandonna la carrière ecclésiastique pour se consacrer à la politique, genre dans lequel il excella, dans la noirceur et le crime. Machiavel l'aurait pris pour modèle dans son *Prince* (1532). Le prénom que portait Borgia, frère de Lucrèce, avait sans doute valeur performative à ses yeux, car il n'eut de cesse de se vouloir l'égal de César et des Césars qui se sont succédé à Rome sous l'Empire. Tous les ambitieux reprennent l'expression à leur compte.

Caesar dixit… ou grandeur et décadence d'un grand conquérant

Veni, vidi, vici (*je suis venu, j'ai vu, j'ai vaincu*) : tels sont les trois mots au laconisme aussi romain que militaire par lesquels César annonça à son ami Amintius la nouvelle de la victoire qu'il venait de remporter sur les troupes de Pharnace, roi du Pont-Euxin et fils de Mithridate. Cela se passait en 47 apr. J.-C. L'effet allitératif joint au rythme ternaire de ces trois verbes tous dissyllabiques a contribué, à n'en pas douter, à populariser cette expression qu'on emploie encore pour désigner un succès rapide et aisé, accompli vite fait et surtout bien fait. Mais après la gloire vient la chute ! ***Tu quoque, mi fili*** (*toi aussi, mon fils*). Telle est la phrase que prononça César quand il reconnut parmi ses assaillants aux ides de mars en 44 av. J.-C. un certain Brutus qu'il considérait comme son fils. Il mesurait là l'ingratitude humaine dans sa splendeur (ou misère !).

Cedant arma togae : Que les armes le cèdent à la toge

Telle est l'expression que Cicéron, dans un hémistiche, écrit à sa propre louange en mémoire de son consulat dans le *De Officiis* I, 22. Bâtie sur deux termes métonymiques, elle marque la prééminence du pouvoir civil, à savoir la toge, sur le pouvoir militaire ou la force des armes. Le philosophe Platon en son temps souhaitait déjà que les rois fussent philosophes…

Non olet : L'argent n'a pas d'odeur

L'empereur Vespasien (9-79 apr. J.-C.) avait établi un impôt sur les urinoirs publics, édicules en forme de guérites érigés sur la voie publique pour permettre aux hommes de satisfaire leurs besoins (d'où leur nom de « vespasiennes »).

Comme Titus lui rapportait que les Romains plaisantaient à ce sujet, Vespasien lui donna à flairer une pièce de monnaie et dit : « *L'argent n'a pas d'odeur* ». Tous les moyens, même et surtout les moins délicats, seraient donc bons pour s'enrichir. La fin ne justifie-t-elle pas les moyens ?

Oderint dum metuant : Qu'ils me haïssent, pourvu qu'ils me craignent

On prête cette terrible formule à l'empereur Tibère. Ce dernier, se désintéressant du sort de Rome au profit de l'Empire, avait laissé sa capitale aux mains du préfet du prétoire Macron, qui y faisait régner la terreur. L'auteur en serait le poète Attius (170-94 av. J.-C.), à qui l'on doit par ailleurs une tragédie Atrée, du nom du tyran légendaire de Mycènes, dont l'empereur Caligula avait fait son idole, à ce que rapporte Suétone dans ses *Vies des douze Césars*. L'expression illustre bien le mode de gouvernement qu'instaure par là un tyran avec ses sujets : la terreur. Mais est-ce comme cela qu'on gouverne, je vous le demande ?

O tempora ! O mores ! : Quelle époque ! Quelles mœurs !

Nous sommes en l'an 71 av. J.-C. Le grand orateur Cicéron s'élève énergiquement contre la vénalité de ses contemporains et la corruption des mœurs de son temps. Est visé au premier chef un certain Verrès, gouverneur de la province de Sicile qui faisait honte à Rome en dépouillant ses administrés, sous prétexte de satisfaire son amour immodéré des œuvres d'art (d'un certain candélabre du roi de Syrie, Antiochus, en particulier). Est-il besoin de préciser que l'expression reste d'actualité ?

Ôte-toi de mon soleil

Entre bien des anecdotes que l'on raconte sur le philosophe Diogène le Cynique, celle de sa rencontre avec Alexandre lui demandant ce qu'il désirait plus que tout au monde est restée gravée dans toutes les mémoires pour son laconisme insolent. Il lui répondit en effet : « *Ôte-toi de mon soleil !* » Quel aplomb tout de même face au plus grand stratège de tous les temps ! Le même, pour contredire la pensée de Platon sur l'homme, cet « animal à deux pieds sans plume », jeta au milieu du cercle des auditeurs un coq plumé et s'écria : « *Voici l'homme de Platon* ».

Philippiques à gogo

On désigne par l'expression **philippique** tout discours violent et emporté que l'on adresse contre quelqu'un, à seule fin de le faire réagir. Elle tire son origine du nom même du roi Philippe de Macédoine contre lequel l'orateur Démosthène au IVe siècle av. J.-C. prononça quatre discours, au ton sobre et vigoureux, pour stigmatiser l'apathie de ses contemporains. « *Quand donc, Athéniens ? Quand ferez-vous ce qu'il faut ?* »

Cicéron, bien des années plus tard, à l'instar de ces discours pamphlétaires, écrivit deux textes contre le brigand Verrès, appelés les *Verrines*… On ne peut s'empêcher de sourire quand on sait que ce terme désigne de nos jours un petit pot en verre garni de bonnes choses salées comme sucrées, servi dans tout bon cocktail qui se respecte !

Delenda est Carthago : Carthage est à détruire

Carthage fut de tout temps l'ennemie des Romains. Caton dit l'Ancien ou le Censeur (234-149 av. J.-C.) ne cessa de le répéter, en une formule passée à la postérité chez Plutarque dans sa *Vie de Caton l'Ancien*, et devenue emblématique de l'utilisation de l'adjectif verbal latin : *Delenda est Carthago*. Le conflit opposant les deux cités se déroula en trois temps : 264-241 av. J.-C. pour la première guerre punique, 218-202 pour la deuxième conclue sur une victoire des Romains. Caton n'eut de cesse, pourtant, de mettre en garde les sénateurs contre le réveil de la puissance carthaginoise. La guerre reprit une troisième fois, entre 148 et 146 av. J.-C., avant la victoire finale de Rome.

L'expression s'emploie pour signifier que quelqu'un a une idée fixe dans l'esprit, qu'il poursuit avec acharnement sa réalisation.

Qualis artifex pereo : Quel grand artiste périt avec moi

Telles sont les dernières paroles (***ultima verba***) théâtrales et présomptueuses à souhait qu'aurait prononcées l'empereur Néron (37-68) juste avant de se donner la mort, selon la version qu'en donne l'historie Suétone dans ses *Vies des douze Césars* (44).

Vae victis : Malheur aux vaincus

Telles furent les paroles prononcées par le chef gaulois Brennus, lors du siège de Rome en 390 av. J.-C. à en croire l'historien Tite-Live. Alors qu'il était prêt à lever le siège contre la somme de mille livres d'or dont les Romains contestèrent le poids, Brennus jeta sa propre épée dans la balance pour bien faire comprendre qu'un vaincu reste toujours à la merci de son vainqueur. Les Romains ne pouvaient rien attendre de plus de sa clémence.

L'expression s'emploie toujours comme synonyme de la très machiavélique « loi du plus fort (qui) est toujours la meilleure ! »

Ralliez-vous à mon panache blanc !

Qui n'a pas, un jour ou l'autre, eu à répondre à cette fausse question : quelle est la couleur du cheval blanc d'Henri IV ? En tout cas, c'est au Roi de Navarre qu'on attribue ces mots prononcés le 15 mars 1590, juste avant la bataille d'Ivry qui opposa les Huguenots de Navarre aux Ligueux du Duc de Mayenne, le frère du Duc de Guise, assassiné peu de temps auparavant. À la tête de ses troupes, Henri IV, à la mise ordinairement sobre, portait ce jour-là un panache de plumes blanches pour se faire mieux voir de ses hommes. On lui prête les propos qui suivent : « *Mes compagnons, Dieu est pour nous ! Nos ennemis sont les siens ! Ils sont deux fois plus nombreux que nous mais nous les vaincrons ! Si vous perdez vos cornettes, ralliez-vous à mon panache blanc : vous le trouverez sur le chemin de la gloire et de l'honneur !* ». Aussitôt dit, aussitôt fait. Les Huguenots remportèrent la victoire. Le panache blanc avait sans doute porté chance aux troupes du roi Henri.

Aller à Canossa

Cela veut dire s'humilier publiquement pour reconnaître ses torts face à quelqu'un, et ce par allusion à l'empereur Henri IV qui dut en 1077 demander pardon au pape Grégoire VII en se rendant à Canossa : le pape lui infligea même d'attendre trois jours durant, pieds nus et en habit de pénitent, avant de le recevoir.

Après vous, messieurs les Anglais !

Cette expression date de la bataille, qui eut lieu à Fontenoy le 11 mai 1745, gagnée par le maréchal de Saxe sur les Anglais qui s'étaient alliés aux Autrichiens. Au chef de file de la colonne anglaise Lord Hay, qui vint à cinquante pas provoquer les Français en leur disant « *messieurs les gardes-françaises, tirez !* », le Comte d'Anterroches répliqua d'une voix forte : « *Après vous, messieurs les Anglais, nous ne tirons jamais les premiers !* » Cette courtoisie coûta cher aux Français et valut même à l'intéressé sept balles dont il réchappa toutefois !

L'expression s'emploie pour signifier un refus poli et veut en fait dire : *À vous l'honneur de commencer.*

Après moi le déluge !

On emploie cette expression pour laisser entendre qu'on se moque de tout ce qui pourrait arriver après notre mort, même s'il s'agit d'une catastrophe ou de quelque chose de très grave. On attribue cette expression égoïste au roi Louis XV ou encore à madame de Pompadour, sa maîtresse. *Qui se ressemble s'assemble*, ne dit-on pas ? C'est en ces termes que la Pompadour aurait consolé son amant de sa défaite face aux Prussiens. Quand on sait que dans la Bible le déluge est la punition qu'infligea Dieu aux hommes pour leur décadence en inondant la Terre pour faire périr tous les hommes, hormis bien sûr Noé, on comprend le caractère égoïste de pareille formulation. Les Indiens disent même : « *quand je me noie, tout le monde se noie.* »

On voit là toute l'insouciance coupable de ceux qui prononcent cette phrase symbolique.

C'est la Bérézina !

Le franchissement de la Bérézina par les troupes de Napoléon durant la campagne de Russie fut un total fiasco. Les troupes françaises y furent décimées par le froid, la faim, les maladies et la ténacité des Cosaques. Cette défaite française est restée gravée dans toutes les mémoires comme le symbole d'un échec total.

C'est reparti comme en quatorze / comme en quarante

Les deux se disent, hélas. De 1914 à 1940, l'histoire se répète, les conflits aussi : une guerre n'attend pas l'autre. À peine l'une est-elle terminée que les hommes insatiables reprennent encore plus ardemment les hostilités.

Les coups...

Non, je ne vous parlerai ici ni de la chanson de Johnny Hallyday, ni de celle de Maxime le Forestier. Je reste dans la rubrique des expressions historiques. Et Dieu seul sait qu'il y a eu des coups dans ce domaine :

- *Le coup de Jarnac :* ce coup de traître faisant référence au duel qui eut lieu sous les yeux du roi Henri II entre Guy Chabot de Jarnac et François de Vivonne de la Châtaigneraie : le coup imprévu donné par Jarnac au jarret de son adversaire eut raison de ce dernier. L'expression s'emploie pour parler d'un coup défendu.
- Un *coup de Trafalgar* désigne un accident désastreux, par allusion à la bataille navale qui opposa en 1805 la flotte franco-espagnole aux Anglais, près de Cadix en Espagne, au large du cap Trafalgar. L'amiral Nelson y eut raison du général de Villeneuve et devint le symbole de l'invincibilité – et de la perfidie – britanniques.
- Quant au *coup du Père François*, bien moins historique, puisqu'il n'existe pas de François clairement identifié, il désigne un mauvais coup. L'expression apparaît vers 1860. Deux brigands sont à la manœuvre : le premier s'approche de sa victime par derrière et lui passe un nœud coulant autour du cou, pendant que son complice lui vide les poches. L'expression s'emploie encore pour qualifier un acte de traîtrise.

Et pourtant elle tourne !

Telle serait selon la légende la phrase prononcée par le savant italien Galilée à propos de la Terre, à l'issue de son procès devant l'Inquisition, le 22 juin 1633. C'est ainsi qu'il abjurait ses découvertes précédentes et reconnut son erreur d'avoir cru que le Soleil était au centre du monde : il tapa du pied sur le sol et murmura : « *eppur, si muove !* »

Cette expression a toujours cours dans le milieu scientifique : on l'emploie comme symbole d'une vérité qui peut exister en elle-même en dépit des rétractations possibles !

Paris vaut bien une messe

Henri IV, pour être reconnu roi de France, dut abjurer la religion protestante qui était la sienne et embrasser la religion catholique le 25 juillet 1593. Autrement dit, pour obtenir Paris, il dut assister à une messe religieuse du culte catholique. L'enjeu en valait sans doute la chandelle ! Tel est le fait historique. Mais est-ce bien lui qui prononça cette parole ? Rien n'est moins sûr. On prête plutôt cette formule à Sully, son fidèle ministre, quelques années plus tard.

Gageons que l'expression colle si bien à la situation qu'elle pourrait être d'Henri IV en personne ! Elle s'emploie pour justifier une concession que l'on doit parfois faire pour parvenir à un résultat majeur. *Cette leçon vaut bien un fromage sans doute…*

Qui m'aime me suive

Telle est l'exhortation enthousiaste que lança le roi de France Philippe VI de Valois menant campagne en 1328. À un moment critique pour lui, il reçut le soutien du connétable Gautier de Crécy, sensible à sa force de conviction, ainsi qu'à l'attrait de la bataille. *Qui m'aime me suive*, conclut le roi, trop heureux de ce ralliement inespéré.

Cette expression s'emploie de nos jours pour susciter une adhésion à sa cause et impulser de l'ardeur à ceux qui hésiteraient encore.

S'ils n'ont pas de pain, qu'ils mangent de la brioche

À *défaut de merles, on mange des grives,* n'est-il pas vrai ? La jeune reine Marie-Antoinette eut sans nul doute tort de jeter cette phrase méprisante à la face du millier de femmes qui venaient réclamer du pain, lors des journées révolutionnaires des 5 et 6 octobre 1789. Jean-Jacques Rousseau rapporte le fait au livre VI de ses *Confessions*. Promettre de la brioche, qui était alors encore plus chère que le pain, était bel et bien une provocation malencontreuse de cette reine au petit peuple affamé et révolté.

L'État, c'est moi

Pareille déclaration, lors d'une séance du Parlement de Paris en 1655, est bien à l'image du roi autoritaire et majestueux que fut Louis XIV. S'identifier de la sorte au pouvoir est sans conteste la preuve de la démesure de son ego comme du royaume dont il était un monarque absolu, lui qu'on surnommait le Roi-Soleil. On lui doit encore cette autre formule restée célèbre : « *Tel est mon bon plaisir, telle est ma décision.* » Le Roi y affirme qu'il règne seul et en maître incontesté. Jamais plus que sous Louis XIV, le nom de monarchie n'aura trouvé adéquation entre un homme et un régime politique.

Tant et si bien qu'à sa mort, on aurait pu croire que la monarchie serait renversée, mais il n'en fut rien. *Le roi est mort ! Vive le roi !*

C'est de la merde dans un bas de soie

À qui faut-il attribuer cette expression historique ? Ce qui est sûr c'est qu'elle vise directement le personnage haut en couleurs qu'était Talleyrand. Napoléon, dans un accès de colère, aurait en ces termes rabroué son ministre avant de le congédier peu de temps après. Pour l'image, on a tous compris. Derrière des apparences souvent trompeuses et des accessoires élégants voire raffinées, peuvent se cacher le vice et la ruse. Plus distingué, Chateaubriand aura cette phrase, tout aussi assassine : « *Tout à coup, une porte s'ouvre : entre silencieusement le vice appuyé sur le bras du crime, M. de Talleyrand soutenu par Monsieur Fouché* » (*Mémoires d'Outre-Tombe*, 1849-1850).

J'y suis, j'y reste

Belle affirmation que cette phrase prêtée au général Mac Mahon, lors du siège de Malakoff à Sébastopol pendant la guerre de Crimée qui opposa la France et l'Angleterre à la

Russie. Alors que tout laissait présager une lourde défaite, le Général refusa d'évacuer la place. Sa détermination eut raison des événements qu'il précipita pour ainsi dire.

Cette expression s'emploie dans la bouche de celui qui ne consent pas à céder mais reste prêt, coûte que coûte, à rester sur ses positions, militaires ou autres. C'est s'accrocher à tout prix. L'histoire a souvent montré que cela pouvait payer !

On doit encore à ce même homme le fameux « *Que d'eau, que d'eau !* » qu'il aurait prononcé en 1875 lors d'une visite dans un coin de France ravagé par les intempéries. Les récents événements climatiques semblent rattraper notre homme et accréditer, tout du moins au sens propre, la vérité de son expression qui par ailleurs s'apparente à une forme de lapalissade. Vous savez, ce Monsieur de La Palisse, mort glorieusement à Pavie en 1525, à qui on dédia cette chanson au couplet mémorable :

> « *Hélas, s'il n'était pas mort*
>
> *Il ferait encore envie* »

devenu

> « *Un quart d'heure avant sa mort*
>
> *Il serait encore en vie.* »

Le mot de Cambronne

Telle est la périphrase euphémisante que l'on emploie, pour ne pas avoir à prononcer directement le gros mot. En fait, c'est le général Cambronne, baron d'Empire, qui à l'issue de la bataille de Waterloo, en juin 1830, sommé de se rendre, préféra riposter par ce mot qui fit sa célébrité. Victor Hugo contribua à immortaliser cette réplique énergique en affirmant que c'était là « *le plus beau mot peut-être qu'un Français ait jamais dit* ».

Métro boulot dodo

C'est à un libraire poète du nom de Pierre Béarn, et non au poète Jacques Prévert, que revient la paternité de ce slogan que les manifestants taguèrent sur les murs durant les événements de mai 1968. Tiré d'un poème dont le texte exact était : « *Au déboulé garçon pointe ton numéro / pour gagner ainsi le salaire / d'un morne jour utilitaire / métro, boulot, bistro, mégots, dodo, zéro* », le slogan est passé à la postérité sous sa forme écourtée et cadencée : *métro boulot dodo*. L'expression transcrivait parfaitement la révolte des ouvriers désireux de rompre avec leur existence monotone et laborieuse. En 2010, il refit son apparition sous une variante plus pessimiste encore : « *métro, boulot, tombeau* ».

Tomber comme à Gravelotte

Le modeste village lorrain de Gravelotte est connu pour avoir été un haut lieu de bataille entre les Français et les Allemands pendant la guerre de 1870. Environ 16 000 hommes, de part et d'autre, tombèrent sous les balles. D'où, sans doute, l'image du verbe *tomber* comme on dit « *tomber des cordes* » pour parler d'une pluie drue et continue ou parce qu'ils furent plus d'un à *mordre la poussière*.

Partir pour Pitchipoï

Tel était l'expression en usage parmi les juifs du camp de Drancy, au moment où on les emmenait vers ce « *Pays de Nulle Part* », dont ils sentaient déjà qu'il leur serait hostile. Le mot *Pitchipoï* signifie en yiddish un petit hameau, un bled paumé, un lieu très lointain, vers l'est *a priori*.

La guerre froide

Cette expression fut employée pour la première fois pendant la période qui suivit la Seconde Guerre mondiale, entre 1947 et 1953, lorsque le monde se partageait en deux blocs idéologiques, politiques et économiques : le bloc occidental derrière les États-Unis d'Amérique et le bloc de l'Est derrière l'U.R.S.S. Un certain Bernard Baruch, conseiller du président Roosevelt, en serait l'auteur. Elle sera reprise par un journaliste américain en 1947 et popularisée par le *New York Times*.

On l'emploie encore chaque fois que les relations entre Ouest et Est redeviennent tendues sans même qu'il y ait de conflit direct.

Sous les pavés, la plage...

Assurément, l'un des slogans les plus connus des événements qui secouèrent la France au printemps 1968. Il s'agissait alors de refaire le monde. Les étudiants révoltés de Nanterre, mais aussi les jeunes travailleurs en grève, qui faisaient cause (du peuple) commune, cherchaient des mots d'ordre à écrire sur les murs. Un certain Bernard Cousin proposa : « *il y a de l'herbe sous les pavés* ». Mais pour éviter l'amalgame avec la fumette, la formule retenue fut : « *Sous les pavés, la plage* », en référence au sable utilisé pour surélever les barricades de rues. Écrite au feutre rouge sur une feuille, avec l'ajout de la virgule au stylo bleu, elle fut affichée pour la première fois à la place du Panthéon.

La révolution, mais aussi le désir d'évasion et de liberté, c'est sans doute le sens de cette expression poétiquement oraculaire, sommeillent dans les lieux les moins attendus.

Touche pas à mon pote

Tel était le slogan de l'association française fondée en 1985 par Harlem Désir, SOS racisme, pour lutter contre le racisme, l'antisémitisme et toute autre forme de discrimination. C'est à Didier François, ex-otage de Syrie, que l'on doit le dessin : une main avec un logo. L'idée était d'aider à l'intégration des populations d'origine étrangère, et surtout maghrébine. Avec sa chanson *Aziza*, Daniel Balavoine a beaucoup fait pour populariser cette nécessaire et salutaire prise de conscience, qui demeure plus que jamais d'actualité, n'en déplaise à certains...

Cyril Anouna, avec son émission *Touche pas à mon po(s)te*, se démarque du slogan d'origine, mais n'en consacre pas moins la portée symbolique.

Travailleurs, travailleuses

Arlette Laguiller, inoxydable porte-parole de la LCR (Ligue communiste révolutionnaire), apostrophait en ces termes les masses laborieuses, dans les années 1970, 1980, 1990, 2000… Une telle fidélité sans faille aux idéaux révolutionnaires mérite le respect, à défaut de l'adhésion du plus grand nombre.

Ni Dieu, ni maître

Tirée du nom du journal aux idées révolutionnaires de Louis Auguste Blanqui, qui paraissait en 1880, l'expression s'emploie pour désigner une personne à l'esprit libre, qui n'a d'autre chef qu'elle-même. Renvoyant en effet dos à dos l'autorité spirituelle et temporelle, elle devint le slogan de toute pensée anarchiste, n'admettant aucun commandement, d'où qu'il vienne. Beaucoup le payèrent cher !

Avec sa « *bravitude* », Ségolène Royal, alors en campagne présidentielle, avait fait s'esclaffer la majorité des commentateurs politiques, toujours prompts à se gausser des agissements d'une femme en politique. Depuis la muraille de Chine, Ségo s'était-elle trompée de mot, ou bien songeait-elle à la *négritude*, concept marquant forgé par le poète et homme de gauche Aimé Césaire ?

À Pâques ou à la Trinité

Cette expression a en fait son origine dans une chanson tout ce qu'il y a de plus populaire. Il s'agit de *Malbrouk s'en va-t-en guerre* et qui, dit-on, reviendra « *à Pâques ou à la Trinité* ». Mais qui était ce Malbrouk ? On songera à John Churchill en personne, duc de Malborough (1650-1722), effectivement parti à la guerre, et qui en revint, déjouant tous les pronostics de ses adversaires. Mais pourquoi parler de Pâques et de la Trinité ? Sans doute en référence à des ordonnances royales du XIIIe siècle exigeant des monarques de solder leurs dettes à Pâques ou à la Trinité, deux fêtes séparées par deux semaines d'intervalle. Comme ce n'était pas souvent le cas, on finit par leur associer l'idée que c'était des échéances illusoires ou sujettes à caution.

L'expression s'emploie pour dire *jamais* ou bien à une date plus qu'imprécise.

Tous pour un et un pour tous

Cette actuelle devise de la Suisse, issue de l'expression latine « *unus pro omnibus, omnes pro uno* », veut dire qu'il faut se montrer solidaires les uns des autres pour ne plus faire qu'un. L'union ne fait-elle pas la force ? Alexandre Dumas a popularisé cette expression dans son roman *Les Trois Mousquetaires* (1844) :

> « *Et maintenant, messieurs, dit d'Artagnan sans se donner la peine d'expliquer sa conduite à Porthos, tous pour un, un pour tous, c'est notre devise, n'est-ce pas ?*
>
> *– Cependant, dit Porthos.*
>
> *– Étends la main et jure ! s'écrièrent à la fois Athos et Aramis.*
>
> *Vaincu par l'exemple, maugréant tout bas, Porthos étendit la main, et les quatre amis répétèrent d'une seule voix la formule dictée par d'Artagnan :*
>
> *"Tous pour un, un pour tous".* »

Vous allez trouver que j'abuse si j'inclus *Merci pour ce moment* dans ce florilège de formules qui ont fait l'histoire avec un grand H. Avec le livre ainsi nommé de Valérie Trierweiler, l'ancienne compagne de François Hollande, nous sommes plutôt dans la petite histoire, côté alcôve plutôt que côté cour. L'expression a cependant fait mouche, son côté mièvre, ou disons sentimental, se voulant en total décalage avec l'amertume et la vacherie du propos. Quand elle évoque les « *sans-dents* », expression dont userait le président de la République pour parler des pauvres, elle fait de la politique, qu'elle le veuille ou non.

Charles de Gaulle, une (grande) pointure, ou je ne m'y connais pas !

Plus de quarante ans ont passé depuis la mort du Général de Gaulle, ce grand homme dans tous les sens du terme ! Nul n'a oublié ses phrases-chocs, devenues cultes pour certaines. Celles qui vont suivre ont beau correspondre à des événements précis, elles appartiennent à notre patrimoine collectif, au destin de son « *cher et vieux pays* ».

Le 25 août 1944, il prononce le célèbre « *Paris outragé / Paris brisé / Paris martyrisé, mais Paris libéré* », à l'évidente portée symbolique. Le 4 juin 1958, le Général s'adresse encore une fois à ses compatriotes, en Algérie cette fois ; mais son célèbre « *Je vous ai compris* » se voulait plus ambigu : chacun comprendra d'ailleurs ce qui l'arrangeait... Son « *Hélas ! hélas ! hélas !* » du 23 avril 1961 fait avorter la rébellion des généraux français en Algérie. Avec semble-t-il une prédilection toute particulière pour la répétition, il lance le fameux « *l'Europe, l'Europe, l'Europe !* », en sautant sur sa chaise comme un « cabri » en signe de dérision. Tout aussi caustique et désabusé, son jugement sur ses compatriotes : « *Les Français sont des veaux* ». On a encore en mémoire : « *la réforme oui, la chienlit non* ». « *Vive le Québec libre !* », du 28 juillet 1967, n'est pas tombé dans l'oreille de sourds...

La force tranquille

Des slogans politiques, on en connaît plus d'un. Il y a peu, je veux dire en 2012, ce fut « *Le changement, c'est maintenant* ». Dans les années 2002, on avait eu droit au « *Mangez des pommes* », slogan officieux de la campagne de Jacques Chirac, soufflé par les Guignols de l'Info, en quelque sorte ! Mais c'est « *La force tranquille* », le slogan inventé par Jacques Séguéla pour François Mitterrand en 1981, qui a, sans conteste, le plus marqué les esprits. Construite sur un **oxymore** (alliance de mots pour le moins surprenante tant les termes en sont contradictoires), et déclinée, sur ses affiches, sur fond de campagne bucolique à souhait, la formule fit beaucoup pour l'élection de Mitterrand.

Je suis Charlie

La triste actualité du 7 janvier 2015 impose de compléter cette liste d'expressions historiques. En une sorte de pendant macabre à la tragédie new-yorkaise du 11 septembre 2001, l'attentat contre la rédaction de *Charlie Hebdo* a fait naître, d'abord en France, puis dans le monde, une vague d'indignation et de solidarité. En assassinant les dessinateurs satiriques, Charb, Cabu, Tignous, Wolinski, Honoré, sans oublier les policiers et les autres victimes, les terroristes s'en sont pris à la France, patrie, depuis Voltaire, de la liberté d'expression. Né de la plume d'un ancien créatif de la pub, le slogan « *Je suis Charlie* » s'est répandu comme une traînée de poudre, repris par des millions de gens, décliné sur tous les supports. Il fait écho à cette autre parole historique, prononcée par le président John F. Kennedy, dans le Berlin de la guerre froide : « *Ich bin ein Berliner* » (*Je suis un Berlinois*).

Chapitre 18

Les expressions religieuses

Dans ce chapitre :
- Des paroles d'évangile...
- ... qui ont *fait des petits* et sont passées à la postérité

Replongeons-nous quelques instants dans les écritures saintes, celles dont on dit qu'elles sont « *paroles d'évangile* ». Est-ce à dire qu'il faille les croire presque aveuglément ? Les prendre pour du *du bon pain* (bénit ou pas) ? À vous de voir...

Aime ton prochain comme toi-même ; Aimez-vous les uns les autres

Telle serait la parole prononcée par Jésus devant ses disciples pour leur enseigner son message d'amour. Et de rajouter : « *comme je vous ai aimés* ». Il s'agit là d'une conception de l'amour *agapè* (tendresse, rapprochement) bien loin de toute connotation érotique.

Oui, tu es poussière et à la poussière tu retourneras

Les textes religieux n'ont de cesse de rappeler à l'homme, créature de la terre s'il en est (*homo* vient du terme *humus*, terre), qu'il lui faut rester humble et qu'il doit se souvenir qu'il vient de rien et qu'il s'en repartira vers le rien. C'est une leçon de sagesse censée apprendre à l'homme qu'il n'est que bien peu de chose, que son existence n'est éphémère, bref qu'il n'est qu'un homme appelé à retourner d'où il vient.

Les premiers seront les derniers

Sans doute le Christ avait-il le goût du paradoxe. Comment comprendre autrement ce déclassement qui veut que le meilleur au départ ne le soit pas à l'arrivée ?

Ecce homo

Voilà l'homme : cette parole fut prononcée, d'après Jean, XIX, 5, par Ponce Pilate au moment de présenter Jésus-Christ aux juifs, revêtu d'un manteau pourpre et tenant à la main un roseau pour sceptre et une couronne d'épines sur la tête. Cet épisode de la Passion a inspiré nombre d'artistes, au point qu'un « *Ecce homo* » désigne une peinture ou une sculpture représentant le Christ couronné, symbole de la grandeur dans la souffrance.

Dans une traduction à la Desproges, ce proverbe latin devient : *Voici la lessive…* On est tombé bien bas, mais c'est tout de même drôle, non ?

Fiat lux

C'est au tout début du livre de la Genèse qu'on peut lire : « *Au commencement Dieu créa le ciel et la terre. La terre était informe et les ténèbres recouvraient l'abîme, et l'esprit de Dieu était porté sur les eaux. Dieu dit alors : "Que la lumière soit !" et la lumière fut. Alors il sépara la lumière des ténèbres et donna à la lumière le nom de jour et aux ténèbres le nom de nuit.* »

L'expression, en latin, symbolise l'un des mythes fondateurs de toute création, quand l'être surgit du néant. On l'emploie pour désigner toute grande découverte, faisant passer une chose de la nuit au jour, du néant à l'être.

Toujours en mode humour, la traduction de cette expression en « *Ah la belle voiture* » (FIAT) !

Il faut rendre à César ce qui revient à César

Cette expression, tirée de l'Évangile, signifie qu'il faut rendre à chacun ce qui lui est dû, selon son titre et son mérite. Comme un pharisien lui demandait s'il était de bon aloi pour les juifs de s'acquitter de l'impôt aux Romains qui les gouvernaient, Jésus-Christ montra une pièce de monnaie frappée à l'effigie et au nom de l'empereur, Tibère en l'occurrence. Mais il ne se priva pas de rajouter : « ...*et à Dieu, ce qui est à Dieu* », faisant ainsi la juste part des choses, entre les biens terrestres et les biens spirituels.

On l'emploie de nos jours pour signifier la restitution d'un bien (œuvre littéraire, citation, etc.) à son juste auteur.

Noli me tangere : ne me touche pas

Cette parole du Christ à Marie-Madeleine, qui ne le reconnaît pas au sortir du sépulcre, est reprise dans l'Évangile de saint Jean qui en rapporte la suite, « *car je ne suis pas encore remonté vers le Père* ».

Cette interdiction de tout contact fait de Jésus l'intouchable par excellence ; elle enjoint en effet à ses disciples de renoncer pour toujours à la présence incarnée de l'être dont ils tiraient leur force, tout en annonçant sa résurrection.

Que celui qui n'a jamais péché lui jette la première pierre

Interpellé par des Pharisiens voulant infliger à une pécheresse convaincue d'adultère la lapidation requise selon la loi, Jésus mit en garde ces faux infidèles en les renvoyant à leurs propres péchés. Nul, sauf à être entièrement vierge de toute faute, n'a le droit de condamner sans appel l'un de ses frères ou sœurs. Amour et miséricorde valaient à ses yeux plus que jugement et condamnation. « *Va et désormais, ne pèche plus* », confiait-il à la malheureuse à qui il accordait la possibilité de se repentir.

Vade retro, Satana : arrière, Satan !

Telle serait la formule qu'aurait employée Jésus pour repousser les avances que lui faisait Satan et conjurer par là tous ses démons, d'après l'Évangile de saint Matthieu. Même si l'apôtre Marc en donne une version légèrement différente sous la forme « *éloigne-toi de moi, Satan* », cette expression signifie depuis pour le commun des mortels : « Va-t'en ! Oust ! Du balai... »

Vanitas vanitatum et omnia vanitas : Vanité des vanités et tout est vanité

C'est par ces paroles désabusées, reprises du grec (« mataiotês mataiotêtôn, kai panta mataiotês ») que l'ecclésiaste déplore le vide et le néant des choses de ce bas monde. La fortune de l'expression fut immense, inspirant aussi bien le sentiment mélancolique, la poésie des ruines ou les vanités surtout en peinture d'ailleurs. Je pense aux crânes ou sabliers faisant office de *memento mori*, destinés à rappeler aux hommes que toute chose humaine est futile, caduque, illusoire, vaine. N'en jetez plus, on a compris !

Urbi et orbi : à la ville (Rome) et à l'univers

Telles étaient et sont toujours les paroles rituelles que prononce le souverain pontife, à Rome, du haut du balcon de la basilique Saint-Pierre (du Vatican) à l'occasion de la bénédiction des fidèles, le jour de Pâques.

Le message part de Rome et se répand ainsi partout de par le monde. Vous n'aurez pas manqué de repérer l'effet de symétrie des deux termes « *urbi* » et « *orbi* », tous deux bisyllabiques : à une voyelle près.

Nul n'est prophète en son pays

Cette expression est la traduction de la parole de l'Évangile de saint Luc, IV, 24 : « *nemo propheta acceptus est in patria sua* ».

Les Arabes ne disent-ils pas qu'un savant est dans sa patrie comme l'or caché dans la mine ?

Cette expression s'emploie pour dire de quelqu'un qu'il a souvent moins de succès dans son propre pays qu'ailleurs, car tout comme les prophètes, il n'est pas reconnu en son temps par ses pairs.

L'origine de l'expression remonte au temps où Jésus « le fils du charpentier », revenu prêcher à Nazareth, le village de son enfance, en fut chassé. Il aurait alors confié, à en croire les Évangiles « *un prophète n'est méprisé que dans sa patrie et sa maison* ».

L'alpha et l'oméga

Telles sont les deux voyelles, liminaire pour l'une et finale pour l'autre, de l'alphabet grec, auquel nous devons le nom même « alphabet », forme contractée des deux premières lettres alpha et bet(a). Selon le même modèle, notre abécédaire reprend bien les quatre premières lettres de notre propre alphabet. L'origine de cette expression remonte à une parole de *L'Apocalypse*, I, 8 : le Christ y déclare, en effet, « *Je suis le tout, le début et la fin* ».

Adorer le veau d'or

C'est faire la cour servilement à une personne qui n'a d'autre mérite que ses richesses, son crédit ou son pouvoir, et ce, par allusion à la conduite des Israélites qui, dans le désert, préférèrent « *échanger la gloire du culte divin contre un animal nourri d'herbe* » à en croire le Psalmiste.

Au pied de la lettre

Cette expression, attestée dès le XVIe siècle, s'explique par un passage de la Bible, la deuxième *Lettre aux Corinthiens*, dans laquelle est présentée l'opposition entre « la lettre », le sens réel et strict d'un mot, et l'« esprit », son sens plus large, métaphorique et sous-entendu. Le pied doit être ici compris par « à la mesure exacte de ».

C'est un exemple de **catachrèse**, figure de style qui consiste à détourner un mot de son sens propre. Citons, droit venues de notre quotidien, ces autres occurrences : les bras d'un fauteuil, les ailes d'un bâtiment, les artères d'une ville ou une bretelle d'autoroute.

Un baiser de Judas

Parmi les apôtres de Jésus il en est un, Judas, qui a plus fait parler de lui que les autres. Normal, c'est le méchant, le traître, qui dénonce Jésus le soir du repas de la Cène. Faisant mine de l'embrasser, il désignait du même coup Jésus à ceux qui étaient venus l'arrêter.

Employer l'expression *un baiser de Judas*, c'est parler du baiser d'un faux ami, d'un perfide auquel on ne pourra plus se fier. Rien d'étonnant à ce que le mot « judas », par **antonomase**, ait fini par désigner une petite ouverture grillagée pratiquée dans un mur, une paroi ou une porte pour voir sans être vu. Il y a là quelque chose de vicieux et de malveillant !

La pomme d'Adam

Tel est le nom usuel de la saillie se trouvant à la partie antérieure du cou d'un homme et formée par le cartilage thyroïdien. Elle existe aussi chez les femmes, mais elle est bien moins développée. La faute à la testostérone ! Aucun rapport sans doute avec l'histoire de la pomme de discorde ou d'amour, c'est selon, qui veut que Pâris ait attribué à Aphrodite la palme de la beauté quitte à blesser Héra et Athéna : pas plus qu'avec la pomme de Newton, autre temps, autres mœurs.

Le livre de la Genèse raconte qu'au Paradis il y avait un arbre de la connaissance du bien et du mal. Sans doute ne s'agissait-il pas d'un pommier, mais d'un arbre fruitier (*pomus* en latin), autrement appelé *malus*, terme désignant le mal. Il suffit donc d'un serpent tentateur, d'une femme qui croqua la pomme puis la tendit à Adam, pour que Dieu chassât le couple de cet Éden primitif. La pomme d'Adam serait-elle donc le stigmate de cette faute ?

Une traversée du désert

Cette expression pour être récente, elle date en fait du XXe siècle, employée pour parler de la retraite que le général de Gaulle dut s'imposer entre 1946 et 1958, rappelle pourtant bel et bien une autre traversée du désert, celle de Moïse conduisant le peuple juif vers la Terre promise...

L'expression s'emploie pour parler politiquement d'un moment de solitude auquel on est contraint et qu'on consacre, dans le meilleur des cas, à réfléchir... à la meilleure façon de revenir sur le devant de la scène !

Treize à table

Le supplice pour une maîtresse de maison, surtout si elle est superstitieuse ! Il serait impoli de recevoir treize personnes à sa table. Sans doute est-ce en souvenir du dernier repas que le Christ prit avec ses douze apôtres, la Cène, et où l'un d'eux le trahit.

On raconte que pareille pratique annonce la disparition de l'un des convives dans l'année ! À éviter, donc.

S'endormir dans les vignes du Seigneur

C'est tomber dans les bras d'un Morphée aviné, *piquer un bon somme*, pour faire drôle et simple. L'expression relèverait d'une association d'idées gratuite et plaisante, faisant croire qu'un ivrogne trouve son salut dans le vin, sans doute par allusion à l'expression ascétique : *cultiver la vigne du Seigneur*, qui signifie, elle, veiller au salut de son âme.

Laid comme les sept péchés capitaux

Les sept péchés capitaux inscrits dans la théologie catholique sont, rappelons-le : l'orgueil, l'envie, l'avarice, la luxure, la gourmandise, la colère et la paresse. Le film *Seven* (1995), de David Fincher, a exploité, avec le succès que l'on sait, le filon. Il va sans dire que cumuler les sept péchés à la fois fait de vous un monstre qui ne saurait obtenir aucune grâce de quiconque. De quoi être qualifié de *laid*, aussi bien d'ailleurs physiquement que moralement, comme les représentations hideuses et contrefaites des figures datant de l'époque médiévale que l'on trouve encore sur les murs des cathédrales.

Être attendu comme le Messie

Messie, vous avez dit Messie ? Mais qui est le Messie ? Ce God(ot) que Vladimir et Estragon attendent encore et toujours dans la pièce de Samuel Beckett ? Ce roi puissant, instrument des dieux, que les juifs n'ont pas reconnu en la personne du Christ, qui pour eux reste encore un simple et énième prophète ? Le terme même vient sans doute du latin *massias* signifiant « celui qui a reçu les saintes huiles ». En effet, selon la tradition hébraïque, le commandement de Yahvé ordonnait aux prêtres et aux rois de se soumettre à une onction d'huile sainte, qu'on retrouve dans le nom même, en grec, du Christ.

L'expression s'emploie pour désigner toute personne perçue comme un sauveur providentiel, dont on attend la venue, disons-même l'avènement, comme une délivrance.

Pleurer comme une madeleine

Rien à voir avec une quelconque pâtisserie – fût-elle aussi dodue que celle de Proust ! – qui viendrait à verser des larmes. La Madeleine dont il est ici question est Marie de Magdala (plus connue sous le nom de Marie-Madeleine). Cette dernière, ayant appris la venue de Jésus chez un Pharisien, entra dans la maison, se jeta aux pieds de Jésus et lui lava les pieds de ses larmes. Les Évangiles racontent même qu'elle les essuya avec ses cheveux et qu'elle les parfuma avec un baume de très grand prix, ce qui lui valut le pardon de ses fautes !

L'expression s'emploie pour dire : verser des larmes en abondance sous le coup d'une forte émotion.

Une année sabbatique

On entend souvent de jeunes cadres, ou des universitaires, déclarer qu'ils vont prendre une année sabbatique, c'est-à-dire une année d'interruption dans leur travail quotidien, pour se consacrer à une activité de leur choix : écriture, recherche, voyage, voire repos si nécessaire.

L'appellation même remonte à une fête religieuse hébraïque, le sabbat, ce repos sacré que la loi mosaïque imposait aux juifs d'observer le septième jour de la semaine, conformément au texte de l'Exode, XX, 9-10.

Il va de soi que passer d'un jour, dit dominical dans le culte catholique, à six mois, un an, voire plus, c'est détourner le sens de l'expression. C'est devenu, en tout cas, un fait de société qui gagne du terrain.

Battre sa coulpe

« *C'est ma faute, c'est ma faute, c'est ma très grande faute* », est-on amené à répéter trois fois au moment du *Confiteor*, quand on passe à l'aveu de ses péchés. C'est ainsi qu'on manifeste ses regrets, qu'on fait son *mea culpa* (à l'origine du terme *coulpe*).

Jeter la pierre à quelqu'un

C'est adresser à quelqu'un un reproche, l'attaquer, l'accuser, par allusion à l'épisode de la femme adultère qui eut à subir une pluie de pierres, une lapidation (de *lapes, lapidis* : la pierre en latin) en punition de sa faute. « *Ne jetons pas la pierre aux autres, car, s'ils ont leurs défauts, n'avons-nous pas les nôtres ?* » Cette dernière leçon est à méditer.

Mettre (quelqu'un) à l'index

L'index, avec une majuscule, désigne en latin la liste, la nomenclature des livres prohibés par l'Église catholique, telle celle dressée en Espagne sous Philippe II par l'Inquisition puis par les papes de Rome. On recensait ainsi dans ce « catalogue des objets défendus » tous les ouvrages dont la lecture pouvait paraître dangereuse pour la foi et la morale.

L'expression s'emploie aussi pour dire qu'on fait mauvais accueil à quelqu'un, voire même qu'on cherche à l'exclure, sans raison toujours valable. « *Mettre le préservatif à l'index* » : ce jeu de mots, dû à un homme politique français qui parlait de l'interdiction papale, est plutôt bien trouvé, non ?

Se faire l'avocat du diable

J'avais un ami de jeunesse (peut-être se reconnaîtra-t-il s'il lit cet ouvrage) qui prenait un malin plaisir à me contredire. Il suffisait que je dise blanc pour qu'il choisisse de dire noir. Je me disais qu'il aurait fait un bon avocat, capable de défendre même l'indéfendable, le diable en l'occurrence. Cette expression originellement technique s'emploie pour qualifier des procédures de procès en béatification ou canonisation.

Que veulent dire les expressions suivantes ?

- *Loger le diable dans sa bourse* : être sans le sou.
- *Tirer le diable par la queue* : avoir grand peine à vivre.
- *C'est le diable et son train* : se dit d'une foule de choses diverses comme les démons de toute sorte qui assistent le diable en enfer.
- *Faire le diable à quatre* : faire beaucoup de bruit et de désordre, se démener en tous sens. L'origine de l'expression est théâtrale : à côté des mystères où étaient représentés des héros saints existaient des diableries ayant des diables pour acteurs, les petites à deux diables et les grandes à quatre diables.
- *Le diable bat sa femme et marie sa fille* : il pleut et il fait soleil en même temps, ce que les Italiens appellent d'ailleurs « les noces du diable ».

- *De diable se faire ermite :* venir à résipiscence après avoir mené une vie dissolue.
- *Un bon diable :* un homme de bon caractère et de bonne humeur.
- *Un pauvre diable :* à l'inverse, un homme dans la misère, un pauvre hère.
- *Avoir le diable au corps :* être possédé par les forces du mal, ne pas être en mesure de contrôler ses pulsions, sexuelles le plus souvent.

Vendre son âme au diable

L'expression, qui remonte au Moyen Âge, présente deux variantes : « vendre » au XVIIe siècle et « donner » au XIXe siècle. On croyait alors que les hommes pouvaient conclure un pacte avec le diable. Il vous accordait certains privilèges pendant votre vie terrestre (science, jeunesse, puissance surnaturelle…) en échange de la possession et de la damnation éternelle de votre âme. Ne croyait-on pas que sorciers et sorcières avaient vendu *leur âme au diable* en échange de leurs pouvoirs surnaturels ?

Au sens figuré, l'expression veut dire aliéner sa liberté et sa dignité en échange de quelque chose qui paraît souhaitable ou avantageux, quitte à se renier. Le personnage du Faust de Goethe dans son désir d'éternité assumera ce fâcheux reniement en échange de trente années de vie supplémentaires !

Curieusement, tous les pays ont repris, mot à mot, la même expression ! C'est qu'on ne plaisante pas avec le diable !

In saecula saeculorum

« *Pour les siècles des siècles* » : telle est sans doute l'une des expressions liturgiques les plus courantes qui vient clore les prières à l'église. C'est la traduction littérale du grec « *eis tous aionas ton aionon* », clameur traditionnelle pour saluer la victoire des champions, et de tous ceux qui sont immortels.

On l'emploie pour marquer au figuré le caractère interminable d'une action à venir.

Dire amen à tout

Le mot *amen* est un mot hébreu qui veut dire « *ainsi soit-il* ». L'expression veut donc dire, dans le cadre des relations humaines, obtempérer sans mot dire et approuver toute chose sans réserve aucune. Y aurait-il un lien avec *demander l'aman* qui vient de l'expression arabe signifiant « demander grâce dans un combat » ou « se soumettre » ?

C'est la croix et la bannière

Cette expression s'emploie en référence aux processions paroissiales lors desquelles on défilait, précédé de la croix du Christ et de la bannière de la sainte Vierge, de saint François ou d'un autre saint, en grand apparat.

On dit « *c'est la croix et la bannière* », quand l'affaire semble compliquée, délicate, nécessitant de grandes précautions.

Porter quelqu'un au pinacle

Du latin *pinna* « créneau », le mot pinacle (de *pinnaculum*) désigne la partie la plus haute du temple de Jérusalem où Jésus fut transporté après avoir été tenté par le diable. Dès lors, dire qu'on porte quelqu'un au pinacle, c'est l'exalter, faire son éloge et le porter aux nues. Après, c'est à lui d'y rester et surtout d'éviter d'en dégringoler, car, c'est bien connu, plus dure sera la chute !

Le massacre des Innocents

Cet épisode de la Bible est raconté dans l'Évangile de Matthieu, II, 1-19. Les sages avaient annoncé la naissance à Bethléem du « roi des juifs » et Hérode l'avait fait chercher ; ses tentatives n'ayant rien donné, il ordonna la mise à mort de tous les enfants de la ville âgés de moins de deux ans.

Il espérait ainsi faire périr Jésus parmi eux. Cet épisode n'est pas sans rappeler un autre massacre, celui des enfants hébreux mâles ordonné par le Pharaon dans l'Exode 1, 15-16.

Est-il besoin de préciser que l'histoire et son cortège de tragédies (génocides, attentats, etc.) fournit une ample matière à réactiver l'expression ?

Être comme saint Thomas

Saint Thomas ne voulut pas croire à la résurrection de Jésus-Christ jusqu'à ce que ce qu'il le vît de ses yeux, en chair et en os. « *Les autres disciples lui dirent donc : Nous avons vu le Seigneur. Mais il leur dit : Si je ne vois dans ses mains la marque des clous, et si je ne mets mon doigt dans la marque des clous, et si je ne mets ma main dans son côté, je ne croirai point* » (Évangile selon saint Jean, 20, 25).

Être comme saint Thomas, c'est donc ne pas s'en laisser conter, jamais ! C'est parfois plus sage !

Porter sa croix

C'est être sujet à toutes sortes de maux, par analogie avec la Passion du Christ. Saint Marc rapporte dans son Évangile les mots exacts qu'aurait prononcés Jésus : « *Celui qui veut me suivre doit renoncer à lui-même et porter sa croix* ». Du reste, le mot *crux, crucis*, s'employait autant en latin pour dire « croix » qu'« affliction » « peine ».

Cette expression est à l'origine d'une autre, le *chemin de croix*, qui désigne une épreuve particulièrement éprouvante, celle qu'accomplissent rituellement tous les fidèles sur les lieux de calvaires ou de pèlerinage.

Entrer dans le saint des saints

La Sainte Table, la Sainte Croix, la Sainte Semaine, les Saintes Écritures n'ont de secret pour aucun fidèle. Pourtant le saint des saints, qui est-ce ? Un saint parmi les saints, le plus grand d'entre eux ? Non, il s'agit ici d'un lieu magique se situant à l'origine, dans l'enceinte la plus sacrée du temple de Jérusalem, celle qui recelait l'Arche d'Alliance, coffre où les Hébreux gardaient les tables de la Loi. Il ne peut donc s'agir que d'un lieu secret, interdit, surtout aux profanes.

Par l'opération du Saint-Esprit

L'histoire remonte à 9 mois avant le 24 décembre de l'an 1 av. J.-C. Une certaine Marie, pourtant prévenue de ce qui l'attendait par l'ange Gabriel, tomba enceinte alors que, au grand jamais, elle n'avait eu de rapports avec le charpentier Joseph auquel elle était promise, ne vivant pas encore avec lui. Ce dernier, en homme juste et digne, pour ne pas avoir à la diffamer publiquement, s'apprêtait à la répudier en secret quand, à son tour, il reçut la visite du même ange l'informant que « *ce qui avait été engendré en elle venait de l'Esprit Saint, et qu'elle enfanterait un fils auquel tu donnerais le nom de Jésus, car c'est lui qui sauverait son peuple de ses péchés* », comme le rapporte l'apôtre Matthieu.

L'expression fait son apparition au début du XVIe siècle, et renvoie à la naissance miraculeuse de Jésus... Dans le film *La vie est un long fleuve tranquille* (1988), l'employée de maison Marie-Thérèse avoue à sa patronne qu'elle est enceinte et qu'elle ne comprend pas pourquoi : « *Je vous jure Madame, que je n'ai jamais couché avec un garçon* ».

On emploie toujours cette expression avec une pointe d'ironie pour expliquer toute naissance de père inconnu ou qu'on préfère ne pas connaître. Puis, par extension, toute opération mystérieuse qui n'a pas d'explication rationnelle.

Séparer le bon grain de l'ivraie

C'est au figuré séparer les bons des méchants, le bien du mal, par allusion à l'ivraie, cette mauvaise herbe aux propriétés maléfiques, enivrantes et souvent vénéneuses qui envahit parfois les champs de blé. Elle pousse beaucoup dans la Bible, cette plante !

Un travail de bénédictin

L'expression s'emploie pour qualifier une tâche ou un travail d'érudition énorme. Elle fait référence aux immenses travaux qu'accomplirent les moines bénédictins de la congrégation de Saint-Maur au cours des XVIIe et XVIIIe siècles. On pourrait encore dire un travail de Titan par allusion à la lutte colossale que Cronos, l'un des six fils géants d'Ouranos, dut mener contre son père pour le détrôner. On en connaît encore un autre qui se signala par 12 travaux… non pas Astérix, mais Hercule, comme vous vous en doutiez !

On lui donnerait le bon dieu sans confession

Voilà ce qu'on entend souvent dire d'une personne qui, sous des dehors angéliques, parvient à tromper son monde. Dans la religion catholique, parmi les différents actes rituels, il est coutume de passer à confesse devant un prêtre pour lui avouer ses fautes (que le péché reste véniel ou pas !), à seule fin d'obtenir, par son intermédiaire, le pardon de Dieu au prix de quelques *Ave Maria* et de quelques *Pater noster*.

Crier sur les toits

Cette expression en apparence banale remonte à une parole de l'Évangile de saint Matthieu : « *Ce que je vous dis dans les ténèbres, dites-le en plein jour ; et ce qui vous est dit à l'oreille, prêchez-le sur les toits.* »

On l'emploie pour signifier qu'on veut annoncer une nouvelle avec fracas au plus grand nombre de personnes possible, puis de là qu'on divulgue des informations sans aucune discrétion. Il est vrai qu'autrefois, en Orient, les toits des maisons étaient en fait de grandes terrasses où on avait coutume de monter pour discuter plus facilement avec ses voisins, quitte à les interpeller.

Voir la paille dans l'œil de son voisin et ne pas voir la poutre dans le sien

Cette expression provient de la parabole rapportée dans l'Évangile de saint Matthieu. Chacun de nous a tendance à très bien voir les défauts des autres, aussi minimes soient-ils, et bizarrement à ne pas voir les siens propres, souvent bien plus importants.

Faire son chemin de Damas

Alors que Saül de Tarse avait été envoyé à Damas pour y persécuter les premiers chrétiens, comme cela est raconté au chapitre 9 de l'*Acte des Apôtres*, le Christ lui apparut, et il en fut entièrement transformé. Il deviendra saint Paul, « apôtre des Nations ».

L'expression s'emploie pour parler d'un retournement subit de conviction qui témoigne qu'on a fait du chemin, avancé, qu'on s'est converti à une vie nouvelle.

Le retour du fils prodigue

Quand on retrouve avec bonheur un être cher, un enfant mâle de préférence, après une longue absence ou un départ qu'on croyait définitif, on parle du retour du fils prodigue, qui n'a même pas besoin de l'être, d'ailleurs. L'origine de cette expression remonte à la parabole que raconte saint Luc. Certains en profitent même pour faire un bon repas et *tuer le veau gras*, en souvenir de sacrifices accomplis dans les grandes occasions. Il y a de nos jours d'autres manières de faire !

Être un Bon Samaritain

Une parabole de saint Luc met en scène un Samaritain, membre d'une population que les juifs tenaient pour impie. Voyant un homme à terre, blessé, le voyageur est le seul à se porter à son secours, contrairement au prêtre et au Lévite, donc le seul à se montrer digne des commandements de Jésus, à aimer son prochain comme lui-même.

L'expression s'emploie pour parler d'une personne altruiste et serviable, au sens ancien de charitable.

Se laver les mains

Au sens propre, c'est l'un des premiers conseils hygiéniques donné à tout un chacun. Au sens moral, l'expression s'emploie pour dire qu'on cherche à se dégager de toute responsabilité. L'origine remonte au procès intenté contre Jésus devant Pilate, procurateur romain de Judée, tel que le raconte l'Évangile de saint Matthieu. Pilate donne au peuple rassemblé le choix de sauver l'un des deux prisonniers : Barabbas ou Jésus. Le peuple choisit de gracier Barabbas. Et Pilate alors de s'en laver les mains en disant : « *Je ne suis pas responsable de ce sang.* »

C'est une façon un peu facile de se défausser pour ne pas avoir à assumer pleinement ses actions. Une forme de lâcheté, en quelque sorte !

Le démon de midi... ou de minuit !

Vous l'avez forcément entendu autour de vous cette expression pour parler d'une personne d'un certain âge atteinte d'une envie irrépressible de renouer avec les tentations de la chair. Ce démon semble même toucher plus les hommes que les femmes... Au milieu de la vie, quarantaine ou cinquantaine, c'est selon, on veut s'assurer qu'on peut encore plaire et séduire à un âge... plus ou moins avancé.

L'expression résulterait d'une erreur de traduction de la Bible, dans le passage de l'hébreu au grec par les Septante. Le psaume évoquait divers fléaux venant frapper les hommes soit en pleine nuit, soit en plein midi. Mais à l'origine, il n'y avait dans l'expression aucune connotation sexuelle. Sans doute est-ce en raison d'autres expressions formées avec le mot *démon*, telles que le *démon du jeu*, qu'un nouveau sens est apparu dès la fin du XVIIe siècle.

> **Faire du ramdam**
>
> Le mot *ramdam* est en fait la déformation syncopée du mot arabe *ramadan*, période d'abstinence pour les musulmans, entre le lever et le coucher du soleil correspondant au neuvième mois des calendes lunaires islamiques. Elle se clôture par des festivités souvent bruyantes. L'expression s'emploie comme symbole d'un tapage et d'un désordre nocturnes. *Faire du barouf*, son équivalent espagnol (*barouffa*), y associe l'idée d'une protestation. Quant à *faire du boucan*, du verbe *boucaner*, c'est une autre manière de dire *faire beaucoup de bruit*… en imitant le cri du bouc !

Un jugement de Salomon

Pour rappel, Salomon, fils de David, fut un puissant roi d'Israël au Xe siècle av. J.-C., qui consacra sa vie à l'administration et à l'embellissement de ses États. Il érigea aussi le temple de Jérusalem. Sa sagesse reste légendaire. Alors que deux femmes qui venaient d'accoucher étaient venues le consulter pour savoir à qui le seul bébé survivant appartenait, il ordonna de couper l'enfant en deux pour être totalement équitable. Vous imaginez que ce jugement à l'emporte-pièces, sans jeu de mots, ne fut pas vraiment du goût de l'une des deux mères qui préféra encore se priver de l'enfant plutôt que de le massacrer. Alors Salomon lui dit : « *Prends l'enfant ; il est à toi.* »

L'expression « *un jugement de Salomon* » ne s'applique heureusement pas toujours à des situations aussi extrêmes. On l'emploie pour parler d'une prise de position qui se veut équitable. Quant au *jugement dernier*, qui nous attendrait tous, c'est Dieu, et non Salomon, qui le rendra, à la fin du monde, pour statuer du sort de nos âmes !

Une arche de Noé

Noé est la figure du patriarche biblique. Sur ordre de Dieu, il construisit une arche, un grand bateau, destiné à le préserver du déluge, lui et sa famille. Il y fit entrer des couples de tous les animaux vivants. C'est ainsi qu'il aborda au mont Ararat où il implanta de nouvelles races humaines.

L'expression s'emploie pour parler, par plaisanterie, d'une maison où logent toutes sortes de gens, une auberge espagnole, en quelque sorte. Rien à voir avec l'Arche d'Alliance, dite Arche sainte, qui désigne le coffre où les Hébreux conservaient les tables de la Loi.

De l'Arche et du Christ qui marche sur les eaux, passons, en guise de conclusion, à une expression un peu limite, mais *ça marche du feu de dieu* !

Chapitre 19
Les expressions « cultes »

Dans ce chapitre :
- Expressions cultissimes en tout genre
- Du cinéma, du théâtre, de la télévision, de la radio…

Saisies sur le vif des ondes comme de la toile, certaines expressions nouvelles viennent se mêler à ce petit théâtre des expressions qui s'enchaînent *à la queue leu leu ;* ou faut-il dire « *en file indienne* » pour reprendre le titre judicieux de deux ouvrages de Gilles Guilleron, spécialiste ès expressions aux Éditions First.

On les appelle expressions cultes tant on les vénère, on les honore même, alors qu'elles n'ont rien de sacré en soi. Ainsi l'expression, **Allô, non mais Allô, quoi !** a-t-elle même fait la notoriété d'une certaine Nabila, personnage de la télé-réalité. On s'est extasié, les plus grands spécialistes (sociologues, psychologues, linguistes, etc.) ont planché sur l'énoncé, a-syntaxique au demeurant. La mayonnaise a pris; il faut dire que la généreuse anatomie de son auteur, sans parler de sa (fausse) candeur, sont pour beaucoup dans l'engouement populaire qui a flambé *comme un feu de paille*.

Sur les écrans (grands et petits)

Alors, heureuse !

Cette phrase est devenue une réplique culte du cinéma français. C'est Paul Meurisse dans *Du mouron pour les petits oiseaux* dès 1962, puis Jean-Pierre Marielle en 1975 dans *Les Galettes de Pont-Aven* de Joël Séria, qui l'ont prononcée. Ce serait l'expression que les hommes adressent à leurs partenaires après l'acte sexuel pour se rassurer sur leurs compétences. Du genre : « Ça a été ? », « Je t'ai donné satisfaction ? »

L'expression empreinte de machisme est le plus souvent utilisée de manière dérisoire.

Arrête ton char (Ben Hur) !

Déjà, vous vous prenez pour *Ben Hur* sur son char, affrontant les fauves qui l'attendent dans l'arène dans le péplum de 1959 où se déroule une course poursuite de chars, fort mémorable, entre le gentil Ben Hur monté sur un quadrige blanc et le méchant Messala sur un attelage noir. Il semblerait que l'expression soit le résultat d'un jeu de mots entre un *char* (véhicule de course) et le mot *charre* qui signifie une exagération (du verbe *charrier*, plaisanter). C'est ce qu'on dit à quelqu'un qui en fait un peu trop, qui exagère, qui raconte n'importe quoi, pour le faire taire et lui demander de ne pas en rajouter. Au Vénézuela, son équivalent est : *ne me raconte pas des contes chinois*... Tais-toi donc ! Ou *coupe quelque chose* comme disent les Grecs, voire *ralentis la poulie*, autre image retenue par les Canadiens pour tenter de retenir un attelage en folie ! *Arrête ton char Dassault*, en est la version moderne.

Autant en emporte le vent !

Tiré du roman de Margaret Mitchell, *Gone with the wind*, le film de Victor Flemming a fixé sur la pellicule les amours du capitaine Butler et de la jolie Scarlet O'Hara, incarnés par le beau ténébreux Clark Gable et la fine et pétulante Vivian Leigh, sur fond de guerre de Sécession.

Hors du contexte du film, l'expression s'emploie toujours pour parler de promesses auxquelles on n'ajoute pas foi ou qui ne se sont pas réalisées. Insistant sur la vanité des choses, elle marque le caractère désabusé de la vie humaine.

François Villon déjà en son temps l'avait inscrite dans sa *Ballade en vieil langage françoys* (1456) :

    « *Princes à mort sont destinez*

    Et tous autres qui sont vivans :

> *S'ils en sont courciez n'ataynez*
>
> *Autant en emporte ly vens. »*

ENTRAÎNEZ-VOUS

Que veulent dire les expressions suivantes ?
1. *Avoir le vent en poupe*
2. *Être dans le vent*
3. *Avoir vent de quelque chose ?*

Réponses : 1. être porté par les événements / 2. être dans le coup (in) / 3. avoir connaissance de quelque chose.

Y a pas que de la pomme !

Mémorable scène que celle encore où, dans le film de Lautner, *Les Tontons flingueurs* (1963), les vieux compères se retrouvent en cuisine, tartinant des toasts pour la surprise-partie des jeunes. Et sirotant un breuvage, dont chacun s'accorde à reconnaître que c'est « *une boisson d'hommes* » ! On le dit, en fin de repas, à propos de la composition plus ou moins trouble ou suspecte de telle ou telle boisson un peu *strong* (*Yes, sir*, en anglais dans le texte !).

T'as de beaux yeux, tu sais !

Vous voulez qu'on vous donne une leçon pour apprendre à séduire ? L'échange entre Jean Gabin et Michèle Morgan, dans le film de Marcel Carné, *Quai des brumes*, en 1938, a beau dater, on peut le reprendre mot pour mot. Il suffit que le jeune homme prononce la première partie de l'expression « *T'as de beaux yeux, tu sais* », pour que la jeune fille réponde aussitôt « *Embrasse-moi* ». Si cela pouvait toujours être aussi simple !

Elle boit pas, elle fume pas, elle drague pas mais elle cause...

C'est Annie Girardot qui incarnait dans ce film de Georges Lautner le personnage d'une femme flic presque sans défauts... pour une femme s'entend ! Après les compliments, vient la chute : eh oui, elle est bavarde comme toutes les donzelles. Préjugé que tout cela…

La vie est un long fleuve tranquille… ou pas d'ailleurs…

Le lundi, c'est raviolis : la famille Le Quesnoy mène une existence bourgeoise dans *La vie est un long fleuve tranquille*, film d'Étienne Chatiliez sorti en 1993. Mais tout va basculer dans le train-train de cette famille modèle. Leur existence ne coulera plus de source. Le titre se veut ironique, bien évidemment.

C'est Lenôtre. Mais si vous préférez prendre le vôtre…

Si la force d'une réplique devenue culte se juge à la façon dont elle contamine la langue commune, il n'est que de songer à l'énoncé, *a priori* banal, « le nôtre ». On ne peut plus l'employer sans songer à la méprise portant sur le nom d'un traiteur parisien, mise en scène dans le film *La Vérité si Je Mens 2*. Prendrez-vous le nôtre, du coup, ou le vôtre ?

L'Auberge espagnole

Le film éponyme de Cédric Klapisch a remis l'expression au goût du jour. Les pèlerins de Saint-Jacques de Compostelle se retrouvaient, jadis, en Espagne, au terme de leur long périple. Souvent il n'y avait plus grand-chose à se mettre sous la dent pour se restaurer. On n'y mangeait que ce qu'on y avait emmené.

Les cursus universitaires du programme Erasmus ont amené, dans un contexte moins religieux, bien des jeunes à se retrouver dans ces auberges espagnoles, dans des situations assez précaires où ils ne peuvent que compter sur eux-mêmes.

Klapisch doit avoir les expressions à la bonne – les titres de ses films les plus récents font systématiquement appel à des expressions, comportant des épithètes de nationalité, plus ou moins détournées : *Les Poupées russes*, par exemple.

C'est juste pour faire avancer le schmilblick !

Voici l'un des premiers sketches qui a fait connaître Coluche au grand public. Dans ce jeu télévisé orchestré par Guy Lux, il s'agissait de faire découvrir chaque semaine une énigme. Par une série de questions et d'indices, l'humoriste tentait de faire trouver la solution. Ce qui était prétexte à divers jeux de mots sur ce chimimiliblick…

On emploie toujours cette expression quand on veut dire qu'on cherche à trouver une solution à un problème.

Mais voyons, mais c'est bien sûr !

Au moment de conclure, le commissaire Antoine Bourrel, alias Raymond Souplex, trouve comme miraculeusement la solution qu'on avait tant attendue tout du long de l'épisode des *Cinq dernières Minutes*. *Voyons, mais c'est bien sûr !* Comme une évidence qui nous a peut-être échappé à nous mais pas au spécialiste.

Et à demain, si vous le voulez bien !

Lucien Jeunesse anima tous les jours à la radio et à midi *Le jeu des 1 000 francs*, et ce pendant plus de trente ans. Pour annoncer le rendez-vous quotidien, il ponctuait chaque fin d'émission par cette expression « *Et à demain, si vous le voulez bien !* » Une manière comme une autre de fidéliser son auditoire.

Bonne nuit, les petits !

Cette émission pour la jeunesse aura bercé mon enfance. Tous les soirs juste avant les actualités, deux petits enfants, Nicolas et Pimprenelle, de bleu et de rose vêtus, allaient se coucher. Au-dessus de leur maison, passait sur un nuage un mage accompagné d'un bon gros Nounours qui descendait par une échelle à la rencontre des petits et venait leur adresser des mots doux et de lumineuses poussières de sommeil : *Le marchand de sable est passé !*

Quand je dirai ça à ma femme !

Telle est la phrase culte de la série policière des années 1970, *Columbo*, interprétée par l'acteur Peter Falk, campant un flic faussement gauche à l'imperméable défraîchi, roulant dans une vieille Peugeot, se plaisant à faire de fausses sorties calculées avant de revenir à la charge et de coincer l'assassin.

Salut les terriens !

Telle est l'émission incontournable bien qu'un peu déjantée que Thierry Ardisson propose sur Canal Plus tous les samedis soirs à 19h00. Ce rendez-vous cathodique et branché, sorte de talk-show portant sur l'actualité, est un brin mégalo, à l'image de son créateur.

Salut les petits clous !

On doit ce *gimmick* à Marc Toesca, l'animateur du Top 50 sur l'antenne de Canal Plus, de 1984 à 1994. « *Salut les petits clous* » s'explique, à l'en croire, par le fait que les téléspectateurs qui n'avaient pas saisi son nom, écrivaient à un certain Marto Esca. D'où l'idée de cette appellation « amicale » de circonstance ! Si j'avais un marteau... et des clous, donc !

Vous êtes le maillon faible, au revoir !

Voilà bien un jeu qui m'exaspère, tant il me semble injuste. Plusieurs candidats réunis en demi-cercle répondent à tour de rôle à des questions de culture générale que leur pose un animateur. Ils doivent s'éliminer entre eux à chaque manche. Et c'est là qu'interviennent calculs et coalitions de toute sorte, à la faveur desquels les médiocres s'entendent, le plus souvent, pour écarter les plus brillants. Bref, ayez des connaissances, cela ne vous profitera pas toujours. Les meilleurs font peur !

Faites du bruit !

On ne dit plus « *Applaudissez* », on dit, sans doute sous l'influence des comédies américaines, « *Faites du bruit !* ». C'est le cas de Naguy sur France 2, dans *N'oubliez pas les paroles*, pour encourager les apprentis chanteurs d'un soir. C'est la variante moderne des *Plaudite* de l'Antiquité à la fin des représentations théâtrales. C'est bien la première fois qu'on vous autorise à vous comporter de la sorte. Généralement, sur un plateau, on réclame plutôt le silence.

C'est mon dernier mot, Jean-Pierre...

Telle est au mot près l'expression que doivent prononcer les candidats de l'émission populaire qu'anime, sur TF1, Jean-Pierre Foucault *Qui veut gagner des millions ?*, afin de valider leur réponse définitive. Après quoi, le *sort en est jeté*.

Sur les ondes

Amis de la poésie, bonsoir

C'est ainsi que Jean-Pierre Rosnay, issu d'un milieu populaire à qui son oncle avait donné le goût des lettres, débuta, vingt trois années durant, ses émissions à la radio comme à la télévision. Sur un ton libre et enjoué, il promut la poésie qu'il voulait « *rendre contagieuse et inévitable* » sous toutes ses formes dans le droit fil du *Club des poètes* qu'il fonda dès 1961. « Amis des expressions, bonjour... », ai-je donc très envie de vous dire !

Tout va très bien, madame la Marquise

Cette expression, tirée d'une vieille chanson des années 1930, appartient au répertoire de l'orchestre de Ray Ventura et ses Collégiens. Elle a fait fortune pour qualifier une attitude d'aveuglement face à une situation désespérée. Madame cherche à savoir comment se passe la situation en son absence. Elle apprend en fait que sa jument grise est morte, que l'écurie a flambé, le château brûlé, que son mari est mort… « *Mais à part ça, Madame la Marquise, tout va très bien, tout va très bien !* » Ce qui est sûr, c'est que *ça vaut mieux que d'attraper la scarlatine…* un autre de leurs grands succès.

Elle a les yeux revolver

> « *…elle a le regard qui tue, elle a tiré la première, elle m'a touché, c'est foutu* »

On connaissait les flèches que décoche de son carquois le petit dieu Éros et dont il transperce les cœurs des amants. On connaissait aussi le regard pétrificateur de la Gorgone qui glaçait d'effroi quiconque osait la regarder. Ici, nous sommes en mode moderne : les yeux de la jeune beauté, chantée par Marc Lavoine, tirent des balles qui ne sont pas perdues pour tout le monde.

T'as le look Coco…

Guy Lux, voyant arriver sur le plateau le chanteur Laroche Valmont, personnage un peu excentrique aux tenues toutes plus colorées les unes les autres, lui aurait dit sur un ton quelque peu persifleur : « *T'as le look Coco* ». Loin de se laisser désarmer, Laroche-Valmont lui répondit en inversant l'ordre des mots : « *Coco t'as le look* ». Il n'en fallait pas plus pour faire de cette chanson un tube de l'époque.

Le travail, c'est la santé, rien faire c'est la conserver

L'expression reprend le refrain d'une chanson d'Henri Salvador. Elle semble s'inscrire dans le droit fil de Voltaire qui, dans *Candide*, écrit pour parler de la métairie où se retrouvent tous les personnages de son conte : *le travail éloigne de nous trois grands maux, l'ennui, le vice et le besoin.* Le travail serait un dérivatif aux effets salutaires tant sur notre corps que notre esprit. L'humour, l'ironie, consiste, ici, à feindre de défendre le lieu commun, pour mieux le démolir. Ce paresseux de génie qu'était Salvador travaillait le moins possible, et, de fait, il conserva longtemps la *banane* !

Salade de fruits, jolie jolie jolie...

Au moment du dessert, qui n'a pas un jour fredonné ce refrain d'une chanson de Bourvil des années 1960, en voyant arriver sur la table la sempiternelle salade de fruits ? *Celle qui plaît à mon père, qui plaît à ma mère, qui nous plaît à tous...*

J'ai la rate qui se dilate

Le comique troupier Ouvrard, inconnu de la jeune génération, déclinait en 1932 sur un mode humoristique tous les bobos corporels dont un homme qui s'écoute un peu trop peut souffrir, en prenant de l'âge :

> « *J'ai la rate qui se dilate, j'ai le foie qu'est pas droit, j'ai le ventre qui se rentre, l'épigastre qui s'encastre... Ah mon Dieu que c'est embêtant d'être toujours patraque, Ah mon Dieu que c'est embêtant, je ne suis pas bien portant* »

À vrai dire, cela pourrait être le compte rendu que viendrait faire à son médecin un hypocondriaque, sauf qu'ici il y a trop de symptômes pour qu'on y croie vraiment.

Tu veux ou tu veux pas ?

Imaginez-vous un tout petit bonhomme à moustache, avec un bob et des lunettes, venant, sur un rythme jazzy comme il les aimait, vous faire en 1970 sa déclaration à lui, sa proposition d'amour à une époque où la sexualité était encore quelque peu tabou. Dans ce « *Tu veux ou tu veux pas, si tu veux tant mieux, si tu veux pas tant pis, j'en ferai pas une maladie* », on sent bien l'esprit libertaire et anarchiste qui animait la démarche de Marcel Zanini.

Non, je ne regrette rien...

Cette chanson d'Édith Piaf en 1960, comme toutes les autres d'ailleurs, est un hymne à l'amour. Balayant ce qu'on lui a fait, le bien comme le mal, cette épicurienne de la vie croit, ou veut croire une fois encore, au renouveau de l'amour. « *Car ma vie, car mes joies, aujourd'hui, ça commence avec toi...* ». Ce cri d'espérance sera repris par les partisans de l'Algérie française.

Elle court, elle court, la maladie d'amour dans le cœur des enfants de sept à soixante-dix-sept ans...

Michel Sardou signe là un immense succès. De tout temps, à jamais, depuis l'Antiquité, on a présenté le sentiment amoureux comme une souffrance. Qu'il soit flamme et vous brûle, flèche et vous transperce, lien et vous asservisse, l'amour, pour être destructeur, n'a de cesse de pourchasser ses victimes. Aucune du reste, quel que soit son âge, ne réchappe aux flèches du dieu Éros.

La ballade des gens heureux

Cette belle mélodie de Gérard Lenormand, en 1976, fut une promesse de bonheur pour toute une génération, celle des années glorieuses. « *Notre vieille terre est une étoile, où toi aussi tu brilles un peu, je viens te chanter la ballade, la ballade des gens heureux...* » J'entends encore le même Lenormand mettre en garde les électeurs, en 1981 : en cas de victoire du candidat François Mitterrand, on ne pourrait plus chanter la ballade !

Quelque chose en nous de Tennessee

Oui, on a bien tous en nous « *cette volonté de prolonger la nuit, cette force qui nous pousse vers l'infini, ce désir fou de vivre une autre vie, ce rêve en nous avec ses mots à lui...* » Lui, c'est Tennessee Williams, ce dramaturge américain que la chanson de Michel Berger, interprétée en 1986 par Johnny Hallyday, a suffi à immortaliser. L'empathie que l'on ressent avec l'univers sombre et fragile de ses pièces réunit spectateurs et auditeurs dans une même communion.

Sur les planches

C'est l'histoire d'un mec...

« Il était une fois ». Ainsi commencent tous les contes. Coluche avait choisi, pour sa part, de débuter le sketch qui fit sans doute le plus pour asseoir sa popularité, par l'expression :
« *C'est l'histoire d'un mec* » (sketch qui fit sans doute en 1974 le plus pour asseoir la popularité de Coluche).

Cela ne nous regarde pas !

Comble de l'hypocrisie, l'expression vient d'un sketch des Inconnus, prompts à railler les journalistes sportifs, en l'occurrence, qui n'hésitent pas à dévoiler des secrets plus ou moins compromettants dans la vie des athlètes, dont ils commentent les exploits, avant de faire machine arrière, jurant qu'ils ne le referont plus, et que ça n'intéresse personne. Il s'agit, sur la forme, d'une **prétérition**.

Le Monsieur te demande...

Tirée des Guignols de l'Info, cette expression est placée dans la bouche de Jacques Chirac s'adressant, un peu énervé, à Valéry Giscard d'Estaing qui n'entend plus bien les questions qu'on lui pose. Du genre, il est *has been*.

C'est infantiliser un concurrent ou un adversaire.

On ne nous / vous dit pas tout...

Cette expression d'Anne Roumanov a fait mouche. Ponctuant ses propos de comptoir, l'expression joue sur le fantasme du complot généralisé, ainsi que sur la méfiance généralisée à l'endroit du personnel politique qui monte chez les Français de tous bords. Accoudée à un guéridon, Roumanov se met ainsi le public dans la poche, en jouant sur cette connivence.

> ### Le regretté Fernand Raynaud
>
> On doit à ce comique grimacier des années 1960, le premier à avoir inventé le *one-man show* de l'humour au Théâtre des Variétés, bon nombre de sketches dont les titres sont devenus des expressions de la vie de tous les jours :
>
> *Ça eut payé, mais ça paie plus.* Une vérité bien actuelle.
>
> *Heureux !* Et son lot de candeur bien naïve
>
> *Bourreau d'enfant...*
>
> *Allô, Tonton, pourquoi tu tousses ?*
>
> *Y'a comme un défaut !*
>
> *C'est étudié pour*
>
> *La chatte à ma sœur*
>
> et sa chanson *Vlan passe-moi l'éponge...*

La publicité et ses slogans

Il est des publicités qui entrent dans nos vies quotidiennes. On les martèle tellement à nos esprits que la tentation est grande de les utiliser dans un contexte personnel reprenant la situation première. Les quelques slogans publicitaires qui suivent sont de cet acabit. D'ordinaire on nous dit qu'on n'a pas le droit de citer des noms de marque, car cela pourrait faire du tort à d'autres. J'en ai pourtant sélectionné quelques-unes qui, fortement connotées, connaissent une seconde jeunesse.

Le soleil vient de se lever, encore une belle journée...

...l'ami du petit déjeuner, l'ami Ricoré ! Qui n'a pas rêvé de ce réveil idyllique, à la campagne, entouré de sa famille ou d'amis, avec le pot de Ricoré sur la table matinale, sans oublier bien sûr les croissants qui vont avec et qui auront été apportés par quelque bonne âme !

What else !

Avec son physique de séducteur et sa voix de velours, Georges Clooney a popularisé à jamais une certaine machine à faire du café, renvoyant les autres marques au néant. Les pubs suivantes déclinent le motif avec de plus en plus d'ironie – une jeune starlette en vient ainsi à préférer son café à un moment passé en compagnie de l'homme le plus sexy au monde. Faut-il que ce p… de café soit bon ! C'est donc N…….O ou rien. Depuis on ponctue certaines de nos phrases et affirmations de la finale « *what else* » (« quoi d'autre ! »).

Parce que vous le valez bien

Cette publicité pour produits cosmétiques met l'accent sur le lien privilégié qui doit exister entre le produit acheté et son consommateur. L'usager se sentant par là même valorisé a encore plus envie de s'approprier le dit produit, capillaire ou autre. Cela le rapproche des vedettes choisies (dont nous sommes tous des groupies). Si cela leur convient à elles, c'est que nous sommes un peu comme elles, non ? Plutôt flatteur, pas vrai ?

C'est ça, la french touch…

J'adore les toutes dernières publicités des voitures de chez Renault. Tour à tour opposées à leurs concurrentes allemandes, italiennes ou anglaises, les Françaises ont ce petit quelque chose de plus que n'ont pas les autres. Et ce petit truc en plus c'est la *french touch,* la pâte française, qui met en valeur la voiture hexagonale (quoique rarement fabriquée au pays).

On se lève tous pour… Danette !

Cette crème aux différents parfums fait le régal des petits comme des grands. Elle suscite un enthousiasme collectif. Tout le monde en veut sa part. L'expression s'emploie aujourd'hui dans bien d'autres contextes ; il y a une manifestation politique qui attire du monde, les journaux se hâtent de titrer : *On se lève tous pour…* Le slogan est devenu fédérateur.

Un coup de barre, (Mars) et ça repart !

Un petit moment de somnolence ou de fatigue ? C'est oublier que grâce à une barre chocolatée vitaminée, à base de chocolat, caramel, sucres divers, on peut reprendre des forces et de l'énergie. Les ressources de la planète rouge, qui porte le nom du dieu de la Guerre, sont donc sans limites !

Just do it !

La marque d'articles de sport Nike procède d'un mot grec qui veut dire « victoire ». Équipé en Nike, on peut donc « niquer » l'adversaire, si vous me passez cette trivialité. Quant au slogan, *Just do it*, il signifie quelque chose comme : « *Trêve de parole, fais le juste* ». Il n'y a plus qu'à… Fastoche, *Easy*…

Tu t'es vu(e) quand t'as bu !

Tel fut le slogan de campagne anti-alcool de l'année 1990. Visant un public de jeunes, le message cherchait à jouer sur la coquetterie et, peut-être, le narcissisme de tout un chacun. Qui voudrait *a priori* se montrer sous un jour peu avenant ? Au moment des fêtes tout particulièrement et au sortir de soirées bien arrosées, cette expression peut encore avoir une portée pédagogique de bon aloi !

À vous de retrouver la chute des slogans suivants.

Un peu rétro, je vous l'accorde…

1. *Treets fond dans la bouche…*
2. *Froid, moi, jamais.*
3. *Riz Oncle Bens…*
4. *C'est neuf ? Non, c'est lavé avec…*
5. *Eram, il faudrait être fou…*
6. *Reviens Léon, j'ai les mêmes…*
7. *Un verre ça va, deux verres…*
8. *Zéro tracas, zéro blabla…*

Réponses : 1. Pas dans la main / 2. Jamais, grâce à mon Thermolactyl Damart ! / 3. il ne colle jamais… / 4. Mir Laine / 5. pour dépenser plus ! / 6. à la maison (Ravioli) / 7. bonjour les dégâts ! / 8. MMA.

Cinquième partie

La partie des Dix

Malade comme un chien !

Dans cette partie...

Après avoir examiné, parmi bien d'autres, dix expressions forgées sur une comparaison, je reviendrai avec vous sur des expressions bien à part, dites homériques qui ponctuent l'œuvre du poète grec. Puis je terminerai par des jeux d'expressions.

Serez-vous alors, chers lecteurs, comme *la chatte* proverbiale qui *n'y retrouverait pas ses petits*, comme une *poule qui a trouvé un couteau* ou comme Marcel retrouvant le temps perdu ? À vous de jouer et de voir dans quelle catégorie vous vous trouvez, la cour des grands ou… mis au rebut, mais je ne peux le croire !

Chapitre 20

Dix expressions toutes faites avec « comme »

Dans ce chapitre :
- S'évertuer à établir des ressemblances et/ou différences
- En complétant adjectifs ou verbes par une comparaison
- Et ainsi mieux définir quelque chose ou quelqu'un

« *Le mot le plus exaltant dont nous disposons est le mot "comme", que ce mot soit prononcé ou tu.* » Voilà comment André Breton dans *Manifeste du surréalisme*, (1924) parle de ce besoin qu'a l'homme de toujours vouloir comparer une chose à une autre, un homme à un autre, etc. Il est vrai que la poésie est le domaine privilégié de la **comparaison**, cette figure de style qui associe à un terme, *le comparé* (ce dont on parle) un autre terme appartenant à un autre domaine différent de la réalité, *le comparant*, pour peu qu'existe une qualité en commun.

De valeur illustrative aussi bien qu'argumentative, les comparaisons, plus ou moins savantes et parfois même *tirées par les cheveux*, ont donné naissance à des expressions lexicalisées figées dont la liste est infinie.

Il n'en faut que dix, c'est fort regrettable. Vous aurez le droit d'en donner dix autres, et de passer ensuite le bébé à un ami, qui devra en trouver dix de plus et cela jusqu'à épuisement des expressions. Même si je crains que vous ayez du mal à y *mettre un point d'orgue* !

Beau comme un Apollon

La beauté des dieux grecs, Dionysos mis à part, est légendaire. Apollon reste le symbole du beau gosse d'autrefois : profil aquilin, cheveux ondulés, corps sculptural. Soit l'archétype de la beauté virile des *kouroi* (« jeunes hommes grecs ») dans la fleur de l'âge ! La célèbre représentation qu'on a de lui, l'Apollon du Belvédère, est le prototype de la beauté plastique. Si on vous dit un jour, messieurs, que vous êtes *beaux comme un Apollon*, il faudra le prendre pour un super compliment, à moins que vous ne tombiez sur une personne malicieuse ! *Beau comme un dieu*, quoi ! Pourquoi alors, pour parler d'une fille, dit-on toujours « *belle comme un camion* », ou même « *belle comme un pétard qui n'attend plus qu'une allumette* » dans la chanson d'Alain Bashung (*Gaby, oh Gaby !*) ?

Bête comme une oie

L'oie est connue pour être un palmipède qui ne brille pas dans la basse-cour par son intelligence. Pourtant on en connaît d'autres, les oies du Capitole, qui eurent, et à bon droit, leur heure de gloire en sauvant Rome ! L'expression néanmoins se dit toujours d'une personne stupide, *bête comme ses pieds*, plus bête d'ailleurs que méchante, *bonne à manger du foin* !

Beurré comme un petit LU

Tout le monde aura forcément goûté le jeu de mots entre *beurré* (qui veut dire *saoul, bourré,*) et Lu, la marque de biscuits tout au beurre. La création de l'expression assez récente est venue relayer bon nombre de variantes telles *rond comme une queue de pelle, une barrique.*

Être serrés comme des sardines

L'expression signifie être entassés les uns sur les autres, à ne pas pouvoir bouger (dans les rames du métro ou du RER, par exemple) comme ces petites sardines en boîtes qui furent commercialisées par Joseph Colin au XIXe siècle à Nantes. On savait déjà qu'elles se déplaçaient en bands serrés durant leur vie. Mais quelle triste fin pour elles en boîtes-corbillards ! La toute dernière chanson populaire de Patrick Sébastien vient de donner un étroit prolongement (c'est le cas de le dire) à cette expression.

Fort comme Hercule

Hercule (alias Héraclès chez les Grecs) est l'archétype du héros. Il est doté d'un appétit terrible, d'un mauvais caractère aussi, mais surtout d'un courage et d'une force surhumains, qui ont fait de lui un bourreau de travail !

On le crédite de rien moins que de douze travaux, et non des moindres : se *faire la peau* d'un lion (Némée) ; tuer un serpent d'un seul coup d'un seul (l'Hydre de Lerne) ; capturer une biche aux pieds d'airain, le sanglier d'Érymanthe, le taureau du roi de Crète ; nettoyer les écuries immondes du roi Augias ; après avoir détourné un fleuve de son lit ; exterminé les oiseaux du Stymphale ; enlevé les chevaux de Diomède, combattu les Amazones et s'être emparé de la ceinture de leur reine Hippolyte ; ou encore avoir tué un géant, au triple corps, Géryon ; voler les pommes du jardin des Hespérides ; s'être rendu maître du chien à trois têtes Cerbère ! Mais c'est qui ce mec ? *Superman* !

Riche comme Crésus

Ce roi de Lydie du VIe siècle est devenu célèbre pour les richesses légendaires qu'il tirait d'une rivière de son royaume, le Pactole, charriant des multitudes de paillettes d'or. Le philosophe Solon, à qui il confiait être le plus heureux des hommes, osa lui répondre que nul ne peut se prétendre heureux tant qu'il n'est pas mort. Peu après, bien des malheurs s'abattirent sur celui qui pourtant avait mis toute l'Asie mineure à sa botte. De nos jours, on dit *riche comme Rotschild*.

Sage comme une image

Tout parent ne rêve-t-il pas d'avoir un enfant calme, docile, qui ne lui donne aucun fil à retordre, qui se tienne tranquillement *comme une image* ? Mais sans doute est-ce trop demander. C'est se plaire, en tout cas, à réactiver une *image d'Épinal* : au sens propre, une illustration populaire de style naïf diffusée par des colporteurs dont beaucoup étaient imprimées à Épinal, dans les Vosges, et au figuré, un récit naïf, simpliste, plein de bons sentiments. Mais méfions-nous : un enfant trop sage cache souvent quelque chose...

Sec comme un coup de trique

Se dit toujours d'une personne très maigre ou dure, d'un discours cinglant comme un coup de bâton, ou un bâton même, en référence à la trique (terme apocope d'*estrique*) qui désignait à l'origine un bâton ou un gourdin qu'on passait sur une mesure pour faire tomber les grains excédentaires avec brutalité. La matraque n'est pas loin !

Sourd comme un pot

Faire la sourde oreille, c'est faire semblant de ne plus entendre ou de ne pas comprendre ce qu'on vous dit. En revanche *être sourd comme un pot* ou *une cruche* ne relève pas de la simulation, même si c'est une expression qui reste tout ce qu'il y a de facile à entendre. En vérité, *mieux vaut même entendre* quelque chose de désagréable ou de stupide *que d'être sourd* ! Parce qu'*un dialogue de sourds,* je vous dis même pas !

Têtu comme une mule

On le sait rétif, cet équidé, et quand il dit non, c'est non ! R. L. Stevenson l'apprit à ses dépens, lors de son périple dans les Cévennes. L'un de mes proches en raffole au point d'en faire collection sous toutes ses formes ! Tant qu'il n'exige pas d'en prendre un à la maison, passe encore, parce que, le saviez-vous, leur durée de vie est plutôt longue ! Et, dans la

Chapitre 20 : Dix expressions toutes faites avec « comme »

famille, ils sont tous pareils : il n'y en a pas un pour sauver l'autre : mule, bourrique, mulet, même combat. Il n'y a pas plus cabochards !

Avez-vous des références qui vous viennent à l'esprit ? Prenez la peine de les noter. Ce seront vos 10 expressions perso(nnelles), comme on dit.

Chapitre 21

Dix expressions « homériques »

Dans ce chapitre :

▶ Une occasion de voir ou revoir ces « expressions toutes faites » du poète Homère…

▶ … qui font office de compléments de qualité pour héros et divinités !

*H*omérique est l'adjectif qu'on emploie pour qualifier les caractéristiques de l'œuvre d'Homère, écrivain le plus célèbre de l'Antiquité, auteur de deux poèmes épiques, l'un héroïque, l'*Iliade*, l'autre plus romanesque, l'*Odyssée*. À l'origine de toute la littérature occidentale.

On pense tout d'abord au *rire homérique*, bruyant, inextinguible *comme un fou rire*, pareil à celui des dieux de l'Olympe observant le monde.

On pense plus encore aux nombreuses *épithètes de nature* dont regorge cette œuvre épique. Il s'agit d'**expressions formulaires** (se présentant sous la forme de groupes de mots fréquemment répétés), visant à faciliter la tâche du rhapsode (*celui qui coud entre eux les chants*) ainsi que celle des auditeurs pour qui elles représentent des repères dans le récit. En effet, chaque personnage, ainsi défini d'un trait distinctif, est facilement reconnaissable à chacune de ses apparitions, qu'il soit divin ou humain. Ainsi se trouvent immortalisés par ces **épithètes dite de nature** Hermès, *le messager rapide et clair*, Artémis *celle qui lance des flèches*, Vénus Anadyomène *née de l'écume de la mer*, Thétis *aux pieds d'argent*, la divine Héra *aux blanches épaules*… et tous les autres !

(Quand parut) Aurore aux doigts de rose

C'est la première épithète de nature enseignée aux élèves de grec encore néophytes, tant les apparitions de cette déesse de l'aube, *Eos rododaktulos* « Aurore aux doigts de rose », encore surnommée *euthronos* « au beau trône » sont assurément remarquées dans toute l'*Odyssée*.

Personnifiée et humanisée par ces doigts si délicats, métaphore de la rosée du matin, l'aurore est chargée d'ouvrir au char du soleil les portes du ciel et d'apporter la lumière du jour. Après avoir quitté son époux Tithon qui habite l'Océan, elle monte dans le ciel sur son char étincelant tiré par deux ou quatre chevaux ailés, ce qui lui vaut cet autre qualificatif *koropéplos* « en robe de safran ».

Les Achéens aux belles jambières

Homère par le terme d'Achéens désigne les populations de race grecque, habitant la Thessalie, le Péloponnèse, les îles de Crète et d'Ithaque. L'attribut dont il les pare apporte un détail visuel sur la tenue de combat de ces Grecs rangés sous les ordres d'Agamemnon et partis affronter l'ennemi troyen. On les dit encore *khalkokhitones* (« aux tuniques d'airain ») ou Danéens, du nom de leur ancêtre Danaos ou même Argiens, puisqu'ils viennent de la cité d'Argos.

Les Troyens dompteurs de chevaux

Dans l'*Iliade*, Homère ne cesse d'opposer les Achéens aux belles jambières et les Troyens *hippodamoi* (« dompteurs de chevaux »). La chose ne manque pas de piquant, si on se souvient que la chute de Troie ne tint qu'au seul cheval qu'elle ne sut dompter. Vous vous rappelez…

Athéna aux yeux pers

On représente souvent Athéna, fille de Zeus et de Métis, déesse de la Guerre, comme une femme à la beauté sévère,

portant casque, armure et lance. Rien d'étonnant donc à la trouver mêlée à la guerre de Troie dont elle fut l'ennemie jurée à cause de la préférence accordée à Aphrodite par Pâris, le fils troyen de Priam. Elle sera donc du côté des Grecs auxquels elle n'a de cesse de porter secours.

Le saviez-vous ? La couleur pers, dit-on, se rapproche d'un bleu couleur jacinthe, tirant même vers un bleu foncé ou un bleu vert, couleur de la mer. L'expression grecque *glaukôpis* nous fait plutôt penser au français « glauque », d'un vert trouble, alors qu'en grec au contraire l'adjectif signifie « brillant ».

Comme en grec *glaux* signifie encore « la chouette » et qu'on trouve presque toujours Athéna représentée avec une chouette sur l'épaule dans les représentations du Ve siècle, on la nomme encore *Athéna aux yeux de chouette*. La collection Budé, spécialisée dans les traductions de textes grecs et latins, a du reste pris pour logo la (petite) chouette d'Athéna !

Ulysse aux mille tours

Fils du roi Laërte et d'Anticlée, Ulysse a donné son nom à l'œuvre d'Homère l'*Odyssée*. Elle retrace ses nombreuses et périlleuses pérégrinations avant son retour dans l'île d'Ithaque. Le héros grec a pour surnoms : Ulysse aux mille épreuves (*Odusseus polutlas*), « qui a beaucoup souffert » dans son combat contre les dieux qui lui sont hostiles ; le héros « *aux mille ruses* », en raison de l'exceptionnelle ingéniosité qui le sort des situations les plus désespérées. Il trompe ainsi le cyclope Polyphème en se faisant passer pour *Outis* (« pas quelqu'un » donc pour personne). C'est ainsi qu'Ulysse *polumètis* à l'intelligence multiple est entré dans l'imaginaire occidental.

Achille aux pieds agiles

Ce fils de la déesse Thétis et du mortel Pelée est, selon l'expression consacrée, le meilleur des Achéens, un guerrier sans égal. Outre les surnoms de Péléide ou d'Eacide, la postérité a surtout retenu celui d'*okus podas Akhilleus*, c'est-à-dire « Achille rapide (agile) quant aux pieds ».

Achille, d'un caractère que nous dirons bouillant, est impulsif et plus rapide que l'éclair : « *en tous sens il bondit, lance au poing, pareil à un dieu, se ruant sur ses victimes* ». Dommage pour lui en revanche que sa mère ait omis en le baignant dans les eaux du Styx d'y tremper son talon ! La flèche de Pâris, fils du roi de Troie Priam, eut raison de lui, de son point faible surtout !

Hector au casque étincelant

Hector est le guerrier troyen qui dut affronter Achille en tête-à-ête. Homère le décrit au moment où il s'apprête à prendre congé de sa femme Andromaque et de son enfant terrifié par le costume militaire de son père : « *Ayant ainsi parlé, l'étincelant Hector tendit les bras vers son fils ; mais le bébé, en pleurant, se rejeta vers le sein de sa nourrice à la belle ceinture, épouvanté à la vue de son père, frissonnant devant le cuivre et le panache en crin de cheval qu'il voyait s'agiter au sommet du casque, horriblement.* »

Zeus, l'assembleur de nuées

L'épithète la plus couramment appliquée à Zeus est celle de *dios* (divin), même si l'attribut premier est plutôt *aigiochos*, car « il porte l'égide » pour rappeler que son bouclier était fait en peau de chèvre (la chèvre d'Amalthée qui le nourrit enfant) avant d'être transformé en un terrifiant bouclier par le forgeron Héphaïstos. Zeus est dit *nephelegereta* « l'assembleur de nuées », *europa* « celui qui voit au loin ou que l'on entend au loin », *melanephe* « à la nuée noire », eu égard sans doute aux signes avant-coureurs des tempêtes qu'il déclenche. On trouve encore – et comment mieux résumer la situation ? – la périphrase *pater andrôn te genôn te pour* magnifier celui qui est et reste « le père des dieux et des hommes » !

Poséidon, l'ébranleur de la terre

On ne peut que s'étonner de l'épithète conventionnelle : *enosichtôn /ennosigaios* qui colle à la peau de Poséidon, dieu de la Mer. Il a, en effet, un passé terrestre : il frappe la terre comme il fait s'écrouler murailles et palais ; il déclenche séismes, tempêtes et raz de marée, qui personnifient les forces élémentaires. Celui qui fut donc autant « seigneur des eaux » que « seigneur de la terre », n'eut de cesse de poursuivre de sa hargne Ulysse pour avoir éborgné son fils le cyclope Polyphème. Comme pour mieux l'amadouer, du reste, les Grecs firent de lui le gardien de leurs cités en le nommant encore le « Gardien des fondations ».

Nausicaa aux bras blancs

C'est Athéna qui va organiser la rencontre au sommet entre Nausicaa, la princesse du royaume de Phéacie et le bel Ulysse qui revient de la guerre de Troie. Elle suggère en effet à la dite jeune fille, de se rendre sur le rivage où le héros vient de s'échouer, accompagnée de ses servantes *euzonoi* « aux belles ceintures » et *euplokamoi* « aux belles boucles », pour y laver du linge et jouer à la balle. Le chant VI de l'*Odyssée* fait le récit de cette émouvante rencontre entre le guerrier épuisé et la belle princesse *leukôlènè* « aux coudes/bras blancs » qui tombera, bien malgré elle, sous le charme du héros valeureux. Pourtant Ulysse reprendra la route, impatient de regagner sa patrie d'Ithaque, sa tendre Pénélope et son fils Télémaque.

Avec Homère, un style « épithétique » était né. Giraudoux (1882-1944) en fera un usage parodique dans sa *Guerre de Troie* (qui) *n'aura pas lieu*. Raymond Queneau lui rend hommage dans cette xième version de ses *Exercices de style* (1947) :

> « *À l'heure où commencent à se gercer les* **doigts roses de l'aurore**, *je montai tel* **un dard rapide** *dans un autobus à* **la puissante stature** *et* **aux yeux de vache** *de la ligne S au trajet sinueux. Je remarquai, avec la précision et l'acuité de l'Indien sur le sentier de la guerre, la présence d'un jeune homme dont le col était plus long que celui d'une girafe* **au pied rapide** *et dont le chapeau de feutre mou fendu s'ornait d'une tresse, tel le héros d'un exercice de style* […] »

Chapitre 22
10² jeux

Dans ce chapitre :

▸ Divers jeux d'identification d'expressions…

▸ … par comparaisons, équivalences, niveau de langue, que sais-je encore…

*E*n guise de conclusion, j'ai pensé que vous seriez heureux de vous frotter à quelques exercices ludiques, sans vous y piquer, c'est promis. Comme dans un parcours de golf miniature, vous pourrez marquer vos points. Mais vous verrez, vous allez *jouer sur du velours. Ça va être du billard* !

Connaissez-vous le sens des dix expressions suivantes ?

1. Battre la chamade
2. Être bien/mal loti
3. Se mettre martel en tête
4. Draper quelqu'un
5. Mettre quelqu'un au ban de…
6. Tourner casaque
7. Mettre quelqu'un à pied
8. Être sur la sellette
9. Découvrir le pot aux roses
10. Devoir une fière chandelle à quelqu'un

Réponses

1. Se dit d'un cœur en émoi dont le rythme bat trop fort par allusion au signal militaire que donnaient les assiégés d'une

ville au tambour ou à la trompette quand ils voulaient faire savoir qu'ils étaient prêts à se rendre à l'ennemi.

2. Rien à voir avec une habitation quelconque *stricto sensu*. C'est, au sens figuré, se trouver plus ou moins bien pour affronter une situation.
3. Avoir des idées préconçues.
4. Le railler, on dit de nos jours l'arranger ou l'habiller pour l'hiver !
5. Le déclarer suspect et le déchoir de ses droits.
6. Changer d'avis et quitter son parti pour le parti opposé (arborer d'autres couleurs comme un jockey).
7. C'est le débarquer, se débarrasser de lui.
8. C'est subir un feu roulant de questions pressantes.
9. Découvrir la vérité.
10. Lui devoir presque tout.

Notez votre score sur 10.

Retrouverez-vous les équivalents des expressions en verlan suivantes ?

1. Teubê
2. Keuf
3. Keums
4. Cheum
5. Ouam
6. Relou
7. Tasspé
8. Ripou
9. Teuf
10. Vénère

Réponses

1. Bête
2. Flic
3. Mecs
4. Moche
5. Moi
6. Lourd
7. Pétasse
8. Pourri
9. Fête
10. Énervé

Notez votre score.

Retrouverez-vous les équivalents entre ces expressions régionales et leurs équivalences nationales ?

1. Chaque cocotte a son couvercle
2. Tout est dans le beurre
3. Sèche comme une ételle
4. Du gâteau pareil au pain
5. Aller faire le chien
6. Roufe à roufe
7. À borgnon
8. Parler de zigzags et de papillons
9. Travailler de la cabucelle
10. Ne pas trouver de l'eau au Gave

Réponses

1. Trouver chaussure à son pied.
2. Tout baigne dans l'huile.
3. Maigre comme une allumette.
4. Tout ce qui brille n'est pas d'or.
5. Tenir la chandelle.
6. À la va comme je te pousse.
7. À l'aveuglette.
8. Parler à bâtons rompus.
9. Travailler du chapeau.
10. Ne pas trouver de l'eau dans une rivière, quelle qu'elle soit donc !

Notez votre score.

Je vous propose une deuxième série pour les plus fans d'entre vous.

1. Les glands tombent pas loin des chênes (Béarn)
2. Il y a un pibale sous le caillou (Sud-Ouest)
3. Se croire le persil de la soupe (Alsace)
4. Battre la berloque (Ardennes)
5. Ne pas avoir cassé les dents aux grenouilles (Poitou-Charentes)
6. Accoutré comme un gavache (Languedoc)
7. Parler de zigzags et de papillons
8. Faire la fête avant la dédicace
9. Aller faire le chien (Bretagne)
10. Piqueter les haricots

Réponses

1. Les chiens ne font pas des chats !
2. Il y a anguille sous roche.
3. Se croire né de la cuisse de Jupiter.
4. Avoir une araignée au plafond.
5. Ne pas avoir inventé le fil à couper le beurre.
6. Habillé comme un as de pique.
7. Parler à bâtons rompus.
8. Fêter Pâques aux Rameaux.
9. Tenir la chandelle.
10. Piquer du nez (sous l'effet du sommeil).

Saurez-vous retrouver la suite ?

1. Malheureux comme…

   ....

2. Vif comme…

   ....

3. Jurer comme…

   ....

4. Libre comme…

   ....

5. Fauché comme…

   ....

6. Long comme…

   ....

7. Réglé comme…

   ....

8. Laid comme…

   ....

9. Léger comme…

   ....

10. Jolie comme…

    ....

Réponses

1. les pierres

2. l'éclair

3. un charretier

4. l'air : vous vous rappelez la chanson : « *Il est libre Max… il y en a même qui l'ont vu voler !* »

5. les blés

6. un jour sans pain

7. une horloge suisse

8. un pou

9. une plume

10. un cœur de jeune fille

Notez votre score.

Voulez-vous vous rafraîchir encore la mémoire avec ces quelques expressions antiques, qui manquaient au tableau ?

1. La flèche du Parthe
2. Une entreprise prométhéenne
3. Un rire sardonique
4. Le rocher de Sisyphe
5. Une ironie socratique
6. Une faute d'ubris
7. Avoir des yeux de lynx
8. Un nœud gordien
9. Une mesure draconienne
10. Vouer quelqu'un aux gémonies

Réponses

1. Une pique, une pointe, un mot cruel, un trait qui va droit au cœur d'un adversaire (du nom du peuple scythe du Sud de l'Hyrcanie qui se souleva au IIIe siècle av. J.-C. contre les Séleucides : ces excellents cavaliers avaient pour habitude, tout en feignant de fuir, de décocher par-dessus l'épaule les flèches à l'ennemi qui les poursuivait).

2. Formée sur le nom de Prométhée, cet audacieux fils du titan Japet et frère d'Atlas, l'expression s'emploie pour parler d'un projet dans ce qu'il a de grand et de démesuré à la fois. Prométhée n'avait-il pas lui-même voulu dans son *ubris* voler le feu aux dieux ?

3. Se dit d'un rire qui donne à la bouche une expression de moquerie acerbe, un rictus coincé. Serait-ce l'herbe de Sardaigne, la *sardonia herba,* qui serait à l'origine de cette douleur convulsive ? Lucien pense qu'il s'agit plutôt des grimaces de douleur que firent les Sardes brûlés vifs par les Carthaginois.

4. C'est ce rocher que Sisyphe, éternel condamné des Enfers pour avoir commis des brigandages, doit sans cesse pousser au sommet d'une montagne avant de le voir inexorablement dégringoler la pente. Cette tâche vaine est l'illustration d'un travail pénible et sans fin que Camus a immortalisé dans son essai *Le Mythe de Sisyphe*.

5. L'homme, tout le monde connaît ! Le champion incontesté de l'ironie dans ses échanges avec ses contemporains. Par un subtil jeu de questions-réponses, il parvenait toujours à mettre ses interlocuteurs en difficulté. Il feignait d'être

ignorant pour amener les autres à finir par dire ce qu'il voulait leur faire dire. Rusé comme un Sioux !

6. Les dieux de l'Antiquité n'aimaient pas du tout voir leur autorité malmenée par de simples mortels qui, imbus d'eux-mêmes, se rendaient coupables d'un péché d'orgueil. Car l'*ubris* est bien du côté de la démesure, de l'excès aux antipodes donc des qualités que sont mesure et équilibre. Bien des humains en firent les frais : Tityos, Tantale, Ixion et Sisyphe, vu plus haut, qui les vouèrent à des punitions toutes plus sévères les unes que les autres.

7. Non ce n'est pas seulement avoir les yeux perçants de la bête sauvage le lynx. C'est ressembler à Lyncée, roi de Messénie, l'un des participants à l'expédition des Argonautes, qui avait comme arme secrète de pouvoir voir en même temps ce qui se passait au Ciel et dans les Enfers.

8. Du nom de Gordias, roi de Phrygie, les nœuds « gordiens » à l'enchevêtrement confus attachaient le joug d'un char au timon. Alexandre en 333 av. J.-C. parvint à les trancher d'un seul coup d'épée. Cela se dit donc d'une méthode « tranchante » pour résoudre un problème qu'on croyait insoluble.

9. C'est une mesure sévère et austère voire inhumaine à l'image des lois écrites dans le sang et édictées au VIIe siècle av. J.-C. par Dracon, archonte et législateur athénien.

10. À Rome, la coutume voulait qu'on exposât les corps des condamnés à mort et des suppliciés dans un escalier des gémonies, c'est-à-dire des lamentations (selon l'étymologie du verbe *gemere*, « gémir », « se plaindre »), avant de les jeter dans le Tibre.

Notez votre score.

Retrouverez-vous ce qui se cache derrière les périphrases qui suivent ?

1. La fourchette du père Adam
2. La douloureuse
3. Jouer la polka des mandibules
4. Un train direct pour Charenton
5. Le musée des refroidis
6. L'abbaye de Monte-à-Regret
7. Le café du pauvre
8. Le piano du pauvre
9. Le bouillon d'onze heures
10. L'entonnoir à musique

Réponses

1. Les doigts
2. La note du restaurant
3. Manger
4. Un verre d'absinthe
5. La morgue
6. L'échafaud, la guillotine
7. La pratique du devoir conjugal après le repas
8. L'accordéon
9. Un breuvage empoisonné
10. L'oreille.

Saurez-vous retrouver l'équivalent français de ces expressions étrangères ?

1. Avoir une abeille dans son bonnet (anglais)
2. Souffler une bourrasque de vent (chinois)
3. Tirer sur les pigeons de quelqu'un (néerlandais)
4. Vos yeux quatorze (grec)
5. Arriver comme des choux au goûter (italien)
6. Ça a des yeux et des sourcils (roumain)
7. Approcher la braise de sa sardine (espagnol)
8. Jeter les vieilles chaussures avant d'avoir les neuves (néerlandais)
9. Il s'en est déchargé sur le coq (grec)
10. Mettre trop de viande au feu (italien)

Question Joker : Le chien vaut bien le collier (belge)

Réponses

1. Avoir une idée fixe
2. Passer l'éponge
3. Marcher sur les plates-bandes de quelqu'un
4. Ouvre l'œil et le bon
5. Arriver comme un cheveu sur la soupe
6. C'est gros comme une maison (c'est évident)
7. Tirer la couverture à soi
8. Vendre la peau de l'ours avant de l'avoir tué
9. Il a un poil dans la main
10. Courir deux lièvres à la fois

Question joker : Le jeu en vaut la chandelle.

Notez votre score.

Quid de ces expressions à compléter « pour le fun »?

1. Tu pètes…
2. Tu rotes…
3. Tout juste…
4. Tu parles…
5. Ça colle…
6. Recule…
7. Comme tu le dis…
8. T'as tort…
9. Roule…
10. Ça glisse…

Réponses

1. Arlette
2. Charlotte
3. Auguste
4. Charles
5. Anatole
6. Hercule
7. Fifi
8. Hector
9. ma poule
10. Alice.

Connaissez-vous le sens de ces expressions populaires bien « dans leur jus » ?

1. Défendre son biftek
2. Claquer du bec
3. En baver des ronds de chapeaux
4. Manger le morceau
5. Se rincer la dalle
6. Sonner les cloches à quelqu'un
7. Cracher au bassinet
8. Pisser au bénitier
9. Se faire sauter le caisson
10. S'en tenir une couche

Réponses

1. Lutter pour subsister
2. Avoir grand faim ou grand soif et réclamer comme les oiseaux

3. Enrager et endurer bien des tourments

4. Faire des révélations

5. Se rincer le gosier ou la gorge

6. Sonner les cloches à quelqu'un

7. Délier sa bourse ou en d'autres circonstances avouer

8. Braver le respect humain pour faire parler de soi

9. Se faire exploser la cervelle d'un coup de revolver ou de fusil par allusion aux boîtes à munitions que les soldats faisaient sauter plutôt que de les laisser à l'ennemi

10. Avoir l'esprit bien épais.

Notez votre score.

...et de ces expressions argotiques, la crème de la crème ?

1. Déménager à la cloche de bois
2. En baver des ronds de chapeaux
3. Tenir le crachoir parler longuement
4. Avoir un œil à Paris, l'autre à Pontoise
5. Avaler son bulletin de naissance
6. Ça sent le sapin
7. Prendre son lit en marche
8. Avoir les rideaux qui collent aux fenêtres
9. Avoir la dalle en pente
10. Avoir avalé le pépin

Réponses

1. Partir sans prendre soin de s'acquitter de son loyer.

2. Subir quelque chose de fort éprouvant.

3. Parler longuement.

4. Être atteint de strabisme divergent, en d'autres termes loucher.

5. Mourir.

6. Ça sent la fin, la mort approche.

7. Se coucher en état d'ébriété.

8. Être mal réveillé et avoir les yeux mal ouverts ou à demi fermés.

9. Avoir très soif.

10. Être enceinte.

Il est temps de passer au tiroir-caisse, comme on dit

Faisons les comptes.

Si vous avez 50 bonnes réponses sur 100, *no comment*, vous devinez ce qui vous reste à faire : relire le livre ou vous intéresser de plus près à toutes ces expressions qui ont droit de cité parmi nous.

Si vous en avez entre 50 et 75, je vois que vous jouez bien le jeu et que vous avez plaisir à tester vos connaissances.

Si vous avez entre 75 et 100, vous êtes à n'en pas douter un amoureux des expressions.

Moins de 50 bonnes réponses ? C'est une option que je n'ai pas voulu envisager. Essayez donc de vous rattraper avec ce *petit dernier pour la route*. Non pas un verre, mais un jeu de plus que la sobriété ne saurait interdire… *Une poire pour la soif,* en quelque sorte. Ici, chez les Nuls, *c'est comme chez Éléonore, quand il n'y en a plus, il y en a encore…*

Saurez-vous expliquer le sens des expressions suivantes ?

1. Frais comme un gardon

2. Malade comme un chien

3. Con comme la lune

4. Fauché comme les blés

5. Haut comme trois pommes

6. Maigre comme un clou

7. Long comme un jour sans pain

8. Mince comme un fil

9. Nu comme un ver
10. Rapide comme l'éclair

Réponses

1. Par allusion à ce poisson qui nage dans des eaux douces et rafraîchissantes.
2. C'est ce qu'on dit quand on ne se sent vraiment pas bien.
3. C'est être bien idiot.
4. Il s'agit là d'un jeu de mots : soit on parle des blés, et on file la métaphore avec le verbe *faucher* pour le sens propre, soit au figuré, on prend le mot *blés*, au sens d'argent en argot, et là l'adjectif *fauché* veut dire qu'on en est malheureusement dépourvu.
5. C'est donc être d'une bien petite taille, parce que trois pommes, même mises l'une sur l'autre, ça ne va pas chercher très loin, ni surtout très haut !
6. C'est une réalité : un clou est un objet petit et fin.
7. Ne pas manger crée une sensation de manque.
8. On ne peut pas faire plus ténu.
9. On connaît tous l'histoire d'Adam et Ève vivant nus et heureux dans l'Éden jusqu'au jour où…
10. Aussi vif que les zigzags du tonnerre dans le ciel, rappelez-vous le Z de Zorro !

Je suis persuadée que vous venez de réussir ce dernier test *les doigts dans le nez ! Tout est* (donc) *bien qui finit bien !* Il est plus que temps de conclure. *C'est le jeu, ma pauvre Lucette !* D'ailleurs, pour vous parler franchement, je suis un *peu au bout du rouleau…*

Veuillez donc croire, chers lecteurs, chères lectrices, en l'expression de mes sentiments… les plus expressifs !

Index

A
À bon chat, bon rat, 53
À brûle-pourpoint, 140
À cœur vaillant rien d'impossible, 53
À d'autres... mais pas à moi, 195
À feu de molaires, 180
À fond la caisse / les manettes, 195
À l'impossible nul n'est tenu, 53
À l'œuvre, on connaît l'artisan, 53
À la bonne flanquette, 140
À la fin, je touche, 246
À malin, malin et demi, 53
À moi la peur !, 178
À nous deux, Paris !, 244
À Pâques ou à la Trinité, 263
À perpète les oies..., 195
À pleines dents, 180
À plus !, 165
(Boire) à tire-larigot, 141
À tors et à travers / à tort et à travers, 142
À tout seigneur, tout honneur, 53
À toute, 165
À vaincre sans baril, on triomphe sans boire, 45
À vaincre sans péril, on triomphe sans gloire, 45
(Aller) à vau-l'eau, 142
Abattre ses cartes, 22
Accro internet, 164
Accrochez vos ceintures !, 193
Achille aux pieds agiles, 311
Acta est fabula (La pièce a été jouée), 249
Ad augusta per angusta (Vers des résultats augustes par des voies étroites), 236
Adorer le veau d'or, 271
Agir (au nez et) à la barbe de quelqu'un, 29
Aide-toi, le ciel t'aidera, 53
Aime ton prochain comme toi-même ; Aimez-vous les uns les autres, 267
Alea jacta est (Le sort en est jeté), 250
Aller (habiter) au diable vauvert / au diable vert, 139
Aller à Canossa, 255
Aller cahin-caha, 139
Aller faire le chien, 179
Aller son petit trantran / aller son train-train / aller son train, 140
Alors, heureuse !, 287
Amis de la poésie, bonsoir, 293
Amour, amour, quand tu nous tiens, tu nous tiens bien, 53
Anna, ma sœur Anne, ne vois-tu rien venir ?, 242
Annoncer la couleur, 131
Appeler un chat un chat, 10, 34
Applaudir des deux mains, 39
Apprenez que tout flatteur vit aux dépens de celui qui l'écoute, 53
Appuyer sur le champignon, 195
Après la pluie vient le beau temps, 54
Après moi le déluge !, 256
Après vous, messieurs les Anglais !, 255
Araignée du matin, chagrin, Araignée du midi, souci, Araignée du soir, espoir, 180
Arrête ton char (Ben Hur) !, 288
Ars longa, vita brevis (L'art est long, la vie est courte), 49
Asinus asinum fricat (L'âne frotte l'âne), 49

Athéna aux yeux pers, 310
Attacher le grelot, 141
Attendre pendant cent sept ans, 111
Au bout le bout, 178
Au pied de la lettre, 10
Au pied de la lettre, 271
Au royaume des aveugles, les borgnes sont rois, 54
Audentes fortuna juvat (La fortune sourit aux audacieux), 49
(Quand parut) Aurore aux doigts de rose, 310
Aut Caesar aut nihil (Ou César ou rien), 251
Autant d'hommes que d'avis, 130
Autant en emporte le vent !, 288
Aux grands maux les grands remèdes, 54
Ave Caesar morituri te salutant (Salut à toi César, ceux qui vont mourir te saluent), 250
Avec (un) des si, on mettrait Paris dans une bouteille, 54
Avoir des fourmis dans les jambes, 78
Avoir des idées noires, 129
Avoir du mail, 177
Avoir été bercé trop près du mur, 178
Avoir l'esprit d'escalier, 113
Avoir l'estomac dans les talons, 93
Avoir la flemme, 196
Avoir la frite, 85
Avoir la gnaque / niaque, 175
Avoir la gueule de bois, 94
Avoir la guigne ou porter la guigne, 181
Avoir la main verte, 130
Avoir la pépie, 176
Avoir la pétoche, 177
Avoir le béguin pour quelqu'un(e), 138
Avoir le bras long, 91
Avoir le feu au derrière, 196
Avoir les foies, 196
Avoir les yeux plus gros que le ventre, 96
Avoir maille à partir, 141
Avoir plusieurs fers au feu, 197
Avoir quelqu'un dans le nez, 94
Avoir ses Anglais, 142
Avoir un cœur d'artichaut, 83
Avoir une araignée au plafond, 72
Avoir une bonne tapette, 174
Avoir une épée de Damoclès sur la tête, 222
Avoir une langue de vipère, 82
Avoir x balais…, 196

B

Battre la berloque / breloque, 174
Battre quelqu'un à plate(s) couture(s), 24
Battre sa coulpe, 275
Beau comme un Apollon, 304
Bête comme une oie, 304
Beurré comme un petit LU, 304
Bien faire et laisser dire, 54
Bien mal acquis ne profite jamais, 54
Bis repetita placent (Les choses répétées par deux fois plaisent), 182
Bon sang ne saurait mentir, 54
Bonjour, 166
Bonjour l'ambiance !, 166
Bonne nuit, les petits !, 291
Branle-bas (de combat), 27
Brûler les planches, 28

C

C'est à prendre ou à laisser, 198
C'est bête comme chou, 182
C'est blanc bonnet et bonnet blanc, 126
C'est Byzance, 138
C'est ça, la french touch…, 299
C'est chébran !, 158
C'est chelou, 158
C'est chouette !, 76
C'est cool, 162
C'est dans la poche, 198
C'est de la merde dans un bas de soie, 259
C'est du billard, 26
C'est du gâteau, 86
C'est du pipi de chat, 153
C'est en cuchon, 175
C'est fort de café, 88
C'est grand comme un mouchoir de poche, 155

C'est grave docteur ?, 26
C'est ici que les Grecs s'atteignirent, 45
C'est ici que les Grecs s'éteignirent, 45
C'est juste pour faire avancer le schmilblick !, 291
C'est l'exception (qui) confirme la règle, 58
C'est l'histoire d'un mec…, 297
C'est l'hôpital qui se fout de la charité, 199
C'est la Bérézina !, 256
C'est la croix et la bannière, 278
C'est la faute à Rousseau, 244
C'est la fête du slip !, 198
C'est la fin des haricots !, 151
C'est la totale, 199
C'est la zone !, 200
C'est le bouquet, 83
C'est Lenôtre. Mais si vous préférez prendre le vôtre…, 290
C'est ma bête noire, 130
C'est mon dernier mot, Jean-Pierre…, 293
C'est où tu veux, quand tu veux, comme tu veux…, 199
C'est parti, mon kiki, 198
C'est pas de refus, 199
C'est reparti comme en quatorze / comme en quarante, 256
C'est simple comme bonjour, 200
C'est son truc, 200
C'est une autre paire de manches, 115
C'est une tuerie, 27
Ça clair, 178
Ça coûte la peau des fesses !, 155
Ça craint, 161
Ça déchire, 163
Ça décoiffe !, 163
Ça dégomme !, 163
Ça le fait !, 161
Ça me court sur le haricot, 87
Ça me fait une belle jambe, 97
Ça me gonfle, 161
Ça me prend la tête, 161
Ça me saoule et ça me fane, 161
Ça ne mange pas de pain, 89
Ça ne passera pas par moi, 167
Ça ne vaut pas un clou, 114
Ça roule, ma poule, 168
Ça te la coupe !, 161, 172
Ça te passera, avant que ça me reprenne !, 152
Ça urge, 163
Ça va barder !, 176, 197
Ça va castagner, 176
Ça va faire très mal, 162
Ça va loin, très loin !, 197
Café bouillu, café foutu, 54
Capital beauté, 164
Carpe diem (Cueille le jour), 229
(Se) casser - Casse-toi, 122
Casser du sucre sur le dos de quelqu'un, 87
Casser sa pipe, 114
Castigat ridendo mores, 27
Cause toujours, tu m'intéresses…, 197
Ce n'est pas de la petite bière, 200
Ce n'est pas ma tasse de thé, 86
Ce que femme veut, Dieu le veut, 55
Ce que l'on conçoit bien s'énonce clairement, 241
Cedant arma togae (Que les armes le cèdent à la toge), 251
Cela ne nous regarde pas !, 297
Celui qui conquit la toison, 41
Cent fois sur le métier, 182
Changer de couleur, 132
Changer l'eau des olives, 175
Changer l'eau du bain, 9
Chanter le los de quelqu'un, 143
Chaque pot a son couvercle, 156
Chat échaudé craint l'eau froide, 54
Château la Pompe, 44
Chercher la petite bête, 73
Chercher midi à quatorze heures, 109
Chez chanmé, 158
Ciel mon mari !, 247
Ciel pommelé et femme fardée sont de courte durée, 180
Cogito ergo sum (Je pense donc je suis), 239
Comme on fait son lit on se couche, 55

Comme un coq en pâte, 180
Comme un poisson dans l'eau, 179
Comme un poulet dans un bingot, 180
Comme une pomme dans un quiou, 179
Comparaison n'est pas toujours raison, 55
Compter les chevrons de la ferme, 176
Construire des châteaux en Espagne, 115
Couper les cheveux en quatre, 107, 183
Courir l'aiguillette, 142
Courir la prétentaine, 183
Courir le guilledou, 143
Coûter les yeux de la tête, 101
Crier « Haro » sur le baudet, 240
Crier sur les toits, 281
Croisons les doigts, 92
Croquer le marmot, 143

D

Damer le pion à quelqu'un, 23
Dans le doute, abstiens-toi, 55
De but en blanc, 144
(Tout) de guingois, 146
De sinueux méandres, 39
Déconner à plein(s) tube(s), 201
Delenda est Carthago (Carthage est à détruire), 253
Demandeurs d'emploi, 34
Des goûts et des couleurs, il ne faut point disputer, 130
Des mille et des cents, 111
Descendre en bas, 39
Déshabiller (saint) Pierre pour habiller (saint) Paul, 55
Deux avis valent mieux qu'un, 55
Dire amen à tout, 278
Dire blanc et noir, 132
Dites 33, 26
Doctus cum libro (Savant, oui, mais livre à la main), 49
Donner sa langue au chat, 94
Dormir sur ses deux oreilles, 98
Droit comme un i, 133
Du bout des lèvres, 9
Du gâteau pareil au pain, 179

E

Ecce homo, 268
Écoute donc voir, 178
Écrire noir sur blanc, 133
Élémentaire, mon cher Watson !, 184
Elle a les yeux revolver, 294
Elle boit pas, elle fume pas, elle drague pas mais elle cause…, 289
Elle court, elle court, la maladie d'amour dans le cœur des enfants de sept à soixante-dix-sept ans… 296
Elle est bien bonne !, 201
Elle est canon, cette fille-là, 162
Elle est tarpin belle, 175
En avoir gros sur la patate, 201
En avril n'ôte pas un fil (ne te découvre pas d'un fil), en mai fais ce qu'il te plaît, 55
En bon uniforme, 45
En bonne et due forme, 45
En boucher un coin à quelqu'un, 115
En être tout chocolat !, 129
En faire tout un fromage, 85
En faire voir de toutes les couleurs à quelqu'un, 132
En son for intérieur, 144
Encore un ou une… que les boches (les Prussiens) n'auront pas !, 151
Entre deux alternatives, 39
Entre la poire et le fromage, 90
Entrer dans le saint des saints, 279
Entrer en lice, 144
Envoyer quelqu'un aux pelotes / sur les roses, 201
Épater la galerie, 28
Errare humanum est (L'erreur est humaine), 50, 235
Essuyer les plâtres, 116
Est à la farce qui croyait farcer, 179
Est-ce que ça vous gratouille ou est-ce que ça vous chatouille ?, 246
Et à demain, si vous le voulez bien !, 291
Et mon cul, c'est du poulet !, 203
Et patati et patata, 203
Et pourtant elle tourne !, 257
Et que ça saute !, 203

Et ta mamette !, 180
Et ta sœur !, 180
Et tout le tremblement !, 174
Être / rester dans les clous, 117
Être à cheval sur les règles / ses principes, 74
Être à couteaux tirés, 116
Être à deux doigts de quelque chose, 62
Être à l'abade, 176
Être à l'abbaye de Trappes, 174
Être à l'ouest, 202
Être à la botte de quelqu'un, 27
Être attendu comme le Messie, 274
Être au bout du rouleau, 118, 184
Être au four et au moulin, 116, 118
Être bien dans ses baskets, 162
Être comme deux ronds de flan, 185
Être comme mars en Carême, 184
Être comme saint Thomas, 279
Être comme un coq en pâte, 77
Être copains comme cochons, 185
Être dans de beaux draps, 117
Être dans le rouge, 128
Être de mèche avec quelqu'un, 118
Être droit dans ses bottes, 27
Être en carmagnole, 151
Être entre le marteau et l'enclume, 117
Être fait comme un Z, 134
Être fleur bleue, 127
Être franc du collier, 24
Être haut en couleur, 132
Être la cinquième roue du carrosse, 108
Être mâché, 177
Être mal accoutré, 180
Être mal barré, 204
Être marqué au B, 133
Être ou ne pas être, telle est la question, 239
Être paf, 202
Être pompette, 177
Être raide (comme un passe-lacet), 202
Être reçu comme un chien dans un jeu de quilles, 75
Être réduit à quia, 145
Être serrés comme des sardines, 304
Être soupe au lait, 89
Être sous la houlette de quelqu'un, 144
Être tiré à quatre épingles, 186
Être un âne bâté, 72
Être un Bon Samaritain, 282
Être un cach'l'ambroule, 174
Être un chaud lapin, 78
Être un cordon bleu, 127
Être une éminence grise, 129
Eurêka, eurêka (J'ai trouvé, j'ai trouvé), 230
Ex nihilo nihil (Rien ne vient de rien), 233
Examiner quelqu'un sous toutes les coutures, 24
Exegi monumentum aere perennius (J'ai achevé un monument plus durable que l'airain), 233
Exporter à l'étranger, 39

F
Faire bon visage contre mauvaise fortune, 56
Faire bonne chère, 186
Faire chabrol, 178
Faire chou blanc, 84
Faire coup double, 19
Faire d'une pierre deux coups, 106
Faire des avances, 43
Faire des chichis, 204
Faire des coupes sombres, 186
Faire des pieds et des mains, 102
Faire deux poids deux mesures, 106
Faire feu de tout bois, 187
Faire florès, 139
Faire godaille, 178
Faire la barbe à quelqu'un, 29
Faire la claque, 29
Faire la mouche du coche, 239
Faire la nique, 146
Faire la nouba, 204
Faire la peau à quelqu'un, 99
Faire le buzz, 170
Faire le mariole (mariolle), 145
Faire le pied de grue, 78
Faire le V de la victoire, 134
Faire les 400 coups, 111

Faire marcher quelqu'un, 204
Faire sa diva, 28
Faire son chemin de Damas, 282
Faire toucher quelque chose du doigt à quelqu'un, 62
Faire un bœuf, 187
Faire un froid de loup, 178
Fais ce que dois, advienne que pourra, 47
Fais ce que voudras, 238
Faites du bruit !, 293
Faites vos jeux, 22
Fama volat, 234
Faut pas rêver !, 205
Faute avouée est à moitié pardonnée, 56
Faute de grives, on mange des merles, 56
Ferme ton Camembert, 167
Ferrer la mule, 146
Festina lente (Hâte-toi lentement), 235
Fiat lux, 268
Fiches cuisine, 164
Fichu comme quatre sous de tabac, 180
Fier comme Artaban, 45
Fier comme un bar-tabac, 45
Fier comme un pou, qu'il soit sur son fumier, une gale, une rogne, qu'importe !, 187
Filer un mauvais coton, 88
Finir / s'en aller en eau de boudin, 84
Finir en queue de poisson, 79
Fit faber fabiendo (C'est en forgeant qu'on devient forgeron), 50
Fluctuat nec mergitur (Il est battu par les flots, mais il ne coule pas), 236
Fort comme Hercule, 305
Franchir la ligne blanche, 131
Franchir la ligne jaune, 131
Franchir la ligne rouge, 131
Franchir le Rubicon, 131
Fugit irreparabile tempus (Le temps s'enfuit sans retour), 234

G

Gagner les doigts dans le nez, 101
Gaule du soir, espoir !, Gaule du matin, chagrin !, 180

Gnôthi seauton (Connais-toi toi-même), 230
Grimper aux rideaux, 205

H

Habeas corpus (Que tu aies le corps), 24
Hé bè, 177
Hector au casque étincelant, 312
Heureux au jeu, malheureux en amour, 56
Hisser les couleurs, 132
Homo homini lupus (L'homme est un loup pour l'homme), 236

I

Il y a belle lurette (heurette), 146
Il est riche comme Crésus, 45
Il est riche comme Fréjus, 45
Il était une fois…, 241
Il fait ses trente-ans, 175
Il faut battre le fer pendant qu'il est chaud, 56
Il faut cultiver notre jardin, 244
Il faut rendre à César ce qui revient à César, 269
Il faut savoir raison garder, 58
Il faut tourner sa langue sept fois dans sa bouche avant de parler, 56
Il n'est pire aveugle que celui qui ne veut pas voir / il n'est pire sourd que celui qui ne veut pas entendre, 56
Il n'est point de sot métier, 57
Il n'y a pas de fumée(s) sans feu, 57
Il n'y a pas péril en la demeure, 188
Il n'y a pire eau que l'eau qui dort, 57
Il n'y a que la vérité qui blesse, 57
Il n'y a que le premier pas qui coûte, 57
Il ne faut pas dire : « fontaine, je ne boirai pas de ton eau, 56
Il s'en est sorti idem, 44
Il s'en est sorti indemne, 44
Il vaut mieux avoir affaire à Dieu qu'à ses saints, 57
Il y a anguille sous roche, 72
Il y a belle queue !, 178

Il y a de l'eau dans le gaz, 119
Il y a des coups de pied au c.. qui se perdent !, 153
Il y a du monde au balcon, 28
Il y a les jours avec et les jours sans, 154
Il y a loin de la coupe aux lèvres, 52
Il y en a pour 36 Lucquois, 179
Il/elle s'appelle « reviens », 205
In cauda venenum (Dans la queue est le venin), 50
In medias res (Au beau milieu (au cœur) de l'action), 230
In saecula saeculorum, 277
In vino veritas (Dans le vin est la vérité), 51
Ira brevis furor est (La colère est une courte folie), 231

J
J'ai la rate qui se dilate, 295
J'ai le seum, 161
J'ai les boules, 161
J'ai mangé à m'en faire péter la sous-ventrière, 152
J'ai rencontré une fille d'enfer, 162
J'ai un plan, 164
J'ai vu une méchante veste dans la boutique, 162
J'en parlerai à mon cheval, 205
J'hallucine, 164
J'y suis, j'y reste, 259
Jamais deux sans trois, 106
Je gère, 164
Je kiffe, 164
Je ne le connais ni d'Ève ni d'Adam, 44
Je ne le connais ni des lèvres, ni des dents, 44
Je suis dègue, 161
Je suis du bois dont on fait des flûtes, 155
Je suis en caisse, 179
Je suis parti sur les chapeaux de roues, 47
Je suis tout(e) flagada, 153
Je t'aime, aujourd'hui plus qu'à Hyères et bien moins qu'à Denain !, 45
Je te le donne en mille, 110
Je te le fais « en mode » !, 166
Je te raconte pas, 167
Je vais à Dache, 177
Jean qui pleure et Jean qui rit, 11
Jeter la pierre à quelqu'un, 275
Jeter sa gourme, 147
Jeter son bonnet (par-dessus les moulins), 147
Jouer les Cassandre, 222
Jouer son va-tout, 23
Just do it !, 300

L
L'affaire a été renvoyée aux calendes grecques, 45
L'affaire a été renvoyée aux quarante Grecs, 45
L'alpha et l'oméga, 271
L'an pèbre, 175
L'Arlésienne..., 246
L'Auberge espagnole, 290
L'avoir dans l'os / dans le c.., 207
L'échapper belle, 172
L'Empereur à la barbe fleurie, 41
L'État, c'est moi, 259
L'habit ne fait pas le moine, 60
L'heure H, 133
L'homme aux semelles de vent, 41
L'occasion fait le larron, 60
L'oiseau de Minerve, 41
L'or noir, 44
L'universelle commodité, 43
La ballade des gens heureux, 296
(Ouvrir) la boîte de Pandore, 222
La bombe H, 133
La critique est aisée et l'art est difficile, 58
La der des ders, 44
La fille de l'écume, 41
La fin justifie les moyens, 65
La force tranquille, 265
La grosse pomme, 44
La guerre froide, 261
La madeleine de Proust, 173

La montagne qui accouche d'une souris, 81
La nuit porte conseil, 59
La nuit, tous les chats sont gris, 59
Là où il y a de la gêne, il n'y a pas de plaisir, 60
La parole est d'argent, le silence d'or, 58
La petite reine, 44
La planète rouge, 44
La plus belle fille du monde ne peut donner que ce qu'elle a, 60
La pomme d'Adam, 272
La quadrature du cercle, 108
La quille bordel !, 206
La saint-glinglin, 175
La vie est un long fleuve tranquille... ou pas d'ailleurs..., 290
Lâche-moi les baskets !, 206
Lâcher les élastiques, 161
Laid comme les sept péchés capitaux, 274
Laisser pisser le mérinos, 206
Laver son linge sale en famille, 181
Le « killer » de Méduse, 44
Le billet vert, 41
Le chat parti, les souris dansent, 58
Le coup de l'étrier, 19
Le coup du milieu, 19
Le démon de midi... ou de minuit !, 283
Le jeu n'en vaut pas la chandelle, 207
Le jour J, 133
Le maître de l'Olympe, 41
Le massacre des Innocents, 278
Le mieux est l'ennemi du bien, 59
Le monde est petit !, 208
Le Monsieur te demande..., 297
Le mot de Cambronne, 260
Le mot me manque, 43
Le nuage de Tchernobyl, 173
Le père de la fable, 41
Le petit Caporal, 41
Le petit chat est mort, 243
Le petit coin, 41
Le petit oiseau va sortir, 24
Le petit papier rose, 44
Le plus vieux métier du monde, 41

Le premier en tête, 39
Le retour du fils prodigue, 282
Le roi n'est pas son neveu, 60
Le soleil vient de se lever, encore une belle journée..., 298
Le steak de la mer, 41
Le supplice de Tantale, 223
Le système D, 133
Le talon d'Achille, 223
Le temps T, 134
Le toit du monde, 44
Le tout premier prototype, 39
Le travail, c'est la santé, rien faire c'est la conserver, 294
Les Achéens aux belles jambières, 310
Les auteurs de mes jours, 41
Les bijoux de famille, 44
Les bons comptes font les bons amis, 58
Les bras m'en tombent, 43, 91
Les chiens aboient, la caravane passe, 58
Les chiens ne font pas des chats, 75
Les choses de la vie, 35
Les conseillers ne sont pas les payeurs, 59
Les cordonniers sont les plus mal chaussés, 59
Les deux font la paire, 60
Les murs ont des oreilles, 59
Les petits ruisseaux font les grandes rivières, 60
Les pilules d'X, 134
Les premiers seront les derniers, 268
Les remps, 158
Les trônes de la pudeur, 43
Les Troyens dompteurs de chevaux, 310
Lisser les effectifs, 34
Loger le diable dans sa bourse, 148
Loin des yeux, loin du cœur, 61
Lune dans l'eau pluie pour bientôt, 180

M

Mais voyons, mais c'est bien sûr !, 291
Mais, où sont les neiges d'antan ?, 237
Mange, tu (ne) ne sais pas qui te mangera, 151

Manger comme quatre, 107
Manger les pissenlits par la racine, 90
Manu militari, 27
Marcher à voile ou à vapeur, 119
Mariage plus vieux, mariage heureux, 188
Match retour, 164
Memento mori (Souviens-toi que tu es mortel), 231
Ménager la chèvre et le chou, 75
Mener quelqu'un en bateau, 119
Mens sana in corpore sano (Une âme saine dans un corps sain), 51
Mesurer les autres à son aune, 148
Métro boulot dodo, 260
Mettre (avoir) la puce à l'oreille, 80
Mettre (quelqu'un) à l'index, 276
Mettre dans le mille, 110
Mettre de l'eau dans son vin, 88
Mettre du noir sur du blanc, 133
Mettre la boutique au grenier, 174
Mettre la cerise sur le gâteau, 84
Mettre la charrue avant les bœufs, 61, 73
Mettre la pédale douce, 208
Mettre la puce à l'oreille, 189
Mettre le diot au chaud, 176
Mettre le doigt dessus quelque chose, 62
Mettre le loup dans la bergerie, 79
Mettre les petits plats dans les grands, 209
Mettre les pieds dans le plat, 97
Mettre les points sur les i
Mettre quelqu'un au parfum, 209
Mettre quelqu'un en boîte, 120
Mettre un emplâtre sur une jambe de bois, 96
Mieux vaut prévenir que guérir, 61
Mieux vaut tard que jamais, 61
Mi-figue mi-raisin, 85
Minute papillon !, 209
Mon petit doigt m'a dit…, 61
Mont blanc auréolé, mauvais temps annoncé, 180
Monter au septième ciel, 109
Monter en haut, 39
Monter sur ses grands chevaux, 74
Montrer patte blanche, 126
Montrer quelqu'un du doigt, 62
Mou comme une chique, 188

N

N'en avoir rien à secouer, 209
N'importe quoi !, 168
N'y voir que du bleu, 126
Nausicaa aux bras blancs, 313
Ne parler que par B et par F, 133
Ne pas avoir inventé la poudre, 120
Ne pas avoir les yeux en face des trous, 102
Ne pas cracher sur quelque chose, 162
Ne pas être sorti de l'auberge, 210
Ne pas faire dans la dentelle, 210
Ne pas faire de vagues, 210
Ne pas lâcher le morceau, 211
Ne pas mélanger torchons et serviettes, 10
Ne pas se moucher avec un dail, 180
Ne pas se moucher du pied, 180
Ne pas se trouver sous les sabots d'un cheval, 73
Ne pas y aller de main morte, 100
Ne pas y aller par quatre chemins, 108
Nettoyer au Kärcher, 211
Ni Dieu, ni maître, 263
Noël au balcon, Pâques au tison, 62, 180
Noir c'est noir, 132
Noir comme jais / comme geai, 148
Noli me tangere (Ne me touche pas), 269
Nom de doué, 175
Non olet (L'argent n'a pas d'odeur), 252
Non, je ne regrette rien…, 295
Nul n'est prophète en son pays, 270
Nulla dies sine linea (Pas un jour sans une ligne), 51
Nunc est bibendum (Et maintenant à boire !), 231

O

O tempora ! O mores ! (Quelle époque ! Quelles mœurs !), 252
Oderint dum metuant (Qu'ils me haïssent, pourvu qu'ils me craignent), 252

Œil pour œil, dent pour dent, 95
OK, ça marche !, 168
On assure, 162
On bulle, 161
On lui donnerait le bon dieu sans confession, 281
On n'arrête pas le progrès, 62
On n'attrape pas les mouches avec du vinaigre, 62
On ne fait pas d'omelettes sans casser des œufs, 89
On ne me la fait pas !, 172
On ne nous / vous dit pas tout…, 297
On ne prête qu'aux riches, 62
On se lève tous pour… Danette !, 299
On se plante, 161
On va t'amener chez Proserpine, 179
On y va, 168
Ôte-toi de mon soleil, 253
Oublie et surtout sa variante « forget », 169
Oui, tu es poussière et à la poussière tu retourneras, 267

p

Panem et circenses (Du pain et des jeux de cirque), 232
Panta rei (Tout coule), 232
Par l'opération du Saint-Esprit, 280
Parce que vous le valez bien, 299
Paris vaut bien une messe, 258
Parle à mon cul, ma tête est malade, 211
Parler comme une vache espagnole, 20
Partir pour Pitchipoï, 261
Pas de coquillages les mois sans R, 134
Passer de la pommade à quelqu'un, 120
Passer l'arme à gauche, 26
Passer quelqu'un à tabac, 211
Passer quelqu'un par les armes, 26
Passer sous les Fourches Caudines, 224
Passer sur le billard, 26
Passer un savon à quelqu'un, 121
Patience et longueur de temps font plus que force ni que rage, 63
Pause café, 164
Payer quelqu'un en monnaie de singe, 81
Pays en voie de développement, 34
Pédaler dans la semoule, 212
Peindre l'avenir sous de belles couleurs, 132
Pendre au nez, à l'œil, à l'oreille de quelqu'un, 101
Perdre le nord ou la boussole, 212
Perdre les pédales, 161
Péter les plombs, 161
Péter un câble, 161
Petit à petit l'oiseau fait son nid, 63
Petite pluie abat grand vent, 180
Peu me chaut, 138
Peu ou prou, 148
Pierre qui roule n'amasse pas mousse, 63
Pisser à l'atout, 23
Pisser dans un violon, 213
Plaie d'argent n'est pas mortelle, 63
Plate comme un trottoir de rue, 173
Pleurer comme une madeleine, 274
Pleurer la michotte, 178
Pleuvoir comme vache qui pisse, 81
Pluie du matin n'arrête pas le pèlerin, 180
Plus on est de fous, plus on rit, 63
Plus qu'hier et moins que demain, 45
Point (pas) de nouvelle, bonne nouvelle, 63
Politiquement correct, 30
Porter quelqu'un au pinacle, 278
Porter sa croix, 279
Poséidon, l'ébranleur de la terre, 312
Poser un lapin à quelqu'un, 78
Pousser des cris d'orfèvre, 44
Pousser des cris d'orfraie, 44
Pratiquer la langue de bois, 30
Prendre des couleurs, 132
Prendre des vessies pour des lanternes, 100
Prendre la mouche, 79
Prendre ses jambes à son cou, 99
Prendre son pied, 103
Prendre un TGV dans le buffet, 213
Prévoir à l'avance, 39
Primum vivere deinde philoso-

phari (D'abord vivre, après philosopher), 51
Primus inter pares (le premier entre ses égaux), 25
Prouver quelque chose par A plus B, 133
Prudence/Méfiance est mère de sûreté, 63

Q

Qualis artifex pereo (Quel grand artiste périt avec moi), 254
Quand il pleut à la saint Médard, il pleut quarante jours plus tard, sauf si saint Barnabé lui coupe l'herbe sous le pied, 180
Quand je dirai ça à ma femme !, 292
Quand le vin est tiré, il faut le boire, 64
Quand les poules auront des dents, 80
Que celui qui n'a jamais péché lui jette la première pierre, 269
Que diable allait-il (donc) faire dans cette galère ?, 242
Quelque chose en nous de Tennessee, 296
Qui bene amat, bene castigat (Qui aime bien châtie bien), 52
Qui dort dîne, 64
Qui m'aime me suive, 258
Qui ne dit mot consent, 64
Qui ne risque rien n'a rien, 64
Qui peut le plus peut le moins, 64
Qui se ressemble s'assemble, 64
Qui sème le vent récolte la tempête, 64
Qui trop embrasse mal étreint, 64
Qui va à la chasse perd sa place, 64
Qui veut aller loin ménage sa monture, 65
Qui veut la fin veut les moyens
Qui vole un œuf vole un bœuf, 65

R

Raconter des salades, 87
Ralliez-vous à mon panache blanc !, 254
Ramener sa fraise, 85
Refiler la patate chaude, 213
Remettre les compteurs à zéro, 105
Remporter une victoire à la Pyrrhus, 224
Remuer ciel et terre, 121
Rendre à quelqu'un la monnaie de sa pièce, 121
Renvoyer quelque chose aux calendes grecques, 225
Restez donc dîner à la fortune du pot, 152
Revenons à nos moutons, 238
Rêver en couleurs, 132
Riche comme Crésus, 305
Rien à battre, 163
Rien à cirer, 163
Rien de trop, 52
Rien ne sert de courir, il faut partir à point, 65
Rira bien qui rira le dernier, 65
Rire à gorge d'employé, 44
Rire à gorge déployée, 44
Rire jaune, 128
Rodrigue, as-tu du cœur !, 242
Rompre la paille avec quelqu'un, 149
Rouler quelqu'un dans la farine, 122
Roulez jeunesse !, 214

S

S'en faire toute une montagne, 122
S'en moquer comme de l'an quarante, 189
S'en prendre une bonne lampée, 178
S'encanailler, 43
S'endormir dans les vignes du Seigneur, 273
S'entraider mutuellement, 39
S'il vous plaît, dessine-moi un mouton, 246
S'ils n'ont pas de pain, qu'ils mangent de la brioche, 258
S'peuchnauder, 175
Sage comme une image, 306
Salade de fruits, jolie jolie jolie..., 295
Salut les petits clous !, 292
Salut les terriens !, 292
Sans ambages, 138

Sans coup férir, 139
Sans souci la violette, 214
Sauter du coq à l'âne, 77
Savoir quelque chose sur le bout du doigt, 62
Se cailler (geler) la nénette, 215
Se croire sorti de la cuisse de Jupiter, 92
Se faire avoir comme un bleu, 127
Se faire l'avocat du diable, 276
Se faire, 164
Se fendre la poire ou la pêche, 87
Se fendre pour quelqu'un, 176
Se la couler douce, 164
Se laver les mains, 283
Se mettre en rangs d'oignons, 190
Se mettre la rate au court bouillon, 100
Se mettre le doigt dans l'œil, 62, 93
Se mettre sur son trente et un, 189
Se mordre les doigts, 62
Sec comme un coup de trique, 306
Secouer les puces à quelqu'un, 214
Sens dessus dessous / sans dessus dessous / cen dessus dessous, 149
Séparer le bon grain de l'ivraie, 280
Serment d'Hippocrate, 25
Serrer les affaires, 176
Sésame, ouvre-toi !, 237
Si le cœur vous en dit, 172
Si ma tante en avait, on l'appellerait mon oncle, 156
Si tu ne viens pas à Lagardère, Lagardère ira à toi, 248
Si vis pacem, para bellum (Si tu veux la paix, prépare la guerre), 233
Sortir de ses gonds, 149
Sortir dehors, 39
Sourd comme un pot, 306
Sous les pavés, la plage…, 262
Sur la tête de ma reum, 158

T

T'as de beaux yeux, tu sais !, 289
T'as l'air zarbi, 158
T'as le look Coco…, 294
T'es où ? Ou en langage SMS : T où ?, 169

Taille S M L XS XL, 134
Tant va la cruche à l'eau qu'à la fin (qu'enfin) elle se casse (brise), 65
Taper sur les nerfs, 177
Technicien de surface ?, 34
Tel est pris qui croyait prendre, 66, 179
Tenir la chandelle, 179
Têtu comme une mule, 306
Tire la bobinette et la bobinette cherra, 241
Tirer à hue et à dia, 150
Tirer le diable par la queue, 97
Tirer les marrons du feu, 190
Tomber comme à Gravelotte, 261
Tomber dans le panneau, 24
Tomber dans le troisième dessous, 107
Tomber dans les bras de Morphée, 225
Tomber dans les pommes, 191
Tomber de Charybde en Scylla, 123
Tomber en quenouille, 190
Tomber sur un os, 96
Touche pas à mon pote, 262
Toucher du doigt, 62
Toucher le Pactole, 225
Tourner autour du pot, 123
Tous les chemins mènent à Rome…, 221
Tous pour un et un pour tous, 264
Tout à fait, 169
Tout ce que je sais, c'est que je ne sais rien, 237
Tout ce qui brille n'est pas d'or, 179
Tout est pour le mieux dans le meilleur des mondes, 243
Tout est rempli de dieux, 232
Tout nouveau tout beau, 66
Tout va très bien, madame la Marquise, 293
Tout vient à point à qui sait attendre, 66
Toute peine mérite salaire, 66
Toute vérité n'est pas bonne à dire, 66
Travailler pour le roi de Prusse, 123
Travailleurs, travailleuses, 263
Treize à la douzaine, 109
Treize à table, 273
Tremper son biscuit, 215
Trois francs six sous, 191

Trois pelés et un tondu, 106
Trop (pas !), 163
Tu as la danse de saint Guy ou quoi, 154
Tu m'en diras tant !, 215
Tu m'étonnes !, 162
Tu me fèches, 165
Tu me fends le cœur, 247
Tu me saoules, 165
Tu ne trouverais pas de l'eau à une rivière, 152
Tu t'es vu(e) quand t'as bu !, 300
Tu vas te casser la margoulette !, 151
Tu veux ou tu veux pas ?, 295
Tuer la poule aux œufs d'or, 240

U

Ulysse aux mille tours, 311
Un « fort en thème », 150
Un ange passe, 216
Un bain intérieur, 43
Un baiser de Judas, 272
Un branquignol, 177
Un cheval ! Un cheval ! Mon royaume pour un cheval !, 239
Un cheval de Troie, 226
Un clou chasse l'autre, 66
Un coup d'épée dans l'eau, 19
Un coup d'essai, 19
Un coup de bambou, 19
Un coup de barre, (Mars) et ça repart !, 300
Un coup de boutoir, 19
Un coup de foudre, 19
Un coup de soleil, 19
Un coup de tête, 19
Un de perdu, dix de retrouvés, 66
Un effet bœuf, 163
Un film X, 134
Un hasard imprévu, 39
Un homme averti en vaut deux, 67
Un jugement de Salomon, 284
Un mauvais arrangement vaut mieux qu'un bon procès, 67
Un miroir aux alouettes, 71
Un remède de bonne femme, 191
Un riche milliardaire, 39
Un seul être vous manque et tout est dépeuplé, 245
Un tiens vaut mieux que deux tu l'auras, 47, 67
Un travail de bénédictin, 281
Une année sabbatique, 275
Une arche de Noé, 284
Une bête à bon Dieu, 41
Une candide innocence, 39
Une fois n'est pas coutume, 67
Une hirondelle ne fait pas le printemps, 67, 180
Une macédoine, 226
Une panacée universelle, 39
Une plainte contre X, 134
Une pomme de discorde, 223
Une traversée du désert, 273
Urbi et orbi (À la ville (Rome) et à l'univers), 270

V

Va donc voir là-bas si j'y suis, 216
Vade retro, Satana (Arrière, Satan !), 270
Vae victis (Malheur aux vaincus), 254
Valoir son pesant d'or / son besant d'or, 150
Vanitas vanitatum et omnia vanitas (Vanité des vanités et tout est vanité), 270
Vendre la mèche, 124
Vendre son âme au diable, 277
Ventre affamé n'a point d'oreilles, 67
Verba volant, scripta manent (Les paroles s'envolent, les écrits restent), 52
Vérité en deçà des Pyrénées, erreur au-delà, 67
Vider son sac, 216
Vieux comme Hérode, 44
Vieux comme mes robes, 44
Virer sa cuti, 132
Voilà !, 170
Voir la paille dans l'œil de son voisin et ne pas voir la poutre dans le sien, 282
Voir la vie en rose, 129

Voir tout noir ou tout blanc, 133
Voir trente-six chandelles, 110
Vous êtes le maillon faible, au revoir !, 292
Vous habitez chez vos parents ?, 216
Vous voyez ce que je veux dire, 170
Vox clamantis in deserto (La voix de celui qui crie dans le désert), 192
Vox populi, vox dei (La voix du peuple est celle de Dieu), 52
Vulgum pecus, 227

W
What else !, 298

Y
Y a pas que de la pomme !, 289
Y a qu'à (yaka faut qu'on), 217

Z
Zeus, l'assembleur de nuées, 312
Zy va à donf, 158